AF459919

VOYAGE AUX PYRÉNÉES

8° L30 83 R

OUVRAGES DE M. H. TAINE

PUBLIÉS PAR LA LIBRAIRIE HACHETTE ET Cie

Essai sur Tite-Live; 8e édition. Un vol. in-16, broché. . . . 3 fr. 50
Ouvrage couronné par l'Académie française.

Essais de critique et d'histoire; 11e édition. Un vol. in-16, broché. . . . . 3 fr. 50

Nouveaux Essais de critique et d'histoire. 9e édition. Un vol. in-16, broché. . . . . 3 fr. 50

Derniers Essais de critique et d'histoire; 4e édition. Un vol. in-16, broché . . . . 3 fr. 50

Histoire de la littérature anglaise; 12e édition. Cinq vol. in-16, brochés. . . . . 17 fr. 50

La Fontaine et ses fables; 18e édition. Un vol. in-16, broché. 3 fr. 50

Les Philosophes classiques du XIXe siècle en France; 9e édition. Un vol. in-16, broché. . . . . 3 fr. 50

Voyage aux Pyrénées; 18e édition. Un vol. in-16, broché. . . 3 fr. 50

Le même, avec gravures. Un vol. in-16, broché. . . . . . . 4 fr. »

Notes sur l'Angleterre; 13e édition. Un vol. in-16, broché. 3 fr. 50

Le même, avec gravures. Un vol. in-16, broché. . . . . . . 4 fr. »

Notes sur Paris, vie et opinions de M. Fréd.-Th. Graindorge; 16e édition. Un vol. in-16, broché. . . . . 3 fr. 50

Carnets de voyage : notes sur la province. Un vol. in-16, br. 3 fr. 50

Un Séjour en France de 1792 à 1795; 6e édition. Un vol. in-16, broché. . . . . 3 fr. 50

Voyage en Italie; 13e édition. Deux vol. in-16, brochés . . . 7 fr. »

Le même, avec gravures. Deux vol. in-16, brochés. . . . . . 8 fr. »

De l'Intelligence; 11e édition. Deux vol. in-16, brochés . . . 7 fr. »

Philosophie de l'art; 13e édition. Deux vol. in-16, brochés. . 7 fr. »

Les Origines de la France contemporaine; 25e édition. Douze volumes . . . . 39 fr. 50

1re partie. — L'Ancien Régime. Deux volumes. . . . . 7 fr. »

2e partie. — La Révolution. Six volumes. . . . . 21 fr. »
L'Anarchie. Deux volumes.
La Conquête jacobine. Deux volumes.
Le Gouvernement révolutionnaire. Deux volumes.

3e partie. — Le Régime moderne. Trois volumes. . . . . . 10 fr. 50
Napoléon Bonaparte. Deux volumes.
L'Église, l'École. Un volume.

Table analytique. Un vol. . . . . 1 fr. »

Correspondance. 3e édition. Quatre volumes. Chaque volume 3 fr. 50

Pages choisies, par M. V. Giraud. Un vol. . . . . 3 fr. 50

Du Suffrage universel et de la manière de voter. Brochure in-16. . . . . » 50

4431 — Imp. Kapp, Paris.

VOYAGE
AUX PYRÉNÉES

BIBLIOTHÈQUE NATIONALE
R.F.
IMPRIMÉS

PAR H. TAINE
DE L'ACADÉMIE FRANÇAISE

DIX-HUITIÈME ÉDITION

DÉPOT LÉGAL
Seine
№ 1890
1910

PARIS
LIBRAIRIE HACHETTE ET Cie
79, BOULEVARD SAINT-GERMAIN, 79

1910

Droits de traduction et de reproduction réservés.

A MARCELIN

(ÉMILE PLANAT)

Voici un voyage aux Pyrénées, mon cher Marcelin; j'y suis allé; c'est un mérite; bien des gens en ont écrit, et de plus longs, de leur cabinet.

Mais j'ai des torts graves, et qui me rabaissent fort. Je n'ai gravi le premier aucune montagne inaccessible; je ne me suis cassé ni jambe ni bras; je n'ai point été mangé par les ours; je n'ai sauvé aucune jeune Anglaise emportée par le Gave; je n'en ai épousé aucune; je n'ai assisté à aucun duel; je n'ai vu aucune tragédie de brigands ou de contrebandiers. Je me suis promené beaucoup; j'ai causé un peu; je raconte les plaisirs de mes oreilles et de mes yeux. Qu'est-ce qu'un homme qui revient de voyage avec tous ses membres, aussi peu héros que possible, et qui l'avoue? J'ai parlé dans ce livre, comme avec toi. Il y a un Marcelin connu du public, fin critique, perçant, moqueur, amateur et peintre de toutes les élégances mondaines; il y a un autre Marcelin, connu de trois ou quatre personnes, érudit et penseur. S'il y a ici quelques bonnes idées, la moitié lui en appartient; je les lui rends.

BIBLIOTHÈQUE NATIONALE R.F. IMPRIMÉS

Mars 1858.

H. Taine.

I

LA CÔTE

VOYAGE

AUX

PYRÉNÉES

BORDEAUX — ROYAN

I

Le fleuve est si beau, qu'avant d'aller à Bayonne, je suis descendu jusqu'à Royan.

Des navires chargés de voiles blanches remontent lentement les deux côtés du bateau. A chaque coup de la brise, ils se penchent, comme des oiseaux paresseux, levant leur longue aile, et montrant leur ventre noir. Ils courent obliquement, puis reviennent; on dirait qu'ils se trouvent bien dans ce grand port d'eau douce ; ils s'y attardent et jouissent de sa paix au sortir des colères et de l'inclémence de l'Océan.

Les rives, bordées de verdure pâle, glissent à droite et à gauche, bien loin, au bord du ciel;

le fleuve est large comme une mer; à cette distance, on croirait voir deux haies; les arbres indistincts dressent leur taille fine dans une robe de gaze bleuâtre; çà et là de grands pins lèvent leurs parasols sur l'horizon vaporeux, où tout se confond et s'efface; il y a une douceur inexprimable dans ces premières teintes du jour si timides, attendries encore par la brume qui transpire hors du fleuve profond. Pour lui, son eau s'étale joyeuse et splendide; le soleil qui monte verse sur sa poitrine un long ruisseau d'or; la brise le hérisse d'écailles; ses remous s'allongent et tressaillent comme un serpent qui s'éveille, et, quand la vague les soulève, on croit voir les flancs rayés, la cuirasse fauve d'un léviathan.

Certainement il semble qu'en de tels moments l'eau vive et sente; lorsqu'elle vient s'étendre transparente et sombre sur un banc de cailloux, elle a un regard étrange; elle tourne autour d'eux comme inquiète et irritée; elle les bat de ses petits flots; elle les couvre, puis elle s'en va, puis revient, avec une sorte de frétillement maladif et d'amour mystérieux; ses remous sinueux, ses petites crêtes subitement rabattues ou brisées, son onde penchée, luisante, puis tout d'un coup noircie, ressemblent aux éclairs de passion d'une mère impatiente qui tourne incessamment et anxieusement autour de ses enfants, et les couve, ne sachant que désirer et que craindre. Tout à l'heure un nuage a couvert le ciel, et le vent s'est levé. Le fleuve a pris à l'instant l'aspect d'un animal sournois et sauvage. Il se creusait, et l'on voyait son ventre livide; il arrivait contre la carène avec des soubresauts convulsifs; il l'embrassait et la froissait comme pour essayer sa force; aussi loin qu'on pouvait voir, ses flots se soulevaient et se pressaient, comme des muscles sur une poitrine; des éclairs passaient sur le flanc des vagues avec des sourires sinistres; le mât gémissait, et les arbres pliaient en frissonnant, comme un peuple débile devant la colère d'une bête redoutable. Puis tout s'est apaisé; le soleil s'est dégagé, les flots se sont aplanis, on n'a plus vu qu'une nappe riante; sur ce dos poli traînaient et jouaient follement mille tresses verdâtres; la lumière s'y posait, comme un manteau diaphane; elle suivait les mouvements souples et les enroulements de ces bras liquides; elle ployait autour d'eux, derrière eux, sa robe azurée, rayonnante; elle prenait leurs caprices et leurs couleurs mobiles. Lui cependant, endormi dans son grand lit paisible, s'allongeait au pied des collines qui le regardent, immobiles et éternelles comme lui.

II.

Le bateau s'amarre à une estacade, sous un amas de maisons blanches : c'est Royan.

Voici déjà la mer et les dunes ; la droite du village est noyée sous un amas de sable ; là sont des collines croulantes, de petites vallées mornes, où l'on est perdu comme dans un désert ; nul bruit, nul mouvement, nulle vie ; de pauvres herbes sans feuilles parsèment le sol mouvant et leurs filaments tombent comme des cheveux malades ; de petits coquillages blancs et vides s'y collent en chapelets, et craquent avec un grésillement, partout où le pied se pose ; ce lieu est l'ossuaire de quelque misérable tribu maritime. Un seul arbre peut y vivre, le pin, être sauvage, habitant des forêts et des côtes infécondes : il y en a ici toute une colonie ; ils se serrent fraternellement, et couvrent le sable de leurs lamelles brunes ; la brise monotone qui les traverse, éveille éternellement leur murmure ; ils chantent ainsi d'une façon plaintive, mais avec une voix bien plus douce et bien plus harmonieuse que les autres arbres ; cette voix ressemble au bruissement des cigales, lorsqu'en août elles chantent de tout leur cœur entre les tiges des blés mûrs.

Un sentier tourne à gauche du village, au sommet d'un rivage rongé, entre des flots de graminées qui s'étouffent. Le fleuve est si large qu'on ne distingue point l'autre rive. La mer sa voisine lui donne son reflux ; les longues ondulations arrivent tour à tour contre la côte, et versent leur petite cascade d'écume sur le sable ; puis l'eau s'enfuit, descendant la pente, jusqu'à la rencontre du nouveau flot qui monte et la couvre ; ces flots ne se lassent point, et leurs venues avec leurs retours font penser à la respiration régulière d'un enfant endormi. Car le soir est tombé, les teintes de pourpre brunissent et s'effacent. Le fleuve se couche dans l'ombre molle et vague ; à peine si, de loin en loin, un reste de lueur part d'un flot oblique ; l'obscurité noie tout de sa poussière vaporeuse ; l'œil assoupi cherche en vain dans ce brouillard quelque point visible, et distingue enfin, comme une faible étoile, le phare de Cordouan.

III.

Le lendemain soir, une fraîche brise maritime nous a ramenés à Bordeaux. L'énorme ville entasse le long du fleuve ainsi que des bastions ses maisons monumentales ; le ciel rouge est crénelé par leur bordure. Elles d'un côté, le pont de l'autre, protégent d'une double ligne le port où s'entassent les vaisseaux comme une couvée de mouettes ; ces gracieuses carènes, ces mâts effilés, ces voiles gonflées ou flottantes, entrelacent le labyrinthe de leurs mouvements et de leurs formes sur la magnifique pourpre du couchant. Le soleil s'enfonce au milieu du fleuve qu'il embrase ; les agrès noirs les coques rondes, font saillie dans son incendie, et ressemblent à des bijoux de jais montés en or.

LES LANDES — BAYONNE

I

Autour de Bordeaux, des collines riantes, des horizons variés, de fraîches vallées, une rivière peuplée par la navigation incessante, une suite de villes et de villages harmonieusement posés sur les coteaux ou dans les plaines, partout la plus riche verdure, le luxe de la nature et de la civilisation, la terre et l'homme travaillant à l'envi pour enrichir et décorer la plus heureuse vallée de la France. Au-dessous de Bordeaux, un sol plat, des marécages, des sables, une terre qui va s'appauvrissant, des villages de plus en plus rares, bientôt le désert. J'aime autant le désert.

Des bois de pins passent à droite et à gauche, silencieux et ternes. Chaque arbre porte au flanc la cicatrice des blessures par où les bûcherons ont fait couler le sang résineux qui le gorge ; la puissante liqueur monte encore dans ses membres avec la sève, transpire par ses flèches visqueuses et par sa peau fendue; une âpre odeur aromatique emplit l'air.

Plus loin la plaine monotone des fougères s'étend à perte de vue, baignée de lumière. Leurs éventails verts s'ouvrent sous le soleil qui les colore sans les flétrir. Quelques arbres çà et là lèvent sur l'horizon leurs colonnettes grêles. De temps en temps on aperçoit la silhouette d'un pâtre sur ses échasses, inerte et debout comme un héron malade. Des chevaux libres paissent à demi cachés dans les herbes. Au passage du convoi, ils relèvent brusquement leurs grands yeux effarouchés et restent immobiles, inquiets du bruit qui a troublé leur solitude. L'homme n'est pas bien ici, il y meurt ou dégénère; mais c'est la patrie des animaux, et surtout des plantes. Elles foisonnent dans ce désert, libres, sûres de vivre. Nos jolies vallées bien découpées sont mesquines auprès de ces espaces immenses, lieues après lieues d'herbes marécageuses ou sèches, plage uniforme où la nature troublée ailleurs et tourmentée par les hommes, végète encore ainsi qu'aux temps primitifs avec un calme égal à sa grandeur. Le soleil a besoin de ces savanes pour déployer sa lumière; aux exhalaisons qui montent, on sent que la plaine entière fermente sous son effort; et les yeux remplis par les horizons sans limite devinent le sourd travail par lequel cet océan de verdure pullulante se renouvelle et se nourrit.

La nuit est venue, sans lune. Les étoiles pacifiques luisent comme des points de flamme; tout l'air est rempli d'une lumière bleuâtre et tendre, qui a l'air de dormir dans le réseau de vapeur où elle s'est posée. Le regard y plonge sans rien saisir. De loin en loin, dans ce crépuscule, un bois marque confusément sa tache, comme un roc au fond d'un lac; partout alentour sont des profondeurs vagues, des formes flottantes et voilées, des êtres indistincts et fantastiques qui se continuent dans leurs voisins, des prés qui ressemblent à une mer onduleuse, des bouquets d'arbres qu'on prendrait pour des nuages d'été, tout le gracieux chaos des apparitions brouillées et des choses nocturnes. L'esprit y nage comme sur une eau fuyante, et, dans ce rêve, rien ne lui semble réel que les étangs qui réfléchissent les étoiles et font sur la terre un second ciel.

II.

Bayonne est une ville gaie, originale, demi-espagnole. Partout gens en veste de velours et en culotte courte; on entend la musique âpre et sonore de la langue qu'on parle au delà des monts. Des arcades écrasées bordent les grandes rues; sous ce soleil il faut de l'ombre.

Un joli palais épiscopal, élégant et moderne, enlaidit encore la laide cathédrale. Le pauvre monument avorté lève piteusement, comme un moignon, son clocher arrêté depuis trois siècles. Des échoppes se sont collées dans ses creux, en manière de verrues; on a plaqué çà et là de gros emplâtres de pierre. Ce vieil invalide fait peine à voir à côté des maisons neuves et des boutiques affairées qui se pressent autour de ses flancs salis.

J'étais tout chagrin de cette décrépitude, et une fois entré je me suis trouvé plus triste encore. L'obscurité tombait de la voûte comme un suaire; je ne distinguais rien que des piliers vermoulus, des tableaux enfumés, des pans de murs verdâtres. Deux fraîches toilettes que j'ai rencontrées ont accru le contraste; rien de plus blessant ici que des rubans roses. Je voyais le spectre du moyen âge; comme la sécurité et l'abondance de la vie moderne lui sont contraires! Ces sombres voûtes, ces colonnettes, ces rosaces sanglantes, appelaient des rêves et des émotions que nous ne pouvons plus avoir. Il faudrait sentir ici ce que sentaient les hommes, il y a six cents ans, quand ils sortaient en fourmilières de leurs taudis, de leurs rues sans pavés, larges de six pieds, cloaques d'immondices, qui exhalaient la lèpre et la fièvre; quand leur corps sans linge, miné par les famines, envoyait un sang pauvre à leur cerveau brut; quand les guerres, les lois atroces et les légendes de sorcelleries emplissaient leurs rêveries d'images éclatantes et lugubres ; quand sur les draperies chamarrées, sur le grimoire des vitraux fantastiques, les rosaces versaient comme un incendie ou comme une auréole leurs rayons transfigurés.

Ce sont les souvenirs de la fièvre et de l'extase : pour m'en délivrer, je suis allé sur le port ; c'est une longue allée de vieux arbres au bord de l'Adour. Il est tout gai et pittoresque. Des bœufs graves, le front baissé, tirent les poutres qu'on décharge. Des cordiers, ceints d'une liasse de chanvre, reculent serrant les fils et tissant leur câble qui s'allonge. Les navires en file s'amarrent au quai; les cordages grêles dessinent leur labyrinthe sur le ciel, et les matelots y pendent accrochés comme des araignées dans leur toile. Les tonneaux, les ballots, les pièces de bois sont pêle-mêle sur les dalles. On sent avec plaisir que l'homme travaille et prospère. Et ici la nature est aussi heureuse que l'homme. La large rivière d'argent se déroule sous le rayonnement du matin. De minces nuages détachent sur l'azur leurs bandes de nacre. Le ciel ressemble à une arcade de lapis-lazuli. Sa voûte se pose sur l'extrémité du fleuve qui avance sans flots et sans effort, sous les miroitements de ses ondulations paisibles, entre deux rangées de coteaux, jusqu'à une colline où des bois de pins d'un vert tendre descendent à sa rencontre, aussi gracieux que lui. Cependant la marée monte, et les feuilles des chênes commencent à luire et à chuchoter sous le faible vent de la mer.

III.

Il pleut; l'auberge est insupportable. On s'étouffe sous les arcades; je m'ennuie au café, et je ne connais personne. La seule ressource est d'aller à la bibliothèque. Elle est fermée.

Heureusement le conservateur a pitié de moi et m'ouvre. Bien mieux, il m'apporte toutes sortes de chartes et de vieux livres; il est très-savant, très-aimable, m'explique tout, me guide, me renseigne et m'installe. Me voilà dans un coin, seul, à une table, avec les documents d'une belle histoire toute réjouissante; c'est une pastorale du moyen âge. Je n'ai rien de mieux à faire que de me la conter.

Pé de Puyane était un homme brave et habile en mer, qui de son temps fut maire de Bayonne et amiral; mais il était rude aux gens, comme tous ceux qui ont mené des navires, et il avait plus tôt assommé un homme qu'ôté son bonnet. Il avait bataillé longtemps contre les gens de mer normands, et une fois en pendit soixante-dix à ses vergues, côte à côte avec des chiens. Ayant mis à ses galères des bannières rouges qui signifiaient mort sans remède, il prit à la bataille de l'Écluse le grand vaisseau génois *Christophle*, et y mena si bien les mains que nul Français n'échappa; car tous y furent noyés ou tués, et les deux amiraux Quieret et Bahuchet s'étant rendus, Bahuchet eut le col serré d'une corde et Quieret la gorge coupée. Ce qui était bien fait; car plus on tue de ses ennemis, moins on en a. C'est pourquoi, quand il revint, les gens de Bayonne le fêtèrent avec un tel bruit et un tel tintamarre de trompes, de cornets, de tambours et de toutes sortes d'instruments, que ce jour-là on n'eût pas ouï Dieu tonnant.

Il se trouva que les Basques ne voulaient plus payer la redevance sur le cidre qu'on brassait à Bayonne pour le vendre en leur pays. Pé de Puyane dit que les marchands de la ville ne leur en porteraient plus, et que, si quelqu'un leur en portait, il aurait le poing coupé. De fait, Pierre Cambo, un pauvre homme, en ayant voituré nuitamment deux muids, fut mené sur la place du marché, devant Notre-Dame de Saint-Léon, qu'on bâtissait, eut la main tranchée, puis les veines bouchées par des fers rougis; ensuite il fut promené en tombereau dans toute la ville, ce qui était un bon exemple; car les petites gens doivent toujours faire ce qu'ont ordonné les gens de haut lieu.

Ensuite Pé de Puyane, ayant assemblé les cent pairs dans la maison de ville, leur montra que les Basques étant traîtres, rebelles envers la seigneurie de Bayonne, ne devaient plus garder les franchises qu'on leur avait accordées; que la seigneurie de Bayonne, ayant souveraineté de la mer, pouvait justement faire payer impôt en tous les endroits où montait la mer, tout comme dans son port, et qu'ainsi dorénavant les Basques devaient payer pour passer à Villefranche, au pont de la Nive, jusqu'où va le flux. Tous crièrent que cela était juste, et Pé de Puyane dénonça aux Basques le péage; mais tous se mirent à rire, disant qu'ils n'étaient point des chiens de matelots comme ceux du maire. Puis étant venus en force, ils battirent les gens du pont et en laissèrent trois pour morts.

Pé ne dit rien, car il ne parlait pas beaucoup; mais il serra les dents, et regarda si affreusement autour de lui, que nul n'osa s'enquérir de ce qu'il ferait, ni l'exhorter, ni souffler mot. Du premier samedi d'avril jusqu'à la mi-août, plusieurs hommes furent battus, tant Bayonnais que Basques, sans qu'il y eût guerre dénoncée, et, quand on en parlait au maire, il tournait le dos.

Le vingt-quatrième jour d'août, beaucoup d'hommes nobles d'entre les Basques, et plusieurs jeunes gens, bons sauteurs et danseurs, vinrent au château de Miot pour la Saint-Barthélemy. Ils festinèrent et paradèrent tout le jour, et les jeunes gens, qui sautaient à la perche avec leurs ceintures rouges et leurs culottes blanches, semblèrent adroits et beaux. Le soir, un homme vint parler bas au maire, et lui, qui d'ordinaire avait une mine grave et judiciaire, eut tout d'un coup les yeux allumés comme un jeune garçon qui voit arriver sa mariée. Il descendit en quatre sauts son escalier, mena dehors une bande de vieux matelots qui étaient venus un à un, couvertement, dans sa salle basse, et partit la nuit close avec plusieurs des jurats, ayant fermé les portes de la ville, de peur que quelque traître, comme il y en a partout, n'allât devant.

Étant arrivés au château, ils trouvèrent le pont-levis baissé et la poterne ouverte, tant les Basques étaient confiants et sans soupçon, et entrèrent, coutelas tirés et piques en avant, dans la grande salle. Là furent tués sept jeunes gens qui s'étaient barricadés avec des tables et voulaient jouer de la dague; mais les bonnes hallebardes bien pointues et tranchantes les firent vite taire. Les autres, ayant fermé les portes du dedans, pensèrent qu'ils auraient pouvoir de se défendre ou loisir pour fuir; mais les marins bayonnais, de leurs grandes haches abattirent les ais et fendirent les premières cervelles qui se trouvèrent auprès. Le maire, voyant les Basques bien serrés à la taille de leurs ceintures rouges, allait disant (car il était facétieux aux jours de bataille) : « Lardez-moi ces beaux galants; la broche en avant dans leur justaucorps de chair. » Et de fait les broches allèrent si avant, qu'ils furent tous perforés et ouverts, quelques-uns de part en part, si bien qu'on aurait vu jour au travers d'eux, et que la salle, une demi-heure après, fut pleine de corps blêmes et rouges, plusieurs ployés en travers les bancs, d'autres en tas dans les coins, quelques-uns le nez collé à la table comme il arrive aux ivrognes, en telle sorte qu'un Bayonnais, les considérant, dit : « Voici le marché aux veaux. » Beaucoup, piqués par derrière, avaient sauté par les fenêtres et furent trouvés le lendemain la tête ouverte ou l'échine cassée, dans les fossés. Il ne resta que cinq hommes en vie, gentilshommes, deux d'Urtubie, deux de Saint-Pé et un de Lahet, que le maire fit mettre de côté comme une denrée précieuse; puis, ayant envoyé quelqu'un pour ouvrir les portes de Bayonne et commander au peuple de venir, il ordonna qu'on mît le feu au château. Ce fut une belle vue, car le château brûla depuis minuit jusqu'au matin; à chaque tourelle, mur ou plancher qui tombait, le peuple en joie faisait un grand cri. Il y avait des volées d'étincelles dans la fumée et des flamboiements qui s'arrêtaient, puis recommençaient tout d'un coup, ainsi qu'aux réjouissances publiques; en sorte qu'un jurat, bel avocat et grand lettré, fit ce dicton : « Belle fête aux gens de Bayonne; aux Basques grillades de cochons. »

Le château brûlé, le maire dit aux cinq gentilshommes qu'il voulait traiter avec eux de bonne amitié, et qu'eux-mêmes seraient juges, si le flux venait jusqu'au pont; puis il les fit attacher deux par deux aux arches, attendant la marée et assurant qu'ils étaient en bon lieu pour voir. Tout le peuple était sur le pont et aux rivages, et regardait l'eau se gonfler. Petit à petit le flot monta à leur poitrine, puis à leur cou, et ils rejetaient la tête en arrière pour avoir la bouche plus haute. Le peuple riait fort, leur criant que c'était l'heure de boire comme font les moines à matines, et qu'ils en auraient assez pour le demeurant de leurs jours. Puis l'eau entra dans la bouche et le nez des trois qui étaient le plus bas; leur gosier gargouilla comme ces bouteilles qu'on emplit, et le peuple applaudit, disant que les ivrognes lampaient trop vite et allaient s'étrangler, tant ils étaient goulus. Il n'y avait plus que les deux hommes d'Urtubie, liés à la maîtresse arche, père et fils, le fils un peu plus bas. Quand le père vit l'enfant suffoquer, il tendit si fort les bras qu'une corde cassa : mais ce fut tout, et le chanvre entra dans sa chair sans qu'il pût aller plus loin. Les gens d'en haut, voyant que les yeux de l'enfant tournaient, que les veines devenaient bleues et grosses sur son front, et que l'eau remuait autour de lui par son hoquet, l'appelèrent poupon, et demandèrent pourquoi il avait teté si fort, et si sa nourrice n'allait pas venir bientôt pour le coucher. Le père, sur ce mot, cria comme un loup, et cracha en l'air contre eux, et dit qu'ils étaient des bourreaux et des lâches. Eux fâchés, commencèrent à lui jeter des pierres, si bien que sa tête blanche devint rouge, et que son œil droit fut crevé ce qui fut pour lui un petit malheur : car un peu après l'eau montant boucha l'autre. Quant elle fut baissée, le maire commanda qu'on laissât là les cinq corps qui pendaient le cou ployé et flasque, en témoignage aux Basques que l'eau de Bayonne venait jusqu'au pont, et qu'ils devaient justement le péage. Puis il s'en retourna étant fort acclamé par le peuple, qui se réjouissait d'avoir un si bon maire, homme entendu, grand justicier, prompt aux sages entreprises, et qui donnait à chacun son dû.

Il avait mis soixante hommes, en partant, à l'entrée du pont, dans la tour du péage, leur commandant de se bien garder, et les avertissant que les Basques tâcheraient de se venger au plus tôt. Mais eux se dirent qu'ils avaient encore au moins une nuit franche, et travaillèrent de tout leur gosier à vider les pots. Vers le milieu de la nuit, qui était sans lune, arrivèrent environ deux cents Basques; car ils sont alertes comme des isards, et leurs coureurs avaient éveillé au matin plus de vingt villages dans la Soule, leur contant l'incendie et la noyade; incontinent, les plus jeunes, avec quelques hommes d'expérience, étaient partis par des sentiers détournés, pieds nus pour ne point faire de bruit, avec force coutelas, crampons, et plusieurs échelles de fines cordes, et s'étaient glissés aussi adroitement que des renards jusqu'au bas de la tour, du côté du levant à l'endroit où elle plonge droit jusqu'au lit du fleuve, vraie fondrière, en sorte qu'en ce lieu il n'y avait point de garde, et que le roulement de l'eau sur les cailloux empêchait d'entendre leur petit bruit, s'ils en faisaient. Ils fichèrent leurs crampons dans les fentes des pierres, et, petit à petit Jean Amacho, homme de Béhobie, bon chasseur de bêtes montagnardes, grimpa sur les créneaux du premier mur, puis, ayant appuyé une perche jusqu'à une fenêtre de la tour, entra, et accrocha deux échelles; les autres à leur tour montèrent, jusqu'à ce qu'il y en eût cinquante environ; et toujours de nouveaux hommes arrivaient, tant que les échelles pouvaient porter, enjambant le bord de la fenêtre et sans bruit.

Ils étaient dans un petit réduit bas, et de là, dans la grande salle du premier étage ils voyaient à six marches au dessous d'eux les Bayonnais qui n'étaient que trois en ce lieu, deux dormant, l'autre qui venait de s'éveiller et se frottait les yeux, le dos tourné à la petite porte du réduit. Jean Amacho fit signe aux deux hommes qui étaient montés aussitôt après lui, et tous ensemble sautèrent d'un seul saut, et si juste, que leurs trois couteaux entrèrent à la fois dans la gorge des Bayonnais, lesquels, fléchissant des jambes, coulèrent à terre sans faire un cri. Puis les autres Basques entrèrent et se tinrent au bord du grand escalier à rampe, qui menait dans la salle basse où étaient les Bayonnais, les uns dormant en tas près de l'âtre, les autres criant et banquetant dru.

Un de ceux-ci, sentant ses cheveux mouillés, leva la tête, vit de petits filets rouges qui coulaient d'entre les solives du plafond, et se mit à rire, disant que les goinfres d'en haut ne pouvant plus tenir leurs flacons répandaient le bon vin, ce qui est une grosse faute. Mais trouvant que ce vin était bien tiède, il en mit à son doigt, puis sur sa langue, et vit au goût fade que c'était du sang. Il le cria tout haut, et les Bayonnais sursautant empoignèrent leurs piques et coururent à l'escalier. Sur cela, les Basques, qui avaient attendu, n'étant pas assez nombreux, voulurent rattraper le moment et s'élancèrent; mais les premiers sentirent la pointe des piques, et furent enlevés comme des bottes de foin qu'on embroche avec des fourches pour les jeter à bas d'un grenier; puis les Bayonnais, se tenant serrés et portant devant eux comme un hérisson de piques, commencèrent à monter.

Alors un vaillant Basque, Antoine Chaho, et deux autres avec lui, se coulèrent, à la façon des lézards, le long du mur, en se couvrant des corps morts; et glissant entre les grosses jambes des matelots de Bayonne, ils commencèrent à travailler du couteau dans leurs jarrets; de sorte que les Bayonnais, étant serrés dans l'escalier et embarrassés des hommes et des piques qui tombaient en travers, ne purent plus avancer ni jouer si juste de leurs broches. A ce moment, Jean Amacho et quelques jeunes Basques sautèrent de plus de vingt pieds, ayant épié le moment, jusqu'au milieu de la salle, à un endroit où il n'y avait point de hallebardes prêtes, et commencèrent, avec une grande promptitude, à couper des gorges, puis, s'étant jetés à genoux, à découdre des ventres; ils tuaient bien plus qu'ils n'étaient tués, parce qu'ils avaient les mains lestes, que plusieurs s'étaient fourrés de grosse laine et des chemises de cuir, et que les manches de leurs couteaux étant garnis de cordes ne glissaient point. En outre, les Basques d'en haut, étant maintenant plus de cent, roulèrent en bas de l'escalier comme une dégringolée de chèvres; d'autres arrivaient à chaque minute, et par tous les coins de la salle, homme contre homme, ils commencèrent à s'enferrer.

Là mourut Jean Amacho d'une façon bien malheureuse, et sans qu'il y eût de sa faute; car ayant tranché la gorge à un Bayonnais, ce qui était sa façon ordinaire de tuer, laquelle est en effet la meilleure de toutes, il approcha trop la tête, et le jet des deux grosses veines du cou lui sauta à la face comme la mousse d'une jarre de poiré qu'on débouche, et subitement lui boucha les deux yeux; tellement qu'il ne put se garer d'un Bayonnais qui était à sa gauche; celui-ci lui planta sa dague dans le dos: il cracha le sang et mourut une minute après.

Mais les Bayonnais, étant moins nombreux et moins adroits, ne purent tenir, et au bout d'une demi-heure il n'en resta plus qu'une douzaine, acculés au coin du fond, près d'un petit cellier où l'on mettait les brocs et les outres. Pour forcer ceux-là plus vite, les Basques ramassèrent les piques, et commencèrent à pousser à travers ce tas d'hommes; et les Bayonnais, comme chacun fait toujours lorsqu'il sent une fiche de fer entrer dans sa peau, reculèrent et roulèrent ensemble dans le cellier. A cet instant les torches s'étant éteintes, les Basques, pour ne point se blesser les uns les autres, alignèrent toute la brassée de piques, et harponnèrent en avant à l'aveugle dans le cellier, pendant plus d'un quart d'heure, afin d'être bien sûrs que nul Bayonnais ne restait en vie; en sorte que, lorsque tout y fut devenu tranquille et qu'ayant rallumé les torches ils regardèrent, ils virent que le cellier avait l'air d'un hachoir de charcutier, les corps étant tranchés en vingt endroits, et séparés de leurs têtes, et les membres étant mêlés les uns avec les autres, tellement qu'il ne manquait que du sel pour que ce fût un saloir.

Mais les plus jeunes des Basques, quoiqu'il n'y eût plus rien à tuer, tournaient les yeux de tous les côtés de la salle, grinçant les dents comme des lévriers après la curée ; ils criaient de moment en moment tressaillant des jambes, et serrant leurs doigts après le manche de leur couteau ; plusieurs, blessés et les lèvres blanches, ne sentaient point encore leurs blessures ni le manque de sang, restaient accroupis près de l'homme qu'ils avaient tué le dernier, et sursautaient sans le vouloir. Un ou deux riaient d'un rire fixe comme celui des fous, lâchant par instants un grondement rauque ; et il y avait dans la chambre une telle vapeur de carnage qu'à les voir ainsi chanceler ou hurler, on les eût crus soûlés de vin.

Au soleil levant, ayant détaché les cinq noyés des arches, ils jetèrent au fil de l'eau tous les Bayonnais, et dirent qu'ils pourraient descendre ainsi jusqu'à leur mer, et que cette charretée de chair morte était le péage que payeraient les Basques. Les plaies figées se décollèrent par la froideur de l'eau ; ce fut une belle vue : car, par le sang qui coulait, la rivière devint aussi vermeille que le ciel à l'orient.

Après cela les Basques et les gens de Bayonne combattirent plusieurs années encore, homme contre homme, bande contre bande : et beaucoup d'hommes braves moururent des deux parts. A la fin, les deux partis s'accordèrent pour s'en remettre à l'arbitrage de Bertrand Ezi, sire d'Albret. Le sire d'Albret dit que les Bayonnais ayant fait la première attaque étaient en faute; il ordonna que les Basques ne payeraient point à l'avenir de redevance, que tout au contraire la cité de Bayonne leur payerait quinze cents écus d'or neufs, et établirait dix prébendes presbytérales devant coûter quatre mille écus vieux du premier coin de France, de bon or et de loyal poids, pour le repos des âmes des cinq gentilshommes noyés sans confession, lesquelles peut-être, étaient dans le purgatoire et avaient besoin de beaucoup de messes pour en sortir. Mais les Basques ne voulurent pas que Pé de Puyane, le maire, fût compris dans cette paix, ni lui, ni ses fils, et se réservèrent de les poursuivre jusqu'à ce qu'ils eussent pris vengeance sur sa chair et sur sa race. Le maire se retira à Bordeaux, dans la maison du prince de Galles, dont il était grand ami et bon serviteur, et pendant deux ans ne sortit point de la ville, sinon trois ou quatre fois, bien cuirassé, et avec une escorte de gens d'armes. Mais un jour, étant allé voir une vigne qu'il avait achetée, il s'écarta un peu de sa troupe pour relever un gros cep noir qui tombait dans le fossé; un instant après, ses hommes entendirent un petit cri sec, comme celui d'une grive qui se prend au lacet; ayant couru, ils virent Pé de Puyane mort avec un couteau long d'une brasse qui était entré dans l'aisselle au défaut de la cuirasse. Son fils aîné Sébastien, qui avait fui à Toulouse, fut tué par Augustin de Lahet, neveu du noyé; l'autre, Hugues, survécut, et fit souche, parce qu'étant allé par mer en Angleterre, il y resta, et reçut du roi Édouard un fief de chevalier. Mais ni lui ni ses enfants ne revinrent jamais en Gascogne; ils firent sagement; car ils y eussent trouvé leurs fossoyeurs.

BIARRITZ — SAINT-JEAN-DE-LUZ

I

A une demi-lieue, au tournant d'un chemin, on aperçoit un coteau d'un bleu singulier : c'est la mer. Puis on descend, par une route qui serpente, jusqu'au village.

Triste village, sali d'hôtels blancs réguliers, de cafés et d'enseignes, échelonné par étages sur la côte aride; pour herbe, un mauvais gazon troué et malade; pour arbres, des tamaris grêles qui se collent en frissonnant contre la terre; pour port, une plage et deux criques vides. La plus petite cache dans son recoin de sable deux barques sans mâts ni voiles, qu'on dirait abandonnées.

L'eau ronge la côte; de grands morceaux de terre et de pierre, durcis par son choc, lèvent à cinquante pieds du rivage leur échine brune et jaune, usés, fouillés, mordus, déchiquetés, creusés par la vague, semblables à un troupeau de cachalots échoués. Le flot aboie ou beugle dans leurs entrailles minées, dans leurs profondes gueules béantes; puis, quand ils l'ont engouffré, ils le vomissent en bouillons et en écume, contre les hautes vagues luisantes qui viennent éternellement les assaillir. Des coquilles, des cailloux polis, se sont incrustés sur leur tête. Les ajoncs y ont enfoncé leurs tiges patientes et le fouillis de leurs épines; ce manteau de bourre est seul capable de se coller à leurs flancs, et de durer contre la poussière de la mer.

A gauche, une traînée de roches labourées et décharnées s'allonge en promontoire jusqu'à une arcade de grève durcie, que les hautes marées ont ouverte, et d'où la vue par trois côtés plonge sur l'Océan. Sous la bise qui siffle, il se hérisse de flots violâtres; les nuages qui passent le marbrent de plaques encore plus sombres; si loin que le regard porte, c'est une agitation maladive de vagues ternes, entre-croisées et disloquées, sorte de peau mouvante qui tressaille tordue par une fièvre intérieure; de temps en temps, une raie d'écume qui les traverse marque un soubresaut plus violent. Çà et là, entre les intervalles des nuages, la lumière découpe quelques champs glauques sur la plaine uniforme; leur éclat fauve, leur couleur malsaine, ajoutent à l'étrangeté et aux mesures de l'horizon. Ces sinistres lueurs changeantes, ces reflets d'étain sur une houle de plomb, ces scories blanches collées aux roches, cet aspect gluant des vagues donnent l'idée d'un creuset gigantesque, dont le métal bouillonne et luit.

Mais vers le soir l'air s'éclaircit et le vent tombe On aperçoit la côte d'Espagne et sa traînée de montagnes adoucie par la distance. La longue dentelure ondule à perte de vue, et ses pyramides vaporeuses finissent par s'effacer dans l'ouest, entre le ciel et l'Océan. La mer sourit dans sa robe bleue, frangée d'argent, plissée par le dernier souffle de la brise; elle frémit encore, mais de plaisir, et déploie cette soie lustrée, chatoyante, avec des caprices voluptueux sous le soleil qui l'échauffe. Cependant des nuages sereins balancent au-dessus de lui leur duvet de neige; la transparence de l'air les entoure d'une gloire angélique, et leur vol immobile fait penser aux âmes du Dante arrêtées en extase à l'entrée du paradis.

La nuit, je suis monté sur une esplanade solitaire où est une croix, et d'où l'on voit la mer et la côte. La côte noire, semée de lumières, s'abaisse et s'élève en bosselures indistinctes. La mer gronde et roule sourdement. De temps en temps, au milieu de cette respiration menaçante, par un hoquet rauque, comme si la bête sauvage endormie se réveillait; on ne la distingue pas, mais, à je ne sais quoi de sombre et de mouvant, on devine un dos monstrueux qui palpite ; l'homme est devant elle comme un enfant devant la bauge d'un léviathan. Qui nous promet qu'elle nous tolérera demain encore? Sur la terre nous nous sentons maîtres; notre main y trouve partout ses traces; elle a transformé tout et mis tout à son service ; aujourd'hui le sol est un potager, les forêts un bosquet, les fleuves des rigoles, la nature une nourrice et une servante. Mais ici subsiste quelque chose de féroce et d'indomptable. L'Océan a gardé sa liberté et sa toute-puissance ; une de ses vagues noierait notre ruche ; que là-bas en Amérique son lit se soulève, il nous écrasera sans y penser ; il l'a fait et le fera encore ; à présent il sommeille, et nous vivons collés à son flanc, sans songer qu'il a parfois besoin de se retourner.

II.

Il y a un phare au nord du rivage, sur une esplanade de grève et d'herbes piquantes. Les plantes ici sont aussi âpres que l'Océan. Ne regardez pas la place à gauche; les piquets de soldats, les baraques de baigneurs, les ennuyés, les enfants, les malades, le linge qui sèche, tout cela est triste comme une caserne et un hôpital. Mais au pied du phare, les belles vagues vertes se creusent et escaladent les rochers, éparpillant au vent leur panache d'écume; les flots arrivent à l'assaut et montent l'un sur l'autre, aussi agiles et aussi hardis que des cavaliers qui chargent; les cavernes clapotent; la brise souffle avec un bruit joyeux; elle entre dans la poitrine et tend les muscles; on respire à pleins poumons la vivifiante salure de la mer.

Plus loin, en remontant vers le nord, des sentiers rampent le long des falaises. Au bas de la dernière, la solitude s'ouvre; toute chose humaine a disparu; ni maisons, ni culture, ni verdure. On est ici comme aux premiers âges, alors que les vivants n'avaient point paru encore, et que l'eau, la pierre et le sable, étaient les seuls habitants de l'univers. La côte allonge dans la vapeur sa longue bande de sable poli; la plage dorée ondule doucement et ouvre ses golfes aux rides de la mer. Chaque ride avance, écumeuse d'abord, puis insensiblement s'aplanit, laisse derrière elle les flocons de sa toison blanche, et vient s'endormir sur la rive qu'elle a baisée. Cependant une autre approche, et derrière celle-ci une nouvelle, puis tout un troupeau qui raye l'eau bleuâtre de ses broderies d'argent. Elles chuchotent bien bas, et on les entend à peine sous les clameurs des vagues lointaines; nulle part la plage n'est si douce, si riante; la terre amollit son embrassement pour mieux accueillir et caresser ces mignonnes créatures, qui sont comme les petits enfants de la mer.

II.

Il a plu toute la nuit ; mais le matin, un vent sec a séché la terre, et je suis allé à Saint-Jean-de-Luz en longeant la côte.

Partout des falaises rongées plongeant à pic ; des tertres mornes, des sables qui s'écoulent ; de misérables herbes qui enfoncent leurs filaments dans le sol mouvant : des ruisseaux qui se plient en vain et s'engorgent refoulés par la mer ; des anses tourmentées, des grèves nues. L'Océan déchire et dépeuple sa plage. Tout souffre par le voisinage du vieux tyran. En contemplant ici son aspect et son œuvre, on trouve vraies les superstitions antiques. C'est un Dieu lugubre et hostile, toujours grondant, sinistre, aux caprices subits, que rien n'apaise, que nul ne dompte, qui s'irrite d'être exclu de la terre, qui l'embrasse impatiemment, et la tâte, et l'ébranle, et demain peut la reprendre ou la briser. Ses vagues violentes sursautent convulsivement, et se tordent en se heurtant comme les têtes d'un grand troupeau de chevaux sauvages ; une sorte de crinière grisonnante traîne au bord de l'horizon noir ; les goëlands crient ; on les voit s'enfoncer dans la vallée qui se creuse entre deux lames, puis reparaître ; ils tournoient et vous regardent étrangement de leurs yeux pâles. On dirait qu'ils se réjouissent de ce tumulte et attendent une proie.

Un peu plus loin, une pauvre chaumière se cache dans une anse. Trois enfants jouaient là, dans un ruisseau débordé, en haillons, jambes nues. Un gros phalène, alourdi par la pluie, était tombé dans un trou. Ils y amenaient l'eau avec leurs pieds, et barbotaient dans la bourbe froide ; le flot tombait par averses sur la pauvre bête, qui battait en vain des ailes ; ils riaient aux éclats en trébuchant et en s'accrochant les uns aux autres de leurs mains rouges. A cet âge et dans cette misère, il ne leur en fallait pas davantage pour être heureux.

La route monte et descend en tournoyant sur de hautes collines qui marquent le voisinage des Pyrénées. A chaque tournant la mer reparaît, et c'est un spectacle singulier que cet horizon subitement abaissé, et ce triangle verdâtre qui va s'élargissant du côté du ciel. Deux ou trois villages s'allongent échelonnés de haut en bas sur la route. Les femmes sortent de leurs maisons blanches, en robe noire, avec un voile noir pour aller à la messe. Cette sombre couleur annonce l'Espagne. Les hommes, en vestes de velours, s'entassent au cabaret et boivent du café sans rien dire. Pauvres maisons, pauvre pays ; j'ai vu cuire, en guise de pain, dans une sorte de hangar, des galettes de maïs et d'orge. Cette misère fait toujours peine. Qu'est-ce qu'un journalier a gagné à nos trente siècles de civilisation? Il y a gagné pourtant, quand nous nous accusons, c'est que nous oublions l'histoire. Il n'a plus la petite vérole, ni la lèpre; il ne meurt plus de faim comme au seizième siècle, sous Montluc; il n'est plus brûlé comme sorcier, ce qui arriva encore sous Henri IV ici même; il peut, s'il est soldat, apprendre à lire, devenir officier; il a du café, du sucre, du linge. Nos fils diront que c'est peu; nos pères auraient dit que c'est beaucoup.

Saint-Jean-de-Luz est une vieille petite ville aux rues étroites, aujourd'hui silencieuse et déchue; ses marins jadis combattaient les Normands pour le roi d'Angleterre; trente ou quarante navires en sortaient chaque année pour pêcher la baleine. A présent le port est vide; cette terrible mer de Biscaye a trois fois brisé sa digue. Contre la houle grondante amoncelée depuis l'Amérique, nul ouvrage d'homme ne tient. L'eau s'engouffrait dans le chenal et arrivait comme un cheval de course aussi haut que les quais, fouettant les ponts, secouant ses crêtes, creusant sa vague; puis elle clapotait lourdement dans les bassins, quelquefois avec des bonds si brusques qu'elle retombait par-dessus les parapets comme une écluse, et noyait le pied des maisons. Un pauvre bateau dansait dans un coin au bout d'une corde; point de marins; point d'agrès, de filets; voilà ce port célèbre. On dit pourtant qu'à une demi-lieue de là, il y a cinq ou six barques dans une crique.

De la digue, on voyait le tumulte de la marée haute. Un mur massif de nuées noires cernait l'horizon; le soleil flamboyait par une crevasse, comme un feu par la gueule d'une forge, et dégorgeait sur la houle son incendie de flammes ferrugineuses. La mer sautait comme une folle à l'entrée du port, heurtée par une bande de roches invisibles, et joignait de sa traînée blanche les deux cornes de la côte. Les vagues arrivaient hautes de quinze pieds contre la plage, puis, minées au pied par l'eau descendante, s'abattaient la tête la première, désespérées, avec un hurlement affreux; elles revenaient pourtant à l'assaut, et à chaque minute montaient plus haut, laissant sur la plage leur tapis de mousse neigeuse, et s'enfuyant avec le petit frissonnement d'une fourmilière qui fourrage dans les feuilles sèches. A la fin, l'une d'elles vint mouiller les pieds des gens qui regardaient du haut de la digue. Heureusement, c'était la dernière; la ville est à vingt pieds plus bas, et ne serait qu'un tas de ruines si quelque grande marée était poussée par un ouragan.

IV.

Un noble hôtel, aux larges salles, aux grands appartements antiques, s'étale au coin du premier bassin en face de la mer. Anne d'Autriche y logea en 1660, lors du mariage de Louis XIV. Au-dessus d'une cheminée, on voit encore le portrait d'une princesse en habit de déesse. N'étaient-elles point déesses? Un pont tapissé allait de ce logis à la petite église, sombre et splendide, traversée de balcons de chêne noir, et chargée de châsses étincelantes. Les deux époux le traversèrent, entre deux haies de suisses et de gardes chamarrés, le roi, tout brodé d'or, le chapeau garni de diamants; la reine, avec un manteau de velours violet, semé de fleurs de lis, et par-dessous un habit blanc de brocart étoilé de pierreries, la couronne sur la tête. Ce ne furent que processions, entrées, magnificences et parades. Qui de nous aujourd'hui voudrait être grand seigneur à condition de représenter ainsi? L'ennui du rang supprimerait les plaisirs du rang; on s'impatienterait d'être un mannequin brodé, toujours en spectacle et à la montre. Alors c'était toute la vie. Quand M. de Créqui vint porter à l'infante les présents du roi, « il avait soixante personnes de livrée à sa suite avec un grand nombre de gentilshommes et beaucoup d'amis. » Les yeux se complaisaient dans cette splendeur. L'orgueil était plus vaniteux, les jouissances plus extérieures. On avait besoin d'étaler sa puissance pour la sentir. La vie d'apparat avait appliqué l'esprit aux cérémonies. On apprenait à danser, comme aujourd'hui à réfléchir; on passait des années à l'académie; on étudiait avec un sérieux et une attention extrême l'art de saluer, d'avancer le pied, de se tenir debout, de jouer avec son épée, de bien poser sa canne; l'obligation de vivre en public y contraignait; c'était le signe du rang et de l'éducation; on prouvait ainsi ses alliances, son monde, sa place auprès du roi, son titre. Bien mieux, c'était la poésie du temps. Une belle façon de saluer est belle; elle rappelait mille souvenirs d'autorité et d'aisance, comme une attitude en Grèce rappelait mille souvenirs de guerre et de gymnase; une demi-inclination du col, une jambe noblement étendue, un sourire complaisant et calme, une ample jupe traînante avec des plis majestueux, remplissaient l'âme de pensées commandantes et polies, et ces grands seigneurs étaient les premiers à jouir du spectacle qu'ils offraient. « J'allai porter mon offrande, dit Mlle de Montpensier, et fis mes révérences aussi bien que pas une de la compagnie; je me trouvais assez propre pour les jours de cérémonie; ma personne y tenait aussi bien sa place que mon nom dans le monde. » Ces mots expliquent l'attention infinie qu'on donnait aux préséances et aux cérémonies; Mademoiselle ne tarit pas sur ce point; elle parle comme un tapissier et un chambellan; elle s'inquiète de savoir à quel moment précis les grands d'Espagne ôtent leur chapeau, si le roi d'Espagne baisera la reine mère ou ne fera que l'embrasser : ces importants intérêts la troublent. En effet, c'étaient alors des intérêts importants. Le rang ne dépendait point, comme dans une démocratie, du mérite prouvé, de la gloire acquise, de la puissance exercée ou de la richesse étalée, mais des prérogatives visibles transmises par héritage ou accordées par le roi : de sorte qu'on se battait pour un tabouret ou pour une mante, comme aujourd'hui pour une place ou pour un million. Entre autres perfidies, on machina de loger les sœurs de Mademoiselle chez la reine. « La proposition m'en déplut; elles auraient toujours mangé avec elle, ce que je ne faisais point. Cela réveilla ma gloire, j'étais au désespoir en ce moment. » Les combats furent plus grands lorsqu'on en vint au mariage. « On s'avisa qu'il fallait porter une offrande à la reine, qu'ainsi je ne pouvais pas porter sa queue, et que ce seraient mes sœurs qui la porteraient avec Mme de Carignan. Dès qu'on avait parlé de porter les queues, M. le duc de Roquelaure s'était offert de porter la mienne. L'on chercha des ducs pour porter celles de mes sœurs, et, comme pas un ne voulait le faire, Mme de Saugeon cria fort que Madame serait au désespoir de cette distinction. » Quelle joie de marcher la première sur le pont tapissé, la queue dans la main d'un duc, pendant que les autres vont honteusement derrière, avec une queue sans duc! Mais tout d'un coup d'autres y prétendent. Mme d'Uzès accourt tout effarée : il s'agit d'une usurpation atroce. « La princesse palatine aura une queue; ne voulez-vous pas empêcher cela? » On s'assemble, on va chez le roi, on lui représente l'énormité du fait : le roi interdit cette nouvelle queue usurpatrice et criminelle, et la palatine, qui pleure et tempête, déclare qu'elle n'assistera pas au mariage si on la prive de son appendice. Hélas! toute prospérité humaine a ses revers; Mademoiselle, si heureuse en matière de queues, ne put obtenir de baiser la reine, et, sur cette défense, resta plongée tout le jour dans le plus noir chagrin. C'est que ces recherches de rang avaient été, dès l'enfance, son unique souci; elle avait voulu épouser tous les princes du monde, et toujours en vain; peu lui importait la personne. D'abord le cardinal infant, le contraire d'un Amadis : à l'âge des rêves, au seuil de la jeunesse, parmi les songes vagues et les premiers enchantements de l'amour, elle choisissait ce vieux grimaud à fraise pour trôner avec lui, sur un beau fauteuil, dans le gouvernement des

Pays-Bas. Puis Philippe IV d'Espagne; l'empereur Ferdinand, l'archiduc : d'elle-même négociant avec eux, au risque de faire pendre son diplomate. Puis le roi de Hongrie, le futur roi d'Angleterre Louis XIV, Monsieur, le roi de Portugal. Qui pourrait les compter? Au besoin, elle s'y prenait d'avance : la princesse de Condé se trouvant malade. puis grosse, cette tête romanesque imagina que le prince allait devenir veuf, et voulut le retenir pour mari. Personne ne prit cette main qu'elle avait tendue à toute l'Europe. En vain elle tira le canon dans la Fronde; elle resta aventurière, poupée de parade, girouette, jusqu'au bout, de temps en temps exilée, vingt fois veuve, mais toujours avant les noces, promenant par toute la France les ennuis et les imaginations de son célibat involontaire. Enfin Lauzun parut; pour l'épouser, et secrètement, il lui en coûta la moitié de ses biens ; le roi puisait la dot de son bâtard dans la mésalliance de sa cousine. Ce fut un ménage exemplaire : elle le griffa; il la battit. — Nous rions de ces prétentions et de ces picoteries, de ces mésaventures et de ces querelles d'aristocratie; notre tour viendra, comptons-y; notre démocratie aussi apprête à rire : notre habit noir est, comme leur habit brodé, chamarré de ridicules; nous avons l'envie, la tristesse, le manque de mesure et de politesse, les héros de George

Sand, de Victor Hugo et de Balzac. Au fait, qu'importe?

Sifflez-moi librement ; je vous le rends, mes frères.

Ainsi parlait Voltaire, qui donnait à la fois à tout le monde la charte de l'égalité et de la gaieté.

II

LA VALLÉE D'OSSAU

DAX — ORTHEZ

I

J'ai vu Dax en passant, et je ne me rappelle que deux files de murs blancs, d'un éclat cru, où çà et là des portes basses enfonçaient leur cintre noir avec un relief étrange. Une vieille cathédrale, toute sauvage, hérissait ses clochetons et ses dentelures au milieu du luxe de la nature et de la joie de la lumière, comme si le sol crevé eût jadis poussé hors de sa lave un amas de soufre cristallisé.

Le postillon, bon homme, prend une pauvresse en route, et la met à côté de lui sur son siège Quels gens gais ! Elle chante en patois, le voilà qui chante, le conducteur s'en mêle, puis un des gens de l'impériale. Ils rient de tout leur cœur; leurs yeux brillent. Que nous sommes loin du Nord ! Dans tous ces méridionaux il y a de la verve; de temps en temps la pauvreté, la fatigue, l'inquiétude l'écrasent; à la moindre ouverture, elle jaillit comme une eau vive en plein soleil.

Cette pauvresse m'amuse. Elle a cinquante ans, point de souliers, des vêtements en lambeaux, pas un sou dans sa poche. Elle adresse familièrement la parole à un gros monsieur bien vêtu, qui est derrière elle. Point d'humilité ; elle se croit l'égale de tout le monde. La gaieté est comme un ressort qui rend l'âme élastique ; les gens plient, mais se relèvent. Un Anglais serait scandalisé. Plusieurs m'ont dit que la nation française n'avait point le sentiment du respect. Voilà pourquoi nous n'avons plus d'aristocratie.

La chaîne des montagnes ondule à gauche, bleuâtre et pareille à une longue assise de nuées. La riche vallée ressemble à une grande coupe, toute regorgeante d'arbres fruitiers et de maïs. Des nuages blancs planent lentement au plus haut du ciel comme une volée de cygnes tranquilles. L'œil se repose sur le duvet de leurs flancs, et tourne avec volupté sur les rondeurs de leurs nobles formes. Ils voguent en troupe, poussés par le vent du sud, d'un essor égal, comme une famille de dieux bienheureux, et de là-haut ils semblent regarder avec tendresse la belle terre qu'ils protégent et vont nourrir.

II.

Orthez, au quatorzième siècle, était une capitale; de cette grandeur il reste quelques débris : des murs ruinés et la haute tour d'un château où pendent des lierres. Les comtes de Foix avaient là un petit État presque indépendant, fièrement planté entre les royaumes de France, d'Angleterre et d'Espagne. Les gens y ont gagné, je le sais : ils ne haïssent plus leurs voisins et vivent tranquilles; ils reçoivent de Paris les inventions et les nouvelles; la paix, l'échange et le bien-être sont plus grands. On y a perdu pourtant; au lieu de trente capitales actives, pensantes, il y a trente villes de province inertes, dociles. Les femmes souhaitent un chapeau, les hommes vont fumer au café; voilà leur vie; ils ramassent de vieilles idées creuses dans des journaux imbéciles. Autrefois ils avaient des pensées politiques et des cours d'amour.

III.

Le bon Froissart vint ici l'an 1388, ayant chevauché et devisé d'armes sur toute la route avec le chevalier messire Espaing de Lyon; il logea dans l'auberge de la Belle-Hôtesse, qu'on appelait alors l'hôtel de la Lune. Le comte Gaston Phœbus l'envoya chercher bien vite : « car c'étoit le seigneur du monde qui, le plus volontiers, véoit étranger pour ouïr nouvelles. » Froissart passa douze semaines dans son hôtel : « car on lui fit bonne chère, et ses chevaux bien repus et de toutes choses bien gouvernés aussi. »

Froissart est un enfant, et quelquefois un vieil enfant. La pensée s'ouvre à ce moment, comme en Grèce au temps d'Hérodote. Mais, tandis qu'en Grèce on sent qu'elle va se déployer jusqu'au bout, on découvre ici qu'un obstacle l'arrête : il y a un nœud dans l'arbre; la séve arrêtée ne peut monter plus haut. Ce nœud, c'est la scolastique.

Car, il y a déjà trois siècles qu'on écrit en vers et deux siècles qu'on écrit en prose; après cette longue culture, voyez quel historien est Froissart. Un matin il monte à cheval avec quelques valets, par un beau soleil, et galope en avant; un seigneur le rencontre, il l'accoste : « Sire, quel est ce château? » L'autre lui conte les siéges, et quels grands coups d'épée s'y donnèrent. « Sainte Marie, s'écria Froissart, que vos paroles me sont agréables, et qu'elles me font grand bien, pendant que vous me les contez! Et vous ne les perdrez pas, car toutes seront mises en mémoire et chronique en l'histoire que je poursuis. » Puis il se fait expliquer la parenté du seigneur, ses alliances, comment ont vécu et sont morts ses amis et ses ennemis, et tout l'écheveau des aventures entre-croisées pendant deux siècles et dans trois pays. « Et sitôt que aux hôtels, sur le chemin que nous faisions ensemble, j'étais descendu, je les écrivais, fût de soir ou matin, pour en avoir mieux la mémoire au temps à venir ; car il n'est si juste rétentive que c'est d'écriture. » Tout s'y trouve, le pêle-mêle et les cent détours des conversations, des réflexions, des petits accidents de voyage. Un vieil écuyer lui conte des légendes de montagne, comment Pierre de Béarn, ayant une fois tué un ours énorme, ne sut plus dormir tranquille, « mais dorénavant se réveilla chaque nuit, menant un tel terribouris et tel brouillis qu'il semblait que tous les diables d'enfer dussent tout emporter et fussent dedans avec lui. » Froissart juge que cet ours était peut-être un cavalier changé en bête pour quelque méfait, et cite à l'appui l'histoire d'Actéon « appert et joli chevalier, lequel fut mué en cerf. » Ainsi va sa vie et se fait son histoire ; elle ressemble à une tapisserie du temps, éclatante et variée, pleine de chasses, de tournois, de batailles, de processions. Il se donne et donne à ses auditeurs le plaisir d'imaginer des cérémonies et des aventures ; nulle autre idée, ou plutôt nulle idée. De critique, de pensées générales, de raisonnements sur l'homme ou la société, de conseils ou de prévisions, nulle trace ; c'est un héraut d'armes qui cherche à plaire aux yeux curieux, à l'humeur belliqueuse et à l'esprit vide de chevaliers vigoureux, grands mangeurs, amateurs de horions et de parades. Cette stérilité de la raison n'est-elle pas étrange? En Grèce, au bout de cent ans, Thucydide, Platon, Xénophon, la philosophie et la science avaient paru. Pour comble, lisez les vers de Froissart, ces rondeaux, ballades et virelais qu'il récitait la nuit au comte de Foix, « lequel prenait grand solas à les bien entendre, » vieilleries de décadence, allégories usées, recherchées, bavardage de pédant décrépit qui s'amuse à faire des tours d'adresse ennuyeux. Et les autres sont pareils. Charles d'Orléans n'a qu'une grâce fanée, Christine de Pisan n'a qu'une solennité officielle. Ces esprits débiles n'ont pas la force d'enfanter les idées générales; celles qu'on accroche sur eux les plient sous leur poids.

La cause est là, tout près; regardez ce gros docteur cornificien aux yeux mornes, un confrère de Froissart, si vous voulez, mais combien différent! Il tient en main son manuel de droit canon, Pierre le Lombard, un traité du syllogisme. Dix heures par jour il dispute en Baralipton sur l'hiccæité. Une fois enroué, il replongeait son nez dans son in-folio jaune; les syllogismes et les quiddités achevaient de le rendre stupide; il ignorait les choses ou n'osait les voir; il remuait des mots, entre-choquait des formules, se cassait la tête, perdait le sens commun, et raisonnait comme une machine à vers latins[1]. Quel maître pour les fils des seigneurs, et les vifs esprits poétiques! Quelle éducation que ce grimoire de logique sèche et de scolastique extravagante! Lassés, dégoûtés, fouettés, abêtis, ils oubliaient au plus vite ce vilain rêve, couraient au grand air, et ne songeaient plus qu'à la chasse, à la guerre ou aux dames, n'ayant garde de tourner les yeux une seconde fois vers leur rebutante litanie; s'ils y revenaient, c'était par vanité, pour nicher dans leurs chansons quelque fable latine ou quelque abstraction savante, n'y comprenant mot, s'en affublant par mode, comme d'une docte hermine. Chez nous aujourd'hui les idées générales poussent en tout esprit, vivantes et florissantes; chez les laïques alors, la racine en était coupée, et chez les clercs il n'en restait qu'un fagot de bois mort.

Les hommes n'en étaient que plus propres à la vie corporelle et plus capables de passions violentes; là-dessus le style de Froissart, si naïf, nous trompe. Nous croyons entendre le gentil bavardage d'un enfant qui s'amuse; sous ce babil, il faut démêler la rude voix des combattants, chasseurs d'ours et chasseurs d'hommes, et la large hospitalité gros-

1. Voir le discours de Jean Petit sur l'assassinat du duc d'Orléans.

sière des mœurs féodales. Le comte de Foix venait à minuit souper dans sa haute salle. « Devant lui avait douze torches allumées que douze valets portaient; et icelles douze torches étaient tenues devant sa table qui donnaient grande clarté en la salle, laquelle était pleine de chevaliers et écuyers; et toujours étaient à foison tables dressées pour souper, qui souper voulait. » Ce devait être un étonnant spectacle que ces figures sillonnées et ces puissants corps, avec leurs robes fourrées et leurs justaucorps rayés sous les éclairs vacillants des torches. Un jour de Noël, allant dans sa galerie, il vit qu'il n'y avait qu'un petit feu, et le dit tout haut. Là-dessus, un chevalier, Ernauton d'Espagne, ayant regardé par la fenêtre, aperçut dans la cour quantité d'ânes qui apportaient du bois. « Il prit le plus grand de ces ânes tout chargé de bûches, et le chargea sur son cou moult légèrement, et l'apporta amont les degrés qui étaient environ vingt-quatre, et ouvrit la presse des chevaliers et écuyers qui devant la cheminée étaient, et renversa les bûches, et l'âne les pieds dessus en la cheminée sur les cheminaux, dont le comte de Foix eut grande joie et tous ceux qui là étaient. » Ce sont les rires et les amusements de géants barbares. Il leur fallait du bruit et des chants proportionnés. Froissart conte une fête où siégeaient des évêques, des comtes, des abbés, des chevaliers presque au nombre de cent.

« Et je vous dis que grand foison de ménestrels, tant de ceux qui étaient au comte que d'autres étrangers, firent tous par grand loisir leur devoir de ménestrandie. » Ceux de Touraine le firent si fort et si bien que le comte les emmitoufla le jour même « en des robes de drap d'or et fourré de fin menu vair. »

Ce comte, dit Froissart, « fut prud'homme à régner ; de toutes choses, il était si très-parfait qu'on ne le pourrait trop louer. Nul haut prince de son temps ne se pouvait comparer à lui de sens, d'honneur et de sagesse. » En ce cas, les hauts princes du temps ne valaient pas grand'chose. De justice et d'humanité, le bon Froissart ne s'inquiète guère; il trouve le meurtre fort naturel : en effet, c'était la coutume : on ne s'en étonnait pas plus qu'en voyant un loup on ne s'étonne d'un coup de gueule. L'homme ressemblait à une bête de proie, et personne ne se scandalise quand une bête de proie a mangé un mouton. Cet excellent comte de Foix fut assassin, non pas une fois, mais dix. Par exemple, un jour, voulant avoir le château de Lourdes, il manda le capitaine, Pierre Ernault, qui l'avait reçu en garde du prince de Galles. Pierre Ernault « eut plusieurs imaginations, et ne savait lequel faire, du venir ou du laisser. » Il vint enfin, et le comte lui demanda le château de Lourdes. « Le chevalier pensa un petit pour savoir quelle chose il répondrait. Toutefois, tout pensé et tout considéré, il dit: « Monseigneur, vraiment je vous dois foi et hommage, car je suis un pauvre chevalier de votre « sang et de votre terre; mais ce châtel de Lourdes « ne vous rendrai-je jà. Vous m'avez mandé, si « vous pouvez faire de moi ce qu'il vous plaira. Je « le tiens du roi d'Angleterre, qui m'y a mis et établi, et à personne qui soit je ne le rendrai, fors à « lui. » Quand le comte de Foix ouït cette réponse, si lui mua le sang en félonie et en courroux, et dit, en tirant hors une dague : « Ho! faux traître, « as-tu dit ce mot de non-faire? Par cette tête, tu « ne l'as pas dit pour néant. » Adonc férit-il de sa dague sur le chevalier, par telle manière que il le navra moult vilainement en cinq lieux, et il n'y avait là baron ni chevalier qui osât aller au-devant. Le chevalier disait bien : « Ha! monseigneur, vous « ne faites pas gentillesse; vous m'avez mandé, et « si m'occiez. » Toutes voies, point il n'arrêta, jusques à tant qu'il lui eût donné cinq coups d'une dague. Puis après commanda le comte qu'il fût mis dans la fosse, et il le fut, et là mourut, car il fut pauvrement curé de ses plaies. »

On retrouve dans le peuple cette domination de la passion soudaine, cette violence du premier mouvement, cette émotion de la chair et du sang, ce brusque appel à la force physique; à la moindre injure leurs yeux s'allument et les coups de poing trottent. Au sortir de Dax, une diligence dépassa la nôtre en froissant un des chevaux. Le conducteur sauta à bas de son siége un pieu à la main et voulut assommer son confrère. Les seigneurs vivaient et sentaient à peu près comme nos charretiers, et le comte de Foix en était un.

Je demande pardon aux charretiers; je leur fais insulte. Celui-ci, ne craignant pas la gendarmerie, en venait tout de suite non aux coups de poing, mais aux coups de couteau. Son fils Gaston, étant allé chez le roi de Navarre, reçut une poudre noire qui, selon ce roi, devait réconcilier pour toujours le comte et sa femme; l'enfant mit la poudre dans une petite bourse et la cacha dans sa poitrine; un jour Yvain, son frère bâtard, jouant avec lui, vit la bourse, voulut l'avoir, et alla le dénoncer au comte. A ce mot, le comte « entra tantôt en soupçon, car il était moult imaginatif, » et demeura ainsi jusqu'à son dîner, la tête travaillant, toute traversée et labourée de sombres rêves. Ces cerveaux orageux, comblés par la guerre et le danger d'images lugubres, entraient à l'instant en tumulte et en tempête. L'enfant vint et commença à servir debout, goûtant les viandes. C'était la coutume; l'idée du poison était à la porte de chaque esprit. Le comte, regardant, vit les pendants de la bourse; cette sensation des yeux lui mit le feu aux veines, « le sang lui mua, » il prit l'enfant, ouvrit sa cotte, coupa les cordons de la bourse, et versa de la poudre sur une tranche de pain, pendant que le pauvre petit « tout blanc de peur tremblait. » Puis il siffla un lévrier qu'il avait de lez lui et lui donna à manger. Sitôt que le chien eut mangé ce premier morcel, il tourna les yeux en la tête et mourut. »

Le comte ne dit rien, se leva soudain, et empoignant son couteau, le lançait sur son fils. Mais les chevaliers se jetèrent au-devant : « Monseigneur, pour Dieu, merci! ne vous hâtez pas; mais vous informez de la besogne, avant que vous fassiez à votre fils nul mal. » Le comte cria contre l'enfant des malédictions et des injures, puis tout d'un coup sautant par delà la table, couteau en main, il courut sur lui comme un taureau. Mais les chevaliers et les écuyers se mirent à genoux en pleurant devant lui, et lui dirent : « Ha! monseigneur, pour Dieu merci! n'occiez pas Gaston, vous n'avez plus d'enfants. » A grand'peine enfin il s'arrêta, pensant sans doute qu'il était prudent de chercher si nul autre n'avait part à la chose, et mit l'enfant dans la tour d'Orthez.

Il chercha donc, mais d'une façon singulière, en loup affamé, aheurté contre un idée unique, venant s'y choquer machinalement et bestialement à travers le meurtre et les cris, tuant à l'aveugle sans réfléchir que sa tuerie ne lui sert pas. « Il fit prendre grand foison de ceux qui servaient son fils, et en fit mourir jusqu'à quinze très-horriblement. Et la raison qu'il y mettait était telle, qu'il ne pouvait être qu'ils ne sussent ses secrets, et lui dussent avoir signifié et dit : « Monseigneur, Gaston porte « à la poitrine une bourse telle et telle. » Rien n'en firent, et pour ce moururent horriblement dont ce fut pitié, aucuns écuyers, car il n'y en avait en toute Gascogne si jolis, si beaux, si acesmés comme ils étaient. »

Ne trouvant rien, il se rabattit sur l'enfant; ayant mandé les nobles, les prélats et tous les hommes notables de son comté, il leur conta l'affaire, et qu'il le voulait faire mourir. Mais eux ne voulurent pas, et dirent que la comté avait besoin d'un héritier pour être bien gardée et défendue, « et ne voulurent point partir d'Orthez, jusqu'à ce que le comte les assura que Gaston ne mourrait point, tant aimaient-ils l'enfant. »

Cependant l'enfant restait dans la tour d'Orthez, « où petit avait de lumière, » toujours couché, seul, ne voulant pas manger, maudissant l'heure que il fut oncques né ni engendré pour être venu à telle fin. » Le dixième jour, le gardien vit toutes les viandes en un coin, et vint dire la chose au comte. Le comte se renflamma, comme une bête de proie rassasiée qui rencontre encore un reste de résistance; « sans mot dire, » il arriva à la prison, tenant par la pointe un petit couteau dont il curait ses ongles. Puis portant le poing sur la gorge de son fils, il le poussa rudement, disant : « Ha ! traître, pourquoi ne manges-tu point ? » Puis il s'en alla sans plus parler. Son couteau avait touché une artère ; l'enfant, épouvanté et blême, se tourna silencieusement de l'autre côté du lit, rendit le sang et mourut.

Le comte l'ayant appris s'affligea outre mesure. Car ces âmes violentes ne sentaient qu'avec excès et par contrastes ; il se fit raser, et se vêtit de noir. « Et fut le corps de l'enfant porté en pleurs et en cris aux frères mineurs à Orthez, et là fut ensépulturé. » De tels meurtres laissaient dans le cœur une plaie mal fermée ; il restait une anxiété sourde, et de temps en temps quelque noir nuage traversait le tumulte des festins. C'est pourquoi le comte n'eut plus jamais « si parfaite joie qu'il avait devant. »

Ce temps est triste ; il n'y en a guère où l'on serait plus fâché d'avoir vécu. La poésie radotait, la chevalerie devenait un brigandage, la religion altérée s'affaiblissait, l'État disloqué croulait, la nation pressurée par le roi, par les nobles et par les Anglais, se débattait pour cent ans dans un cloaque, entre le moyen âge qui finissait et l'âge moderne qui ne s'ouvrait pas encore. Et cependant un homme comme Ernauton devait ressentir une joie unique et superbe, lorsque, étayé sur ses deux pieds d'athlète, sentant sa chemise d'acier sur sa poitrine, il trouait une haie de piques, et maniait sa grande épée au soleil.

IV.

Rien de plus doux que de voyager seul, en pays inconnu, sans but précis, sans soucis récents; toutes les pensées petites s'effacent. Sais-je si ce champ est à Pierre ou à Paul, si l'ingénieur est en guerre avec le préfet, si l'on se dispute ici sur un projet de canal ou de route? Je suis bien heureux de n'en rien savoir; je suis encore plus heureux de passer ici pour la première fois, de trouver des sensations fraîches, de ne point être troublé par des comparaisons et des souvenirs. Je puis considérer les choses par des vues générales, ne plus songer que ce sol est exploité par les hommes, oublier l'utile, ne penser qu'au beau, sentir le mouvement des formes et l'expression des couleurs.

Ce chemin même me semble beau. Quel air résigné dans ces vieux ormes! Ils bourgeonnent et s'éparpillent en branches, depuis le pied jusqu'à la tête, tant ils ont envie de vivre, même sous cette poussière. Puis viennent des platanes lustrés, agitant leurs belles feuilles régulières. Des liserons blancs, des campanules bleues, pendent au rebord des fossés. N'est-il pas étrange que ces jolies créatures restent ainsi solitaires, qu'elles soient destinées à mourir demain, qu'elles nous aient à peine regardés un instant, que leur beauté n'ait fleuri que pour être admirée deux secondes? Elles aussi ont leur monde, ce peuple de hautes graminées qui se penchent sur elles, ces lézards qui font onduler le fourré des herbes, ces guêpes dorées qui bourdonnent dans leur calice. Ce monde-là vaut bien le nôtre, et je les trouve heureux d'ouvrir ainsi, puis de fermer leurs yeux pâles au souffle paisible du vent.

La route courbe et relève à perte de vue sa ceinture blanche autour des collines; ce mouvement sinueux est d'une douceur infinie; le long ruban serre sur leur taille leur voile de moissons blondes ou leur robe de prairies vertes. Ces pentes et ces rondeurs sont aussi expressives que les formes humaines; mais combien plus variées, combien plus étranges et plus riches en attitudes! Celles-ci, là-bas, à l'horizon, presque cachées derrière la troupe des autres, timides, sourient faiblement, sous leur couronne de gaze vaporeuse; elles forment une ronde au bord du ciel, ronde fuyante que le moindre trouble de l'air fera disparaître, et qui cependant regarde avec tendresse les êtres agités perdus dans son sein. Les autres, voisines, bossellent rudement le sol de leurs hanches et de leurs côtes brunes; la structure humaine y perce à demi, puis disparaît sous la barbarie minérale; ce sont les enfants d'un autre âge, toujours puissants, encore sévères, races inconnues et antiques, dont l'esprit involontairement cherche la mystérieuse histoire. Des landes fauves pleines de troupeaux montent sur leurs flancs jusqu'à leurs têtes; des prairies splendides étincellent sur leur dos. Plusieurs plongent violemment jusqu'en des profondeurs où elles dégorgent les ruisseaux qu'elles accumulent, et où s'amasse toute la chaleur de la voûte ardente qui reluit là-haut sous le plus généreux soleil. Lui, cependant, embrasse et couve la campagne; des bois, des plaines, des collines, sort la grande âme végétale qui monte à la rencontre de ses rayons.

Ici, votre voisin qui discute chaudement, vous tire par la manche en criant : « N'est-ce pas, monsieur, que le gigot d'Orthez ne donne point de crampes à l'estomac? »

Vous sursautez; puis un instant après vous remettez le nez à la portière. Mais la sensation a disparu : le mouton de Dax a tout effacé. Les prairies sont des kilogrammes de foin non fauché, les arbres des stères de solives, et les troupeaux des biftecks qui marchent.

PAU

I

Pau est une jolie ville, propre, d'apparence gaie; mais la chaussée est pavée en petits galets roulés, les trottoirs en petits cailloux aigus : ainsi les chevaux marchent sur des têtes de clous et les piétons sur des pointes de clous. De Bordeaux à Toulouse, tel est l'usage et le pavage. Au bout de cinq minutes, vos pieds vous disent d'une manière très-intelligible que vous êtes à deux cents lieues de Paris.

On rencontre des chariots chargés de bois, d'une simplicité rustique, dont l'invention remonte certainement au temps de Vercingétorix, mais seuls capables de gravir et de descendre les escarpements pierreux des montagnes. Ils sont composés d'un tronc d'arbre posé en travers sur des essieux et soutenant deux claies obliques; ils sont traînés par deux grands bœufs blanchâtres, habillés d'une pièce de toile pendante, coiffés d'un réseau de fil et couronnés de fougères, le tout pour les garantir des mouches grises. Cela donne à penser; car la peau de l'homme est beaucoup plus tendre que celle du bœuf, et les mouches grises n'ont point juré de paix avec notre espèce. Devant les bœufs marche ordinairement un paysan armé d'une gaule, l'air défiant et rusé, en veste de laine blanche et en culotte brune; derrière la voiture vient un petit garçon, pieds nus, très-éveillé et très-déguenillé, dont le vieux béret de velours retombe comme une calotte de champignon plissé, et qui s'arrête saisi d'admiration au magnifique aspect de la diligence.

Voilà les vrais compatriotes d'Henri IV. Quant aux jolies dames en chapeaux de gaze, dont les robes ballonnées et bruissantes frôlent en passant les cornes des bœufs immobiles, il ne faut pas les regarder; elles reporteraient votre imagination au boulevard de Gand, et vous auriez fait deux cents lieues pour rester en place. Je ne suis ici que pour faire visite au seizième siècle; on voyage pour changer, non de lieu, mais d'idées. Montrez à un Parisien la porte par laquelle Henri IV entra dans Paris ; il aura grand'peine à revoir les armures, les hallebardes et toute la procession victorieuse et tumultueuse que décrit l'Étoile : c'est qu'il a passé là aujourd'hui pour telle affaire, qu'hier il a rencontré un ami, que l'an dernier il a regardé cette porte au milieu d'une fête publique. Toutes ces pensées accourent avec la force de l'habitude, repoussant et étouffant le spectacle historique qui allait se lever en pleine lumière et se dérouler devant l'esprit. Mettez ce même homme à Pau : il n'y connaît ni hôtels, ni habitants, ni boutiques; son imagination dépaysée peut courir à l'aventure; aucun objet connu ne la fera trébucher et tomber dans des soucis d'intérêt et de passion présente; il entre de plain-pied dans le passé et s'y promène comme chez lui, à son aise. Il était huit heures du matin; point de visiteur au château, personne dans les cours ni sur la terrasse; je n'aurais pas été trop étonné de rencontrer le Béarnais, « ce vert galant, ce diable à quatre, » si malin qu'il se fit appeler « le bon roi. »

Son château est fort irrégulier; il faut descendre dans la vallée pour lui trouver un peu d'agrément et d'harmonie. Au-dessus de deux étages de toits pointus et de vieilles maisons, il se détache seul dans le ciel et regarde au loin la vallée; deux tourelles à clochetons s'avancent de front vers l'ouest; le corps oblong suit, et deux grosses tours en briques ferment la marche avec leurs esplanades et leurs créneaux. Il touche à la ville par un vieux pont étroit, au parc par un large pont moderne, et les pieds de sa terrasse sont mouillés par un joli ruisseau sombre. De près cette ordonnance disparaît : une cinquième tour du côté du nord dérange la symétrie. La grande cour, en forme d'œuf, est une mosaïque de maçonneries disparates : au-dessus du porche, un mur en galets du Gave et en briques rouges croisées comme les dessins d'une tapisserie ; en face, collés au mur, une rangée de médaillons en pierre ; sur les côtés, des portes de toute forme et de tout âge ; des fenêtres en mansarde, carrées, pointues, crénelées, dont les châssis de pierre sont festonnés de bosselures ouvragées. Cette mascarade d'architectures trouble l'esprit sans lui déplaire ; elle est sans prétention et naïve ; chaque siècle a bâti à sa guise, sans s'occuper de son voisin.

Au premier étage, on montre une grande écaille de tortue qui fut le berceau d'Henri IV. Des bahuts sculptés, des dressoirs, des tapisseries, des horloges du temps, le lit et le fauteuil de Jeanne d'Albret, tout un ameublement dans le goût de la Renaissance, éclatant et sombre, d'un style tourmenté et magnifique, reportent d'abord l'esprit vers cet âge de force et d'effort, d'audace inventive, de plaisirs effrénés et de labeur terrible, de sensualité et d'héroïsme. Jeanne d'Albret, mère d'Henri IV, traversa la France pour venir, selon sa promesse, accoucher dans ce château, « princesse, dit d'Aubigné, n'ayant de la femme que le sexe, l'âme entière aux choses viriles, l'esprit puissant aux grandes affaires, le cœur invincible aux adversités. » Elle chantait un cantique béarnais quand elle le mit au monde. On dit que le vieux grand-père frotta d'une gousse d'ail les lèvres du nouveau-né, lui versa dans la bouche quelques gouttes de vin de Jurançon, et l'emporta dans sa robe de chambre. L'enfant naquit dans la chambre qui touche à la tour de Mazères, au coin du sud-ouest. « Son grand-père l'ôta au père et à la mère, et voulut faire nourrir cet enfant à sa porte, reprochant à sa fille et à son gendre que, par les délicatesses françaises, ils avaient perdu plusieurs de leurs enfants. Et, de fait, il l'éleva à la béarnaise, c'est-à-dire pieds nus et tête nue, bien souvent avec aussi peu de curiosité que l'on nourrit les enfants des paysans. Cette bizarre résolution succédant forma un corps auquel le froid et le chaud, les labeurs immodérés et toutes sortes de peines n'ont pu apporter d'altération, en cela s'accordant sa nourriture à sa condition, comme Dieu voulant dès ce temps préparer un sûr remède et un ferme cœur d'acier aux nœuds ferrés de nos dures calamités. »

Sa mère, ardente et austère calviniste, l'emmena à quinze ans, à travers l'armée catholique, jusqu'à la Rochelle, et le donna aux siens pour général. A seize ans, au combat d'Arnay-le-Duc, il conduisait la première charge de cavalerie. Quelle éducation et quels hommes! Leurs descendants tout à l'heure passaient dans la rue, allant au collége pour composer des vers latins et réciter les pastorales de Massillon.

II.

Ces vieilles guerres sont les plus poétiques de France; on les faisait par plaisir plus que par intérêt : c'était une chasse où l'on trouvait des aventures, des dangers, des émotions, où l'on vivait au soleil, à cheval, parmi les coups de feu, où le corps, aussi bien que l'âme, avait sa jouissance et son exercice. Henri la mène aussi vivement qu'une danse, avec un entrain de Gascon et une verve de soldat, par brusques saillies, et poussant sa pointe contre les ennemis comme auprès des dames. On ne voit pas de grosses masses d'hommes, bien disciplinés, se heurter lourdement et tomber par milliers sur le carreau, selon les règles de la bonne tactique : le roi sort de Pau ou de Nérac avec une petite troupe, ramasse en passant les garnisons voisines, escalade une forteresse, coupe un corps d'arquebusiers q passent, se dégage le pistolet au poing du milie d'une troupe ennemie, et revient aux pieds d Mlle de Tignonville. On dresse son plan au jour le iour; on ne fait rien que d'imprévu et de hasardé. Les entreprises sont des coups de fortune. En voici une que Sully se fait raconter par son secrétaire; j'ai plaisir à écouter des paroles anciennes parmi des monuments anciens, et à sentir la convenance mutuelle des objets et du style :

« Le roi de Navarre fit dessein de se saisir des ville d'Eause, qui était à lui en propre, où il courut de grandes fortunes; car estimant que les habitants, qui n'avaient point voulu recevoir garnison, auraient du respect à la personne de lui, qui était leur seigneur, il voulut marcher tout le jour pour entrer dedans avec peu de gens, afin de ne donner point d'alarme, et, de fait, n'ayant pris que quinze ou seize de vous autres, messieurs, qui vous rangiez le plus près de lui, desquels vous fûtes, avec de simples cuirasses sous vos jupes de chasse, deux épées et deux pistolets, il surprit la porte de la ville et entra dedans avant que ceux de la garde eussent eu moyen de prendre les armes. Mais l'un d'iceux ayant crié à celui qui était au portail en sentinelle, il coupa la corde de la herse coulisse, qui s'abattit aussitôt quasi sur la croupe de votre cheval et de celui de M. de Béthune l'aîné, votre cousin, ce qui empêcha la suite qui venait au galop de pouvoir entrer, tellement que le roi et vous quinze ou seize tout seuls demeurâtes enfermés dans cette ville, de laquelle tout le peuple s'étant armé, il vous tomba à diverses troupes et diverses fois sur les bras, le tocsin sonnant furieusement, et un cri d'*arme, arme*, et de *tue, tue*, retentissant de toutes parts. Ce que voyant le roi de Navarre, dès la première troupe qui se présenta de quelque cinquante, les uns bien, les autres mal armés, lui marchant le pistolet au poing, droit à eux, il vous cria : « Or sus, mes amis, « mes compagnons ; c'est ici où il vous faut mon- « trer du courage et de la résolution, car d'icelle « dépend notre salut ; que chacun donc me suive « et fasse comme moi, sans tirer le pistolet qui ne « touche. » Et en même temps, oyant trois ou quatre qui criaient : « Tirez à cette jupe d'écarlate, « à ce panache blanc, car c'est le roi de Navarre, » il les chargea de telle impétuosité que, sans tirer que cinq ou six coups, ils prirent l'épouvante et se retirèrent par diverses troupes. D'autres semblables vous vinrent encore mugoter par trois ou quatre fois ; mais sitôt qu'ils se voyaient enfoncés, ils tiraient quelques coups et s'écartaient jusqu'à ce que, s'étant ralliés près de deux cents, ils vous contraignirent de gagner un portail, et deux de vous autres montèrent pour donner un signal au reste de la troupe que le roi était là et qu'il fallait enfoncé la porte, le pont-levis n'ayant pas été levé. A quoi chacun commença de travailler, et lors plusieurs de cette populace, qui aimaient le roi, et d'autres qui craignaient de l'offenser, étant leur seigneur, se mirent à tumultuer en sa faveur ; enfin, après quelques arquebusades et coups de pistolets tirés de part et d'autre, il se mit une telle dissension entre eux, les uns criant : « Il faut se rendre » ; les autres : « Il faut

« se défendre, » que cette irrésolution donna moyen et loisir de faire ouverture des portes, et à toutes les troupes de se présenter, à la tête desquels le roi se mit, voyant la plupart des peuples s'enfuir et des consuls avec leurs chaperons crier : « Sire, nous « sommes vos sujets et vos serviteurs particuliers. « Hélas ! ne permettez pas le saccagement de cette « ville, qui est vôtre, pour la folie de quelques méchants garnements qu'il faut chasser. » Il se mit, dis-je, à la tête pour empêcher le pillage : aussi ne se commit-il aucune violence, ni désordre, ni autre punition, sinon que quatre, qui avaient tiré au panache blanc, furent pendus, avec la joie de tous les autres habitants, qui ne pensaient pas devoir en être quittes à si bon marché. »

A Cahors, il creva les deux portes à coups de pétard et de hache, et combattit cinq jours et cinq nuits dans la ville, emportant maison après maison. Ne sont-ce pas là des aventures de chevalerie et la poésie en action ? « Çà, çà, cavaliers, criaient les catholiques à Marmande, un coup de pistolet pour l'amour de la maîtresse ; car votre cour est trop remplie de belles dames pour en manquer. » Henri s'échappait en vrai paladin et perdait sa victoire de Coutras pour porter à la belle Corisandre les drapeaux qu'il avait pris. Agir, oser, jouir, dépenser sa force et sa peine en prodigue, s'abandonner à la sensation présente, être toujours pressé de passions toujours vivantes, supporter et rechercher les excès de tous les contrastes, voilà la vie du seizième siècle. Henri à Fontenay « travaillait dans les tranchées du pic et de la pioche. » Au retour, ce n'était que fêtes. « Nous nous rassemblions, dit Marguerite, pour nous aller promener ensemble, ou dans un très-beau jardin qui a des allées de cyprès et de lauriers fort longues, ou dans le parc que j'avais fait faire, en des allées de trois mille pas qui sont au long de la rivière ; et le reste de la journée se passait en toutes sortes de plaisirs honnêtes, le bal se tenant ordinairement l'après-dîner et le soir. » Le grave Sully « prenait une maîtresse comme les autres. » Quand on visite la salle à manger restaurée, on la repeuple involontairement des costumes somptueux décrits par Brantôme : dames « habillées d'orangé et de clinquant, robes de toiles d'argent, de drap d'or frisé, étoffes toutes roides d'ornements et de broderies. La reine Marguerite était vêtue d'une robe de velours incarnadin d'Espagne, fort chargée de clinquant, et d'un bonnet du même velours, tant bien dressé de plumes et pierreries que rien plus. Je dis à M. de Ronsard : « Ne vous semble-t-il pas « voir cette belle reine, en tel appareil, paraître « comme la belle Aurore, quand elle vient à naître « avant le Jour, avec sa belle face blanche et en-« tournée de sa vermeille et incarnate couleur ? » Au bal, le soir, elle aimait à danser « la *pavane* d'Espagne et le *pazzemano* d'Italie. Les passages y étaient si bien dansés, les pas si sagement conduits, les arrêts faits de si belle sorte, qu'on ne savait que plus admirer, ou la belle façon de danser, ou la majesté de s'arrêter, représentant maintenant une gaieté, et maintenant un beau et grave dédain. »

Et croyez que le bon roi ne se faisait faute de divertissements.

Il fut de ses sujets le vainqueur et le père.

Les filles d'honneur de Marguerite pourraient en témoigner; de là intrigues, querelles et comédies conjugales, dont l'une est racontée fort joliment et fort naïvement par la reine; Mlle de Fosseuse était l'héroïne: « Le mal lui prenant un matin, au point du jour, estant couchée en la chambre des filles, elle envoya quérir mon médecin et le pria d'aller avertir le roi mon mari, ce qu'il fit. Nous étions couchés en une même chambre en divers lits, comme nous avions accoutumé. Comme le médecin lui dit cette nouvelle, il se trouva fort en peine, ne sachant que faire, craignant d'un côté qu'elle ne fût découverte et de l'autre qu'elle ne fût mal secourue, car il l'aimait fort. Il se résolut enfin de m'avouer tout et me prier de l'aller faire secourir, sachant bien que, quoi qui se fût passé, il me trouverait toujours prête à le servir en ce qui lui plairait. Il ouvre mon rideau et me dit: « Ma mie, je

« vous ai caché une chose qu'il faut que je vous « avoue ; je vous prie de m'en excuser et de ne vous « point souvenir de tout ce que je vous ai dit pour « ce sujet. Mais obligez-moi tant que de vous lever « tout à cette heure, et allez secourir Fosseuse qui « est fort mal ; je m'assure que vous ne voudriez, « la voyant dans cet état, vous ressentir de ce qui « s'est passé. Vous savez combien je l'aime ; je vous « prie, obligez-moi en cela. » Je lui dis que je l'honorais trop pour m'offenser de chose qui vînt de lui, que je m'y en allais et ferais comme si c'était ma fille ; que cependant il allât à la chasse et emmenât tout le monde, afin qu'il n'en fût point ouï parler.

« Je la fis promptement ôter de la chambre des filles et la mis en une chambre écartée avec mon médecin et les femmes pour la servir, et la fis très-bien secourir. Dieu voulut qu'elle ne fît qu'une fille, qui encore était morte. Étant délivrée, on la porta à la chambre des filles, où, bien qu'on apportât toute la discrétion que l'on pouvait, on ne put empêcher que le bruit ne fût semé par tout le château. Le roi mon mari, étant revenu de la chasse, la va voir, comme il avait accoutumé. Elle le prie que je l'allasse voir, comme j'avais accoutumé d'aller voir toutes mes filles quand elles étaient malades, pensant par ce moyen ôter le bruit qui courait. Le roi mon mari, venant en la chambre, me trouva que je m'étais remise dans le lit, étant lasse de m'être levée si matin et de la peine que j'avais eue à la faire secourir. Il me prie que je me lève et que je l'aille voir; je lui dis que je l'avais fait lorsqu'elle avait besoin de mon secours, mais qu'à cette heure elle n'en avait plus à faire; que si j'y allais, je découvrirais plutôt que de couvrir ce qui était, et que tout le monde me montrerait au doigt. Il se fâcha fort contre moi, et, ce qui me déplut beaucoup, il me sembla que je ne méritais pas cette récompense de ce que j'avais fait le matin. Elle le mit souvent en des humeurs pareilles contre moi. »

Ames compatissantes, qui admirez la complaisance de la reine, ne la plaignez pas trop : elle punit le roi à Usson et ailleurs, en l'imitant.

Et pourtant Pau était un petit Genève. Parmi ces violences et ces voluptés, la dévotion était ardente; on allait au prêche ou à l'église, du même air qu'aux champs de bataille ou aux rendez-vous. C'est que la religion alors n'était pas une vertu, mais une passion. Dans ce cas, les passions voisines, au lieu de l'éteindre l'enflamment ; le cœur déborde de ce côté comme des autres. Quand le lazzarone a tué son ennemi d'un coup de couteau, il trouve un second plaisir, dit Beyle, à bavarder, sur sa colère, auprès d'un grillage, dans une grande boîte de bois noir. L'Hindou qui hurle et s'exalte dans la fête de Jaggernaut, au tintamarre de cinquante mille tamtams, le quaker américain qui pleure et crie ses fautes dans un *shouting*, ont à peu près la même sorte de jouissance qu'un Italien enthousiaste à l'Opéra. Cela explique et met d'accord le zèle et la galanterie de Marguerite.

« L'on me permit seulement, dit-elle, de faire dire la messe en une petite chapelle qui n'a que trois ou quatre pas de long, qui, étant fort étroite, était pleine quand nous y étions sept ou huit. Alors que l'on voulait dire la messe, l'on levait le pont du château, de peur que les catholiques du pays, qui n'avaient aucun exercice de leur religion, l'ouïssent; car ils étaient infiniment désireux de pouvoir assister au saint sacrifice, de quoi ils étaient depuis plusieurs années privés. Et, poussés de ce saint désir, les habitants de Pau trouvèrent moyen, le jour de la Pentecôte, avant que l'on levât le pont, d'entrer dans le château, se glissant dans la chapelle, où ils n'avaient point été découverts jusque sur la fin de la messe, lorsque, entr'ouvrant la porte pour laisser entrer quelqu'un de mes gens, quelques huguenots qui épiaient à la porte les aperçurent et l'allèrent dire au Pin, secrétaire du roi mon mari, lequel y envoya des gardes du roi mon mari, qui, les tirant hors et les battant en ma présence, les menèrent en prison, où ils furent longtemps, et payèrent une grosse amende. »

La petite chapelle a disparu, je crois, quand le château et le pays tout entier furent rendus au culte catholique. Au reste, ce traitement était de l'humanité : Saint-Pont, à Mâcon, « au sortir des festins qu'il faisait, donnait aux dames le plaisir de voir sauter quelque quantité de prisonniers du pont en bas. » Tels étaient ces hommes, extrêmes en tout, en fanatisme, en voluptés, en violence ; jamais la source des désirs ne coula plus pleine et plus profonde ; jamais passions plus vigoureuses ne se déployèrent avec plus de séve et de verdeur. En marchant dans ces salles silencieuses, que de temps en temps troublent de frêles promeneuses ou de pâles jeunes gens poitrinaires, je songeai que l'affaiblissement des âmes vient de l'affaiblissement des corps. Nous passons le temps dans des chambres, occupés de raisonnements, de réflexions, de lectures ; la douceur des mœurs nous évite les dangers, et le progrès de l'industrie, les fatigues. Ils vivaient en plein air, toujours en chasse et en guerre. « La reine Catherine aimait fort d'aller à cheval, jusques à l'âge de soixante ans et plus, et à faire de grandes et vives traites, encore qu'elle fût tombée souvent au grand dommage de son corps, car elle en fut blessée plusieurs fois jusqu'à rompure de jambe et blessure de tête. » Les rudes exercices endurcissaient les nerfs ; un sang plus chaud, remué par le péril incessant, poussait au cerveau des volontés impétueuses ; ils faisaient l'histoire, et nous l'écrivons.

III.

Le parc est un grand bois sur une colline, entouré de prairies et de moissons. On marche dans de longues allées solitaires, sous des colonnades de chênes superbes, tandis qu'à gauche les hautes tiges des taillis montent en files serrées sur le dos de la colline. Le brouillard ne s'était point levé; l'air était immobile; pas un coin de ciel bleu, pas un bruit dans la campagne. Un chant d'oiseau sortait pour un instant du milieu des frênes, puis s'arrêtait attristé. Est-ce-là le ciel du Midi, et fallait-il venir dans le joyeux pays du Béarnais pour trouver ces impressions mélancoliques? Un petit chemin de côté nous a conduit sur une rive du Gave : dans une longue flaque d'eau croissait une armée de joncs hauts comme deux hommes; leurs épis grisâtres et leurs feuilles tremblantes s'inclinaient et chuchotaient sous le vent; auprès d'eux, une fleur sauvage répandait un parfum de vanille. Nous avons regardé la large campagne, les rangées de collines arrondies, la plaine silencieuse sous le dôme terne du ciel. Le Gave roule à trois cents pas entre des rives rangées, qu'il a couvertes de sable; on distingue au milieu des eaux les piles moussues d'un pont ruiné. On est bien ici, et cependant on sent au fond du cœur une vague inquiétude; l'âme s'amollit et se perd en des rêveries tendres et tristes. Tout à coup l'heure sonne, et l'on va déployer sa serviette pour manger du potage entre deux commis voyageurs.

IV.

Aujourd'hui, c'est jour de soleil. En allant à la Place Nationale, j'ai vu une pauvre église demi-ruinée, changée en remise; on y a cloué l'enseigne d'un voiturier. Les arcades en petites pierres grises s'arrondissent encore avec une hardiesse élégante; au-dessous s'empilent des charrettes, des tonneaux, des pièces de bois; des ouvriers çà et là maniaient des roues. Un large rayon de lumière tombait sur un tas de paille et noircissait les coins sombres; les tableaux qu'on rencontre valent ceux qu'on vient chercher.

De l'esplanade qui est en face, on voit toute la vallée, et au fond les montagnes; ce premier aspect du soleil méridional, au sortir des brumes pluvieuses, est admirable; une nappe de lumière blanche s'étale d'un bout de l'horizon à l'autre sans rencontrer un seul nuage. Le cœur se dilate dans cet espace immense; l'air n'est qu'une fête; les yeux éblouis se ferment sous la clarté qui les inonde et qui ruisselle, renvoyée par le dôme ardent du ciel. Le courant de la rivière scintille comme une ceinture de pierreries; les chaînes de collines, hier voilées et humides, s'allongent à plaisir sous les rayons pénétrants qui les échauffent, et montent d'étage en étage pour étaler leur robe verte au soleil. Dans le lointain, les Pyrénées bleuâtres semblent une traînée de nuages; l'air qui les revêt en fait des êtres aériens, fantômes vaporeux, dont les derniers s'évanouissent dans l'horizon blanchâtre, contours indistincts, qu'on prendrait pour l'esquisse fugitive du plus léger crayon. Au milieu de la chaîne dentelée, le pic du Midi d'Ossau dresse son cône abrupt; à cette distance, les formes s'adoucissent, les couleurs se fondent, les Pyrénées ne sont que la bordure gracieuse d'un paysage riant et d'un ciel magnifique. Rien d'imposant ni de sévère; la beauté ici est sereine et le plaisir est pur.

V.

Sur l'esplanade est la statue d'Henri IV, avec une inscription en latin et en patois; l'armure est d'un fini parfait, à rendre un armurier jaloux. Mais pourquoi le roi fait-il une aussi triste mine? Son cou est gêné sur ses épaules; ses traits sont petits, soucieux; il a perdu sa gaieté, sa verve, sa confiance en sa fortune et sa fière contenance. Il n'a l'air ni d'un grand homme, ni d'un homme bon, ni d'un homme d'esprit; son visage est mécontent, et l'on dirait qu'il s'ennuie à Pau. Je ne sais s'il a raison : la ville cependant passe pour agréable; le climat est fort doux, les malades qui redoutent le froid y passent l'hiver. On donne des bals dans les cercles; les Anglais y abondent, et l'on sait qu'en fait de cuisine, de lits et d'auberges, ce peuple est le premier réformateur de l'univers.

Ils auraient bien dû réformer les voitures : les mauvaises petites diligences du pays sont tirées par des haridelles décharnées qui descendent les côtes au pas et font halte aux montées. Tous les encouragements du fouet sont perdus sur leur dos; on ne saurait leur en vouloir, tant elles ont piteuse apparence, échine saillante, oreilles pendantes, ventre efflanqué. Le cocher se lève sur son siége, tire les rênes, agite les bras, crie et tempête, descend et remonte; son métier est rude, mais il a l'âme de son métier. Peu lui importent les voyageurs, il les traite en paquets utiles, en contre-poids obligés sur lesquels il a droit. Au bas d'une montagne, la machine mit sa roue dans un fossé et pencha; chacun de sauter dehors à la façon des moutons de Panurge. Il courait de l'un à l'autre pour les faire rentrer, exhortant surtout les gens de l'impériale, et leur montrant le danger de la voiture qui, inclinée en arrière, avait besoin de lest en avant. Ceux-ci restèrent froids et montèrent à pied; il suivait en grommelant, et les appelait égoïstes.

VI.

Les moissons, pâles dans le Nord, ondoient ici avec un reflet d'or rougeâtre. Un soleil plus chaud fait reluire plus richement la verdure vigoureuse; les tiges de maïs sortent de terre en fusées, et leurs fortes feuilles chiffonnées retombent en panaches ; il faut ces rayons ardents pour pousser la séve à travers ces lourdes fibres et dorer l'épi massif. Vers Gan, les collines sur lesquelles ondule la route se rapprochent, et l'on chemine en de petits vallons verts, plantés de frênes et d'aunes, qui se groupent en bouquets selon le caprice des pentes, et trempent leurs pieds dans l'eau vive; un ruisseau bien clair court le long de la route, à flots sombres et pressés sous le couvert des arbres, et, par échappées, brillant et bleu comme le ciel. A chaque quart de lieue, il rencontre un moulin, bondit et écume, puis reprend son allure précipitée et furtive; pendant deux lieues nous l'accompagnons, presque cachés dans les arbres qu'il nourrit, et respirant la fraîcheur qu'il exhale. L'eau, dans ces gorges, est la mère de toute vie et la nourrice de toute beauté.

A Louvie s'ouvre la vallée d'Ossau, entre deux montagnes boisées de broussailles, pelées par places, tachées de mousses et de bruyères, dont les rocs font saillie comme des os, et dont les flancs s'avancent en bosselures grisâtres ou se courbent en crevasses sombres. La plaine des moissons et des prairies s'enfonce dans les anfractuosités comme en des criques ; son contour se plie autour de chaque masse nouvelle; elle s'essaye à gravir les premières croupes, et s'arrête vaincue par la pierre stérile. On traverse trois ou quatre hameaux blanchis de poussière, dont les toits brillent d'une couleur lourde, semblable à du plomb terni. Là l'horizon se ferme; le mont Gourzy, couvert d'une robe de forêts, barre la route; au delà et plus haut, comme une deuxième barrière, le pic du Ger lève sa tête chauve, argentée de neige. La voiture escalade lentement une rampe qui serpente sur le flanc de la montagne; au détour d'un rocher, dans une petite gorge abritée, on aperçoit les Eaux-Bonnes

EAUX-BONNES

I

Je comptais trouver ici la campagne : un village comme il y en a tant, de longs toits de chaume ou de tuiles, des murs fendillés, des portes branlantes, et dans les cours un pêle-mêle de charrettes, de fagots, d'outils, d'animaux domestiques, bref, tout le laisser aller pittoresque et charmant de la vie rustique. Je rencontre une rue de Paris et les promenades du bois de Boulogne.

Jamais campagne ne fut moins champêtre; on longe une file de maisons alignées comme des soldats au port d'armes, toutes percées régulièrement de fenêtres régulières, parées d'enseignes et d'affiches, bordées d'un trottoir, ayant l'aspect désagréable et décent des hôtels garnis. Ces bâtisses uniformes, ces lignes mathématiques, cette architecture disciplinée et compassée, font un contraste risible avec les croupes vertes qui les flanquent. On trouve grotesque qu'un peu d'eau chaude ait transporté dans ces fondrières la cuisine et la civilisation. Ce singulier village essaye tous les ans de s'étendre, et à grand'peine, tant il est resserré et étouffé dans son ravin; on casse le roc, on ouvre des tranchées sur le versant, on suspend des maisons au-dessus du torrent, on en colle d autres à la montagne, on fait monter leurs cheminées jusque dans les racines des hêtres, on fabrique ainsi derrière la rue principale une triste ruelle qui se creuse ou se relève comme elle peut, boueuse, à pente précipitée, demi-peuplée d'échoppes provisoires et de cabarets en bois, où couchent des artisans et des guides; enfin, elle descend jusqu'au Gave, dans un recoin tout pavoisé du linge qui sèche, et qu'on lave au même endroit que les cochons.

De tous les endroits du monde, les Eaux-Bonnes sont le plus déplaisant un jour de pluie, et les jours de pluie y sont fréquents; les nuages s'engouffrent entre les deux murs de la vallée d'Ossau, et se traînent lentement à mi-côte; les sommets disparaissent, les masses flottantes se rejoignent, s'accumulent dans la gorge sans issue, et tombent en pluie fine et froide. Le village devient une prison; le brouillard rampe jusqu'à terre, enveloppe les maisons, éteint le jour déjà offusqué par les montagnes; les Anglais se croiraient à Londres. On regarde à travers les carreaux les formes demibrouillées des arbres, l'eau qui dégoutte des feuilles, le deuil des bois frissonnants et humides ; on écoute le galop des promeneuses attardées qui rentrent les jupes collées et pendantes, semblables à de beaux oiseaux dont la pluie a déformé le plumage ; on essaye un whist avec découragement ; quelques-uns descendent au cabinet de lecture, et demandent les œuvres les plus sanglantes de Paul Féval ou de Frédéric Soulié ; on ne peut lire que des drames noirs ; on se découvre des envies de suicide, et l'on fait la théorie de l'assassinat. On regarde l'heure, et l'on se souvient que trois fois par jour le médecin ordonne de boire ; alors, avec résignation, on boutonne son paletot et l'on monte la longue pente roide de la chaussée ruisselante ; les files de parapluies et de manteaux trempés sont un spectacle piteux ; on arrive, les pieds clapotant dans l'eau, et l'on s'installe dans la salle de la buvette. Chacun va prendre son flacon de sirop à l'endroit numéroté, sur une sorte d'étagère, et la masse compacte des buveurs fait queue autour du robinet. Au reste, la patience ici s'acquiert vite ; dans cette oisiveté l'esprit s'endort, le brouillard éteint les idées, on suit machinalement la foule ; on n'agit plus que par ressort, et l'on regarde les objets sans en recevoir le contre-coup. Le premier verre bu, on attend une heure avant d'en prendre un autre ; cependant on marche en long et en large, coudoyé par les groupes pressés qui se traînent péniblement entre les colonnes. Il n'y a point de siége, sauf deux bancs de bois où les dames s'asseyent, les pieds posés sur la pierre humide : l'économie de l'administration suppose qu'il fait toujours beau temps. Les figures ennuyées et mornes passent devant les yeux sans intéresser. On regarde pour la vingtième fois les colifichets de marbre, la boutique de rasoirs et de ciseaux, une carte de géographie pendue au mur. De quoi n'est-on pas capable un jour de pluie, obligé de tourner une heure entre quatre murs, parmi les bourdonnements de deux cents personnes ? On étudie les affiches, on contemple avec assuiduité des images qui prétendent représenter les mœurs du pays : ce sont d'élégants bergers roses, qui conduisent à la danse des bergères souriantes encore plus roses. On allonge le cou à la porte pour voir un couloir sombre où des malades trempent leurs pieds dans un baquet d'eau chaude, rangés en file comme des écoliers le jour de propreté et de sortie. Après ces distractions, on rentre chez soi, et l'on se retrouve en tête-à-tête et en conversation intime avec sa commode et sa table de nuit.

II.

Les gens qui ont appétit se réfugient à table; ils ont compté sans les musiciens. Nous vîmes d'abord venir un aveugle, à grosse tête lourde d'Espagnol, puis les violons du pays, puis un second aveugle. Ils jouent des pots-pourris de valses, de contre-danses, de morceaux d'opéras, enfilés les uns au bout des autres, chevauchant au-dessus et au-dessous du ton avec une intrépidité admirable, ravageant de leurs courses musicales tous les répertoires. Le lendemain, nous eûmes trois Allemands, hauts comme des tours, roides comme des pierres, d'un flegme parfait, jouant sans faire un geste et quêtant sans dire un mot; ceux-là du moins vont en mesure. Le troisième jour, parurent les ménétriers d'un village voisin, un violon et un flageolet; ils exécutèrent leur morceau avec une telle énergie, un tel désaccord, des tons si perçants, si soutenus, si déchirants, qu'à l'unanimité on les mit à la porte. Ils recommencèrent sous les fenêtres.

Un bon appétit console de tous les maux; c'est tant pis, si vous voulez, ou tant mieux pour l'humanité. Il faut supporter l'ennui, la pluie et la musique des Eaux-Bonnes. Le sang renouvelé porte alors de la gaieté au cerveau, et le corps persuade à l'âme que tout est pour le mieux dans le meilleur des mondes. Vous aurez pitié de ces pauvres musiciens en sortant de table; Voltaire a prouvé qu'une heureuse digestion rend compatissant, et qu'un bon estomac donne un bon cœur. Entre quarante et cinquante ans, un homme est beau quand, son diner fini, il replie sa serviette et commence la promenade indispensable. Il marche les jambes écartées, la poitrine en avant, puissamment appuyé sur sa canne, les joues colorées d'une chaleur légère, chantonnant entre ses dents quelque vieux refrain de jeunesse ; il lui semble que l'univers est consolidé ; il sourit, il est affable, il vous tend la main le premier. Que nous sommes machines ! Et pourquoi s'en plaindre ? Mon brave voisin vous dirait que vous avez la clef de vos rouages ; tournez le ressort du côté du bonheur. Philosophie de cuisine, soit. Celui-ci, qui la pratiquait, ne s'inquiétait pas du nom.

III.

Les jours de soleil, on vit en plein air. Une sorte de préau, qu'on nomme le Jardin anglais, s'étend entre la montagne et la rue, tapissé d'un maigre gazon troué et flétri ; les dames y font salon et y travaillent ; les élégants, couchés sur plusieurs chaises, lisent leur journal et fument superbement leur cigare ; les petites filles, en pantalons brodés, babillent avec des gestes coquets et des minauderies gracieuses ; elles s'essayent d'avance au rôle de poupées aimables. Sauf les casaques rouges des petits paysans qui sautent, c'est l'aspect des Champs-Élysées. On sort de là par de belles promenades ombragées qui montent en zigzag sur les flancs des deux montagnes, l'une au-dessus du torrent, l'autre au-dessus de la ville ; vers midi, on y rencontre force baigneurs couchés sur les bruyères, presque tous un roman à la main. Ces amateurs de la campagne ressemblent au banquier amateur de concerts, qui s'y trouvait bien parce qu'il y calculait les dividendes. Pardonnez à ces malheureux ; ils sont punis de savoir lire et de ne pas savoir regarder.

IV.

Des hêtres monstrueux soutiennent ici les pentes ; aucune description ne peut donner l'idée de ces colosses rabougris, hauts de huit pieds, et que trois hommes n'embrasseraient pas. Refoulée par le vent qui rase la côte, la séve s'est accumulée pendant des siècles en rameaux courts, énormes, entrelacés et tordus ; tout bosselés de nœuds, déformés et noircis, ils s'allongent et se replient bizarrement, comme des membres boursouflés par une maladie et distendus par un effort suprême. On voit, à travers l'écorce crevée, les muscles végétaux s'enrôler autour du tronc et se froisser comme des membres de lutteurs. Ces torses trapus, demi-renversés, presque horizontaux, penchent vers la plaine ; mais leurs pieds s'enfoncent dans les rocs par de telles attaches, qu'avant de rompre cette forêt de racines on arracherait un pan de montagne. Quelques troncs, pourris par l'eau, s'ouvrent, hideusement éventrés ; chaque année, les lèvres de la plaie s'écartent ; ils n'ont plus forme d'arbres ; ils vivent pourtant, invincibles à l'hiver, à la pente et au temps, et poussent hardiment dans l'air natal leurs jeunes rameaux blanchâtres. Le soir, lorsqu'on passe dans l'ombre près des têtes tourmentées et des troncs béants de ces vieux habitants des montagnes, si le vent froisse les branches, on croit entendre une plainte sourde, arrachée par un labeur séculaire ; ces formes étranges rappellent les êtres fantastiques de l'antique mythologie scandinave. On songe aux géants emprisonnés par le destin entre des murs qui tous les jours se resserrent, les ploient, les rapetissent, et, après mille ans de tortures, les rendent à la lumière, furieux, difformes et nains.

V.

Vers quatre heures reviennent les cavalcades ; les petits chevaux du pays sont doux, et galopent sans trop d'effort ; de loin, au soleil, brillent les voiles blancs et lumineux des dames ; rien de plus gracieux qu'une jolie femme à cheval, quand elle n'est pas emprisonnée dans l'amazone noire, ni surmontée du chapeau en tuyau de poêle. Personne ne porte ici ce costume anglais, funèbre, étriqué : en pays gai, on prend des couleurs gaies : le soleil est un bon conseiller. Il est défendu de rentrer au galop, c'est pourquoi tout le monde rentre au galop. Le moyen d'arriver à la façon des bœufs! On se cambre sur la selle, la chaussée résonne, les vitres tremblent, on passe superbement devant les badauds qui s'arrêtent; c'est un triomphe : l'administration des Eaux-Bonnes ne connaît pas le cœur humain, ni surtout le cœur féminin.

Le soir, tout le monde vient à la promenade horizontale; c'est un chemin plat d'une demi-lieue, taillé dans la montagne de Gourzy. Le reste du pays n'est qu'escarpements et descentes; quand, pendant huit jours on a connu la fatigue de grimper courbé, de descendre en trébuchant, de réfléchir par terre aux lois de l'équilibre, on trouve agréable de marcher sur un terrain uni et de laisser aller ses pieds sans songer à sa tête; c'est une sensation toute nouvelle de sécurité et de bien-être. La route serpente sur un versant boisé que les eaux d'hiver sillonnent de ravins blanchâtres; des sources épuisées se glissent sous les traînées de pierres et les couvrent de plantes grimpantes; on passe sous les gros hêtres, puis le long d'une plaine inclinée, peuplée de fougères, où les vaches paissent, agitant leurs clochettes; la chaleur est tombée, l'air est doux, un parfum de verdure saine et sauvage arrive avec la moindre brise : dans le demi-jour passent de belles promeneuses en blanche toilette, dont les ruches de dentelles et les mousselines flottantes se soulèvent et frémissent comme des ailes d'oiseau. Nous allions tous les jours nous asseoir sur une pierre au bout de ce chemin ; de là, à travers toute la vallée d'Ossau, on suit le torrent devenu rivière ; la riche vallée, coupée de moissons jaunes et de prés verts, s'ouvre largement au bout du paysage, et laisse le regard se perdre dans le lointain indistinct du Béarn. De chaque côté trois montagnes avancent leur pied vers la rivière et font onduler le contour de la plaine ; les dernières descendent comme des pans de pyramides, et leurs pentes d'un bleu pâle se détachent sur les bandes rougeâtres du ciel terni. Le fond des gorges est déjà sombre ; mais en se retournant on voit la cime du Ger resplendir d'un rose tendre et garder le dernier sourire du soleil.

VI.

Le dimanche, une procession de riches toilettes monte vers l'église. Cette église est une boîte ronde, en pierres et en plâtre, faite pour cinquante personnes, où l'on en met deux cents. Chaque demi-heure entre et sort un flot de fidèles. Les prêtres malades abondent et disent des messes autant qu'il en faut : tout souffre aux Eaux-Bonnes du défaut d'espace ; on fait queue pour prier comme pour boire, et l'on s'entasse à la chapelle comme au robinet.

Quelquefois un entrepreneur de plaisirs publics se met en devoir d'égayer, l'après-midi; une éloquente affiche annonce le jeu du canard. On attache une perche à un arbre, une ficelle à la perche, un canard à la ficelle; les personnages les plus graves suivent avec un intérêt marqué ces préparatifs. J'ai vu des gens qui bâillent à l'Opéra faire cercle une grande heure au soleil pour assister à la décollation du pauvre pendu. Si vous avez l'âme généreuse et si vous êtes avide d'émotions, vous donnez deux sous à un petit garçon; moyennant quoi on lui bande les yeux, on le fait tourner sur lui-même, on lui met un mauvais sabre en main, et on le pousse en avant, au milieu des rires et des cris de l'assistance. « A droite! à gauche! holà! frappe! en avant! » il ne sait auquel entendre et coupe l'air. Si par grand hasard il atteint la bête, si par un hasard plus grand il touche le cou, si enfin par miracle il détache la tête, il l'emporte, la fait cuire, la mange. En fait de divertissement, le public n'est pas difficile. Si on lui annonçait qu'une souris se noie dans une mare, il y courrait comme au feu.

« Pourquoi non? me disait un voisin, homme bizarre et brusque; ceci est une tragédie, et très-régulière; comptez si elle n'a pas toutes les parties classiques. Premièrement, l'exposition : les instruments du supplice qu'on étale, la foule qui s'assemble, la distance qu'on marque, l'animal qu'on attache. C'est une protase du genre complexe, comme disait M. Lysidas. Secondement, les péripéties : chaque fois qu'un petit garçon part, vous êtes dans l'attente, vous vous dressez sur vos pieds, votre cœur bat, vous vous intéressez au pendu comme à votre semblable. Direz-vous que la péripétie est toujours la même ? La simplicité est la marque des grandes œuvres, et celle-ci est dans le goût indien. Troisièmement, la catastrophe : ici, elle est sanglante s'il en fut. Quant aux passions, ce sont celles qu'exige Aristote, la terreur et la pitié. Voyez comme la pauvre bête redresse la tête en frissonnant, quand elle sent le vent du sabre, de quel air lamentable et résigné elle attend le coup. Le chœur des spectateurs prend part à l'action, blâme ou loue, comme celui de la tragédie antique. Concluez que le public a raison de s'amuser, et que le plaisir n'a jamais tort.

— Vous parlez comme la Harpe ; ce canard prendrait son sort en patience, s'il vous entendait. Et le bal, qu'en dites-vous ?

— Il vaut bien celui de l'Hôtel de France et du beau monde ; notre danse n'est qu'une promenade, un prétexte de conversation. Voyez celle des servantes et des guides : quels entrechats ! quelles pirouettes ! ils y vont de franc jeu et de tout cœur, ils ont le plaisir du mouvement, ils sentent le ressort de leurs muscles ; c'est la vraie danse inventée par la joie et le besoin d'activité physique. Ces gaillards s'empoignent et se manient comme des poutres. La grande fille que voilà est servante à mon hôtel : dites-moi si cette haute taille, cet air sérieux, cette fière attitude, ne rappellent pas les statues antiques. La force et la santé sont toujours les premières beautés. Croyez-vous que les grâces languissantes et les sourires convenus de nos quadrilles assembleraient toute cette foule? Nous nous éloignons tous les jours de la nature; nous ne vivons que du cerveau, nous passons le temps à composer et à écouter des phrases. Voilà que j'en débite moi-même demain je me corrige, j'achète une grosse canne, je mets des guêtres et je vais courir la campagne. Faites comme moi; marchons chacun d'un côté, et tâchons de ne pas nous rencontrer. »

PAYSAGES

I

J'ai voulu trouver du plaisir à mes promenades, et je suis parti seul, par le premier sentier venu, allant devant moi au hasard. Pourvu qu'on ait remarqué deux ou trois points saillants, on est sûr de retrouver sa route. On a les jouissances de l'imprévu, et l'on fait la découverte du pays. Le moyen de s'ennuyer est de savoir où l'on va et par où l'on passe : l'imagination déflore d'avance le paysage. Elle travaille et bâtit à sa façon ; en arrivant il faut tout renverser : cela met de mauvaise humeur ; l'esprit garde son pli ; la beauté qu'il s'est figurée nuit à celle qu'il voit ; il ne la comprend pas, parce qu'il en comprend une autre. La première fois que je vis la mer, j'eus le désenchantement le plus désagréable : c'était par une matinée d'automne ; des plaques de nuages violacés bigarraient le ciel ; une brise faible hérissait la mer de petits flots uniformes. Je crus voir une des longues plaines de betteraves qu'on trouve aux environs de Paris, coupée de carrés de choux verts et de bandes d'orge rousse. Les voiles lointaines ressemblaient aux ailes des pigeons qui reviennent. La perspective me semblait étroite ; les tableaux des peintres m'avaient représenté la mer plus grande. Il me fallut trois jours pour retrouver la sensation de l'immensité.

II.

Le cours du Valentin n'est qu'une longue chute à travers des rochers roulés. Le long de la promenade Eynard, pendant une demi-lieue, on l'entend gronder sous ses pieds. Au pont de Discoo, le sol lui manque : il tombe dans un demi-cirque, de gradins en gradins, en jets qui se croisent et qui heurtent leurs bouillons d'écume ; puis, sous une arcade de roches et de pierres, il tournoie dans de profonds bassins dont il a poli les contours, et où l'émeraude grisâtre de ses eaux jette un doux reflet tranquille. Tout à coup il saute de trente pieds, en trois masses sombres, et roule en poussière d'argent dans un entonnoir de verdure. Une fine rosée rejaillit sur le gazon qu'elle vivifie, et ses perles roulantes étincellent en glissant le long des feuilles. Nos prairies du Nord ne donnent point l'idée d'un tel éclat ; il faut cette fraîcheur incessante et ce so-

BIBLIOTHÈQUE NATIONALE RF IMPRIMÉS

leil de feu pour peindre cette robe végétale d'une si magnifique couleur. Sur la pente, je voyais s'allonger devant moi un grand pan boisé de montagne; le soleil de midi le frappait en face; la masse des rayons blancs perçait la voûte des arbres; les feuilles transparentes ou luisantes resplendissaient. Sur tout ce dos éclairé on ne distinguait pas une ombre; une chaude évaporation lumineuse le couvrait comme un voile blanc de femme. J'ai revu souvent, surtout vers le soir, cet étrange vêtement des montagnes; l'air bleuâtre enfermé dans les gorges devient visible; il s'épaissit, il emprisonne la lumière et la rend palpable. L'œil pénètre avec volupté dans le blond réseau d'or qui enveloppe les croupes; il en sent la mollesse et la profondeur; les arêtes saillantes perdent leur dureté, les contours heurtés s'adoucissent: c'est le ciel qui descend et prête son voile pour couvrir la nudité des sauvages filles de la terre. Je demande pardon pour ces métaphores; on a l'air d'arranger des phrases, et l'on ne fait que raconter ses sensations.

De là, un sentier dans une prairie conduit à la gorge du Serpent: c'est une entaille gigantesque dans la montagne perpendiculaire. Le ruisseau qui s'y jette rampe écrasé sous des blocs entassés; son lit n'est qu'une ruine. On monte le long d'un sentier croulant, en s'accrochant aux tiges de buis et aux pointes de rochers; les lézards effarouchés partent comme une flèche et se blottissent dans les fentes des plaques ardoisées. Un soleil de plomb embrase les rocs bleuâtres ; les rayons réfléchis font de l'air une fournaise. Dans ce chaos desséché, la seule vie est celle de l'eau qui glisse et bruit sous les pierres. Au fond du ravin, la montagne relève brusquement à deux cents pieds de haut sa paroi verticale ; l'eau descend en longs filets blancs sur ce mur poli dont elle brunit la teinte rougeâtre ; elle ne le quitte pas de toute sa chute : elle se colle à lui comme une chevelure d'argent ou comme une traînée de lianes pendantes. Un beau bassin évasé la retient un instant au pied du mont, puis la dégorge en ruisseau dans la fondrière.

Ces eaux des montagnes ne ressemblent pas à celles des plaines : rien ne les souille ; elles n'ont jamais pour lit que le sable et la pierre nue. Si profondes qu'elles soient, on peut compter leurs cailloux bleus ; elles sont transparentes comme l'air. Un fleuve n'a d'autre diversité que celle de ses rives ; son cours régulier, sa masse donnent toujours la même sensation : au contraire, le Gave est un spectacle toujours changeant ; le visage humain n'a pas d'expressions plus marquées et plus différentes. Quand l'eau dort sous les roches, verte et profonde, ses yeux d'émeraude ont le regard perfide d'une naïade qui fascinerait le passant pour le noyer ; puis, la folle qu'elle est, bondit en aveugle à travers les roches, bouleverse son lit, se soulève en tempête d'écume, se brise impuissante et furieuse contre le bloc qui l'a vaincue. Trois pas plus loin, elle s'apaise et vient frétiller capricieusement près du bord en remous changeants, diaprée de bandes claires et sombres, se tordant comme une couleuvre voluptueuse. Quand la roche de son lit est large et polie, elle s'y étale, veinée de rose et d'azur, souriante, offrant sa glace unie à toute la lumière du soleil. Sur les herbes courbées, elle file silencieuse en lignes droites et tendues comme un faisceau de joncs, avec l'élan et la vélocité d'une truite poursuivie. Lorsqu'elle tombe en face du soleil, on voit les couleurs de l'arc-en-ciel trembler dans ses filets de cristal, s'évanouir, reparaître, ouvrage aérien, sylphe de lumière, auprès duquel une aile d'abeille paraît grossière, et que les doigts des fées n'égaleraient pas. De loin, le Gave entier n'est qu'un orage de chutes argentées, coupées de nappes bleues, splendides. Jeunesse fougueuse et joyeuse, inutile et poétique; demain cette eau troublée recevra les égouts des villes, et les quais de pierre emprisonneront son cours pour le régler.

III.

Au fond d'une gorge glaciale roule la cascade de Larresecq. Celle-là ne vaut pas sa renommée : c'est une sorte d'escalier écroulé sur lequel dégringole gauchement un ruisseau sali, perdu dans les pierres et la terre mouvante ; mais, pour y arriver, on passe auprès d'une profonde rainure escarpée, où le torrent roule engouffré dans les cavernes qu'il a creusées, obstrué de troncs d'arbres qu'il déchire. Au-dessus de lui, des chênes magnifiques se rejoignent en arcades ; les arbrisseaux vont tremper leurs racines jusque dans l'eau bouillonnante. Le soleil ne pénètre pas dans cette noire ravine ; le Gave y perce sa route, invisible et glacé. A l'issue par laquelle il débouche, vous entendez sa clameur rauque ; il se débat étranglé entre les roches : vous diriez l'agonie d'un taureau.

Cette vallée est très-retirée et très-solitaire ; elle n'a point de culture ; on n'y rencontre ni voyageurs ni pâtres ; on ne voit que trois ou quatre vaches occupées dans un coin à brouter l'herbe. D'autres gorges, sur les flancs de la route et dans la montagne de Gourzy, sont encore plus sauvages. On y distingue à peine la trace effacée d'un ancien sentier. Y a-t-il quelque chose de plus doux que la certitude d'être seul ? Si vous êtes dans un site célèbre, vous craignez toujours de voir arriver une cavalcade ; les cris des guides, l'admiration à haute voix, le tracas des chevaux qu'on attache, des provisions qu'on déballe, des réflexions qu'on étale, dérangent votre sensation naissante ; la civilisation vous ressaisit. Mais ici, quelle sécurité et quel silence! aucun objet ne rappelle l'homme; le paysage est le même qu'il y a six mille ans: l'herbe y pousse inutile et libre comme aux premiers jours; point d'oiseaux sur les branches; parfois seulement on entend le cri lointain d'un épervier qui plane. Çà et là le pan d'un grand roc saillant découpe une ombre noire sur la plaine unie des arbres: c'est le désert vierge dans sa beauté sévère. L'âme croit retrouver d'anciens amis inconnus; les formes et les couleurs ont avec elle une harmonie secrète; quand elle les rencontre pures et qu'elle en jouit sans mélange d'autres pensées, il lui semble qu'elle rentre dans son fond le plus intime et le plus calme. Cette sensation simple, après l'agitation de nos pensées ordinaires, est comme le doux murmure d'une harpe éolienne après le bruit confus d'un bal.

IV.

En descendant le Valentin, sur le versant de la Montagne Verte, j'ai trouvé les paysages moins austères. On arrive sur la rive droite du Gave d'Ossau. Un joli ruisseau descend de la montagne, encaissé entre deux murs de pierres roulées qui s'empourprent de pavots et de mauves sauvages. On gouverne sa chute pour mettre en mouvement des rangées de scies qui vont et viennent incessamment sur les blocs de marbre. Une grande fille en haillons, pieds nus, puise avec une cuiller du sable délayé dans l'eau, pour arroser la machine; avec ce sable, la lame de fer use le bloc. Un sentier suit la rive, bordé de maisons, de champs de maïs et de gros chênes; de l'autre côté s'étend une grève desséchée, où les enfants barbotent auprès des porcs qui dorment dans le sable; des flottes de canards se balancent sur les eaux claires aux ondulations du courant: c'est la campagne et la culture après la solitude et le désert. Le sentier tournoie dans un plant d'oseraies et de saules; ces longues tiges ondoyantes amies des fleuves, ces feuillages pâles qui pendent, ont une grâce infinie pour des yeux accoutumés au vert vigoureux des montagnes. On rencontre sur la droite de petites routes pierreuses qui mènent aux hameaux épars sur les pentes. Là les maisons s'adossent au mont, les unes au-dessus des autres, assises par gradins comme pour regarder dans la vallée. A midi, les gens sont dehors; chaque porte est fermée, seules dans le village, trois ou quatre vieilles femmes étendent du grain sur la roche unie qui fait l'esplanade ou la rue. Rien de plus singulier que cette longue dalle naturelle sous un tapis de grains dorés. L'église, étroite et sombre, s'élève ordinairement sur un préau en terrasse qu'entoure un petit mur; le clocher est une tour blanche carrée, avec un clocheton d'ardoises. On lit sous le porche des épitaphes sculptées dans la pierre : ce sont pour la plupart des noms de malades, morts aux Eaux-Bonnes ; j'y ai vu ceux de deux frères. Mourir si loin et seuls ! Ces paroles de tendresse gravées sur une tombe font peine à voir : ce soleil est si doux ! cette vallée si belle ! il semble qu'on y respire la santé dans l'air ; on souhaite de vivre ; on veut, comme dit le vieux poëte, « se réjouir longtemps de sa force et de sa jeunesse. » On a pris l'amour de la vie avec l'amour de la lumière. Combien de fois, sous le ciel nébuleux du Nord, formons-nous un pareil désir ?

En tournant la montagne, on entre dans un bois de chênes qui monte sur un des versants. Ces hautes futaies espacées donnent à midi de l'ombre sans fraîcheur. Tout en haut, entre les troncs, brille un pan de ciel bleu ; l'ombre et la lumière se coupent sur la mousse grise comme des dessins de soieries sur un fond de velours. Un air épais et chaud monte aux joues, chargé d'émanations végétales ; il remplit la poitrine et enivre comme le vin. Le chant monotone de grillons et de sauterelles, sort des blés et des prairies, de la plaine et de la montagne ; on sent que des légions vivantes s'agitent entre les bruyères et sous les chaumes ; et dans les veines, où le sang fermente, court une vague sensation de bien-être, état incertain entre le sommeil et le rêve, qui replonge l'âme dans la vie animale et qui étouffe la pensée sous les sourdes impressions des sens. On se couche et on se laisse vivre ; on ne sent point les heures passer, on jouit du moment présent sans plus songer au passé ni à l'avenir ; on regarde les branches menues des mousses, les épis grisâtres des graminées penchées, les longs rubans des herbes luisantes ; on suit la marche d'un insecte qui essaye de franchir un fourré de gazon, et qui monte et descend dans le labyrinthe des tiges. Pourquoi ne pas avouer qu'on redevient enfant et qu'on s'amuse du plus petit spectacle ? La campagne est-elle autre chose qu'un moyen de revenir au premier âge, de retrouver cette faculté d'être heureux, cet état d'attention profonde, cette indifférence à tout ce qui n'est pas plaisir et sensation présente, cette joie facile, source pleine prête à déborder au moindre choc ? J'ai passé une heure auprès d'un escadron de fourmis, qui traînaient le corps d'une grosse mouche le long d'une pierre. Il s'agissait de démembrer le vaincu : à chaque patte, une petite ouvrière en corset noir tirait et travaillait de toute sa force ; les autres tenaient le corps en place. Je n'ai jamais vu d'efforts plus terribles ; quelquefois la proie roulait jusqu'en bas, il fallait tout recommencer. A la fin, de guerre lasse, faute de pouvoir découper et emporter la proie, on se résigna à la manger sur place.

V.

On vante la vue qu'on a sur le mont Gourzy ; le voyageur est averti qu'il apercevra toute la plaine du Béarn jusqu'à Pau. Je suis forcé d'en croire le guide-manuel sur parole ; j'ai trouvé les nuages au sommet et n'ai rien vu que le brouillard. Au bout de la forêt qui couvre la première pente, gisaient des arbres énormes, demi-pourris, déjà blanchis de mousse. Des cadavres de pins desséchés restaient debout ; mais leur pyramide de branches montrait un pan fracassé. De vieux chênes brisés à hauteur d'homme couronnaient leur blessure de champignons moites et de fraises rouges. A voir le sol jonché, on eût dit un champ de bataille ravagé par les boulets : ce sont les pâtres qui, pour s'amuser, mettent le feu aux arbres.

Mon voisin le touriste me dit le lendemain que je n'avais pas perdu grand'chose, et me fit une dissertation contre les points de vue de montagnes. Il est voyageur intrépide, grand amateur de peinture, du reste fort bizarre et habitué à ne croire que lui-même, passionné raisonneur, violent dans ses opinions et fécond en paradoxes. C'est un singulier homme ; à cinquante ans environ, il est aussi vif que s'il en avait vingt. Il est sec, nerveux, toujours bien portant et alerte, les jambes en mouvement, la tête en ébullition pour quelque idée qui vient de pousser en sa cervelle, et qui pendant deux jours lui paraîtra la plus belle du monde. Il va de l'avant et toujours à cent pas au delà des autres, cherchant le vrai en téméraire, jusqu'à aimer le danger, trouvant du plaisir à être contredit et à contredire, quelquefois trompé par cet esprit militant et aventurier. Il n'a rien qui le gêne; point de femme, d'enfants, de place, ni d'ambition. Je l'aime, quoique excessif, parce qu'il est sincère; peu à peu il m'a conté sa vie, et j'ai vu ses goûts; il s'appelle Paul, et s'est trouvé sans parents à vingt ans, avec douze mille francs de rente. Expérience faite de lui-même et du monde, il a jugé qu'un métier, une place ou un ménage l'ennuieraient, et il est resté libre. Il a éprouvé que les divertissements ne le divertissaient point, et a planté là les plaisirs; il dit que les soupers donnent mal à la tête, que le jeu donne mal aux nerfs, qu'une maîtresse honnête assujettit, qu'une maîtresse payée dégoûte. Il s'est mis à voyager et à lire. « C'est de l'eau claire, si vous voulez, dit-il; mais cela vaut mieux que votre vin frelaté : du moins, cela vaut mieux pour mon estomac. » Au reste, il se trouve bien de son régime, et prétend que les goûts comme le sien croissent avec l'âge, qu'en somme le sens le plus sensible, le plus capable de plaisirs nouveaux et divers, c'est le cerveau. Il avoue qu'il est gourmet en matière d'idées, un peu égoïste, et qu'il regarde le monde en simple spectateur, comme un théâtre de marionnettes. Je lui accorde qu'il est bon diable au fond, ordinairement de belle humeur, prenant soin de ne point marcher sur les pieds des autres, quelquefois propre à les égayer, et du moins ayant l'habitude de rester honnêtement et tranquillement dans son coin. Nous avons philosophé à l'infini l'un avec l'autre ou l'un contre l'autre; passez les pages qui suivent, si vous n'aimez pas les dissertations.

Il ne pouvait souffrir qu'on allât sur une montagne pour regarder la plaine.

« On ne sait pas ce qu'on fait, disait-il. C'est un contre-sens de perspective. C'est détruire le paysage pour en mieux jouir. A cette distance il n'y a ni couleurs ni formes. Les hauteurs sont des taupinées, les villages des taches, les rivières des lignes tracées à la plume. Les objets sont noyés dans une teinte grisâtre; l'opposition des lumières et des ombres s'efface; tout se rapetisse; vous démêlez une multitude d'objets imperceptibles : c'est le monde de Lilliput. Et là-dessus vous criez au grandiose! Est-ce qu'un peintre s'est jamais avisé d'escalader une hauteur pour copier les vingt lieues de terrain qu'on y découvre? Bon pour un arpenteur. Les bassins, les routes, les cultures se voient de là comme dans un atlas. Vous allez donc chercher une carte de géographie? Un paysage est un tableau; il faut se mettre au point de vue. Mais non; on chiffre la beauté en mathématicien; on calcule que mille pieds d'élévation la rendront mille fois plus belle. Opération admirable, dont le seul défaut est d'être ridicule et de conduire par beaucoup de fatigue à beaucoup d'ennui.

— Mais les touristes, une fois au sommet, sont ravis d'enthousiasme.

— Par poltronnerie, de peur d'être accusés de sécheresse et de passer pour prosaïques; tout le monde aujourd'hui a l'âme sublime, et une âme sublime est condamnée aux cris d'admiration. Il y a encore des esprits moutons, qui admirent sur parole et s'échauffent par imitation. « Mon voisin dit « que cela est beau, le livre est du même avis; j'ai « payé pour monter, je dois être ravi : donc je le « suis. » J'étais un jour sur une montagne avec une famille à qui le guide montrait une ligne bleuâtre indistincte en disant : « Voilà Toulouse! » Le père, les yeux brillants, répétait aux fils : « Voilà « Toulouse! » Ceux-ci, voyant cette joie, criaient avec transport: « Voilà Toulouse! » Ils apprenaient à sentir le beau, comme on apprend à saluer, par tradition de famille. C'est ainsi qu'on forme des artistes, et que les grands aspects de la nature impriment pour jamais dans l'âme de solennelles émotions.

— Donc une ascension est une faute de goût?

— Point du tout; si de là-haut la plaine est laide, les montagnes sont belles; et même elles ne sont belles que de là-haut. Quand vous êtes dans une vallée, elles vous écrasent; vous ne pouvez les embrasser, vous n'en voyez qu'un pan, vous ne sauriez apprécier leur hauteur ni leur grosseur. Mille pieds et dix mille pieds sont pour vous la même chose; le spectateur est comme une fourmi dans un puits; l'éloignement tout à l'heure effaçait la beauté; la proximité maintenant supprime la grandeur. Au contraire, du haut d'un pic, les monts se proportionnent à nos organes, l'œil tourne autour des croupes et saisit leur ensemble; notre esprit les comprend, parce que notre corps les domine. Allez à Saint-Sauveur, à Baréges; vous verrez que ces masses monstrueuses ont une physionomie aussi expressive et représentent une idée aussi précise qu'un arbre ou un animal. Ici vous n'avez trouvé que de jolis détails; l'ensemble est ennuyeux.

— Vous parlez de ce pays comme un malade de son médecin. Qu'avez-vous donc à dire contre ces montagnes?

— Elles n'ont pas de caractère marqué; elles n'ont ni l'austérité des pics chauves ni les gracieuses rondeurs des collines boisées. Ces lambeaux de verdure grisâtre, ce mauvais manteau de buis rabougri percé par les os saillants du roc, ces plaques éparses de mousses jaunâtres, ressemblent à des haillons; je veux qu'on soit nu ou vêtu, je n'aime pas les déguenillés. Les formes mêmes manquent de grandeur, les vallées ne sont ni abruptes, ni riantes; je ne trouve point les murs à pic, les larges glaciers, les entassements de cimes pelées et déchiquetées que l'on voit plus loin. Ce pays n'est assez avant ni dans la plaine ni dans la montagne; il faudrait l'avancer ou le reculer.

— Vous donnez des conseils à la nature.

— Pourquoi non? Elle a comme une autre ses incertitudes et ses disparates. Elle n'est pas un Dieu, mais un artiste que son génie soulève aujourd'hui et laisse retomber demain. Pour qu'un paysage soit beau, il faut que toutes ses parties impriment une idée commune et concourent à produire une même sensation. S'il dément ici ce qu'il dit là-bas, il se détruit lui-même, et le spectateur n'a plus devant soi qu'un amas d'objets vides de sens. Que ces objets soient grossiers, sales, vulgaires, peu importe; pourvu qu'ils composent un tout par leur harmonie et qu'ils s'accordent pour faire sur nous une impression unique, nous sommes contents.

— De sorte qu'une basse-cour, une baraque vermoulue, une triste plaine sèche, peuvent être aussi belles que la plus sublime montagne?

— Certainement. Vous connaissez les prairies des peintres flamands, si plates; on ne se lasse pas de les regarder. Prenez quelque chose de plus trivial encore, un intérieur de Van Ostade; un vieux bonhomme aiguise un couperet dans un coin, la mère emmaillotte son nourrisson, trois ou quatre marmots roulent parmi les outils, les chaudrons et les bancs; une file de jambons s'échelonne dans la cheminée, et le grand vieux lit s'étale au fond sous des rideaux rouges. Quoi de plus ordinaire? Mais toutes ces bonnes gens ont un air de contentement paisible; les bambins sont chaudement et à l'aise dans des culottes trop larges, antiquités luisantes transmises de génération en génération. Il faut des habitudes de sécurité et d'abondance, pour que le ménage éparpillé gise ainsi pêle-mêle à terre; il faut que ce bien-être dure de père en fils, pour que les meubles aient pris cette couleur sombre et que toutes les teintes soient d'accord. Il n'est pas un objet qui n'indique le laisser-aller de la vie facile, la bonne humeur uniforme. Si cette convenance mutuelle des parties est la marque d'une belle peinture, pourquoi pas d'une belle nature? Réel ou figuré, l'objet est le même; je blâme ou je loue l'un du même droit que l'autre, parce que la pratique ou la violation des mêmes règles produit en moi la même jouissance ou le même déplaisir.

— Alors les montagnes peuvent avoir une autre beauté que le grandiose?

— Oui, puisque parfois elles ont une autre expression. Voyez cette petite chaîne isolée, contre laquelle s'appuient les Thermes : personne n'y monte; elle n'a ni grands arbres, ni roches nues, ni points de vue. Eh bien, hier j'y ai ressenti un vrai plaisir; on suit l'âpre échine de la montagne sous la maigre couche de terre qu'elle bosselle de ses vertèbres; la gazon pauvre et dru, battu du vent, brûlé du soleil, forme un tapis serré de fils tenaces; les mousses demi-séchées, les bruyères noueuses, enfoncent leurs tiges résistantes entre les fentes du roc; les sapins rabougris rampent en tordant leurs tiges horizontales. De toutes ces plantes montagnardes sort une odeur aromatique et pénétrante, concentrée et exprimée par la chaleur. On sent qu'elles luttent éternellement contre un sol stérile, contre un vent sec, contre une pluie de rayons de feu, ramassées sur elles-mêmes, endurcies aux intempéries, obstinées à vivre. Cette expression est l'âme du paysage; or, autant d'expressions diverses, autant de beautés différentes, autant de passions remuées. Le plaisir consiste à voir cette âme. Si vous ne la démêlez pas ou qu'elle manque, une montagne vous fera justement l'effet d'un gros tas de cailloux.

— Vous jetez la pierre aux touristes; demain, dans la gorge des Eaux-Chaudes, j'éprouverai si votre raisonnement a raison. »

EAUX-CHAUDES

I

Au nord de la vallée d'Ossau est une fente ; c'est le chemin des Eaux-Chaudes. Pour l'ouvrir on a fait sauter tout un pan de montagne ; le vent s'engouffre dans ce froid défilé ; l'entaille perpendiculaire, d'une noire couleur ferrugineuse, dresse sa masse formidable comme pour écraser le passant ; sur la muraille de roches qui fait face, des arbres tortueux se perchent en étages, et leurs panaches clair-semés flottent bizarrement entre les saillies rougeâtres. La route surplombe le Gave qui tournoie à cinq cents pieds plus bas. C'est lui qui a creusé cette prodigieuse rainure ; il s'y est repris à plusieurs fois et pendant des siècles ; deux étages de niches énormes arrondies marquent l'abaissement de son lit et les âges de son labeur ; le jour paraît s'assombrir quand on entre ; on ne voit plus sur sa tête qu'une bande de ciel.

Sur la droite, une file de cônes gigantesques monte en relief sur l'ardent azur; leurs ventres s'écrasent les uns contre les autres, et débordent en bosselures; mais leurs hautes aiguilles s'élancent d'un jet, avec un essor gigantesque, vers la coupole sublime d'où ruisselle le jour. La lumière d'août s'abat sur les escarpements de pierre, sur les parois crevées, où la roche scintille niellée et damasquinée comme une cuirasse d'orient. Quelques mousses y ont incrusté leur lèpre; des tiges de buis séchées pendillent misérablement dans les fentes; mais elles disparaissent dans cette nudité héroïque : les colosses roux ou noirâtres s'étalent seuls triomphalement dans la splendeur du ciel.

Entre deux tours cannelées de granit s'allonge le petit village des Eaux-Chaudes. Qui songe ici à ce village? Toute pensée est prise par les montagnes. La chaîne orientale, subitement tranchée, descend à pic comme le mur d'une citadelle; au sommet, à mille pieds de la route, des esplanades développent leurs forêts et leurs prairies, couronne verte et humide, d'où par centaines suintent les cascades. Elles serpentent éparpillées, floconneuses, comme des colliers de perles égrenées, sur la poitrine de la montagne, baignant les pieds des chênes lustrés, noyant les blocs de leur tempête, puis viennent s'étendre dans les longues couches où le roc nu les endort.

Ce mur de granit s'abaisse; tout d'un coup à l'orient s'ouvre un amphithéâtre de forêts. De tous côtés, à perte de vue, les montagnes en sont chargées jusqu'à la cime; plusieurs montent toutes noires, au cœur de la lumière, et hérissent leur frange d'arbres sur le jour blanc. La charmante coupe de verdure arrondit sa bordure dorée, puis se creuse, regorgeant de bouleaux et de chênes, avec les teintes changeantes et tendres qu'adoucit encore la vapeur du matin. Point de hameau, de fumée, de culture; c'est un nid riant et sauvage, pareil sans doute à la vallée qui reçut le premier homme au plus beau jour et au plus heureux printemps de l'univers.

La route tourne et tout change. La vieille bande des monts séchés reparaît menaçante. Un d'eux, à l'occident, croule fracassé comme par le marteau d'un cyclope. Il est jonché de blocs carrés, noires vertèbres arrachées de son échine; la tête manque, et ses ossements monstrueux, froissés pêle-mêle, échelonnés jusqu'au Gave, annoncent quelque défaite antique. Un autre en face allonge, d'un air morne, son dos pelé long d'une lieue; on a beau avancer, changer de vue, il est toujours là, énorme et terne. Son granit décharné ne souffre ni un arbre ni une tache de verdure; seules quelques flaques de neige blanchissent les creux de ses côtes, et sa croupe monotone tourne lugubrement, écrasant de son bastion la moitié du ciel.

Gabas est un hameau dans une maigre plaine. Le torrent y gronde sous des glaciers, parmi des troncs brisés ; il descend engouffré de l'escarpement, entre des colonnades de pins, habitants muets de la gorge. Ce silence et cette roide attitude font contraste avec les sauts désespérés de l'eau neigeuse. Il y fait froid, tout y est triste ; seulement, à l'horizon, on aperçoit le pic du Midi, splendide, qui lève ses deux pieux ébréchés, d'un gris fauve, au milieu du jour serein.

II.

Malgré moi j'ai songé ici aux Dieux antiques, fils de la Grèce, images de leur patrie. Ils sont nés en pays semblables, et renaissent ici en nous-mêmes, avec les sentiments qui les ont faits.

J'imagine des pâtres oisifs et curieux, à l'âme enfantine et nouvelle, non encore occupée par l'autorité d'une civilisation voisine et d'un dogme établi, actifs, hardis, naturellement poëtes. Ils rêvent, et à quoi, sinon aux êtres énormes qui, toute la journée, assiégent leurs yeux ? Comme ces têtes déchiquetées, ces corps bosselés, entassés, ces épaules tordues, sont bizarres ! Quels monstres inconnus, quelle race déformée et morne, en dehors de l'humanité ? Par quel horrible accouchement la terre les a-t-elle soulevés hors de ses entrailles, et quels combats leurs têtes foudroyées ont-elles soutenus dans les nuages et les éclairs? Aujourd'hui encore ils menacent; seuls les aigles et les vautours sont bienvenus à sonder leurs profondeurs. Ils n'aiment pas l'homme; leurs blocs sont prêts à rouler sur lui, quand il viole leur solitude. D'un frisson, ils abattent sur ses moissons une marée de roches; ils n'ont qu'à ramasser un orage pour le noyer comme une fourmi. Comme leur visage est changeant, mais toujours redoutable! Quels éclairs jettent leurs cimes entre les brouillards qui rampent! Cet éclair troublé comme le regard de quelque dieu tyrannique, subitement entrevu, puis caché. Quelques-uns dans de noires fondrières, pleurent, et leurs larmes dégouttent sur leurs vieilles joues avec un sanglot sourd, parmi les pins qui bruissent et chuchottent lugubrement, comme s'ils compatissaient à ce deuil éternel. D'autres, assis en cercle, trempent leurs pieds dans des lacs qui ont la couleur de l'acier et que nul vent ne ride; ils se complaisent dans ce calme, et contemplent leur casque d'argent dans l'eau virginale. Qu'ils sont mystérieux la nuit, et quelles pensées méchantes ils roulent l'hiver, enveloppés dans leur suaire de neige! Mais au grand jour et dans l'été, de quel élan et dans quelle gloire leur front monte au plus haut de l'air sublime, dans les pures régions rayonnantes, dans la lumière, dans leur patrie. Tout monstrueux et blessés qu'ils soient, ils sont encore les dieux de la terre, et ils ont voulu être les dieux du ciel.

Mais voici qu'une seconde race apparaît, aimable, presque humaine, le chœur des nymphes, êtres fuyants et liquides, filles des colosses difformes. Comment les ont-ils engendrées ? Nul ne le sait ; la naissance des dieux, toute mystérieuse, échappe aux regards mortels. Quelques-uns disent qu'on a vu leur première perle suinter d'une herbe, ou d'une crevasse sous les glaciers, dans les hauteurs. Mais elles ont habité longtemps les entrailles paternelles ; les unes, brûlantes, gardent le souvenir de la fournaise intérieure qu'elles ont vu bouillonner, et qui de temps en temps fait encore frémir le sol ; les autres, glacées, ont traversé l'hiver éternel qui blanchit les cimes. Toutes au premier instant gardent la fougue de leur race ; échevelées, hurlantes, en délire, elles se froissent aux rocs, elles fendent les vallées, elles emportent les arbres, elles se souillent et se débattent. Quelle fureur de jeunes filles et de bacchantes ? Mais, arrivées dans les couches lisses que la roche arrondie leur étale, elles sourient, ou s'endorment, ou jouent. Leurs yeux profonds, d'émeraude humide, ont des éclairs. Leur corps se ploie, puis se redresse ; dans la fumée du matin, aux subites descentes, leur eau se gonfle, satinée et molle, comme un sein de femme. Avec quelle tendresse, de quels frémissements mignons et sauvages elles caressent les fleurs inclinées, les pousses de thym odorant qui croissent sur leurs bords entre deux arêtes de roche? Puis d'un caprice soudain elles plongent, et crient, et se tordent, engouffrées dans une caverne, avec l'entêtement et la folie d'un enfant. Quelle joie de s'étendre ainsi au soleil! Quelle gaieté étrange, ou quelle sérénité divine, dans ce flot transparent qui rit ou tournoie! Ni les yeux, ni les diamants n'ont cette clarté changeante, ces reflets glauques et passionnés, ces frissons intérieurs de volupté ou d'inquiétude; toutes femmes qu'elles sont, elles sont bien déesses. Sans une puissance surhumaine, auraient-elles pu, de leur eau molle, user ces durs rochers, percer ces barrières inexpugnables? Et par quelle vertu secrète savent-elles, innocentes d'aspect, tantôt tordre et tuer celui qui les boit, tantôt guérir l'infirme et le malade? Elles haïssent l'un, elles aiment l'autre, et, comme leurs pères, donnent à volonté la vie ou la mort.

Ce sont là les poésies du monde païen, des peuples enfants; chacun ainsi se fit la sienne, à l'aurore des choses, au premier éveil de l'imagination et de la conscience, longtemps avant l'âge où la réflexion institua des cultes définitifs et des dogmes raisonnés. Entre ces songes éclos au matin du monde, les seuls que j'aime sont ceux d'Ionie.

Là-dessus Paul s'est fâché et m'a appelé classique : « Voilà comme vous êtes tous ! vous faites un pas dans une idée, et vous vous arrêtez en poltrons. Avancez donc ; il y a cent olympes en Égypte, en Islande, dans l'Inde. Chacun de ces paysages est une face de la nature ; chacun de ces dieux est une des formes par lesquelles l'homme a exprimé son idée de la nature. Admirez le dieu au même titre que le paysage ; l'oignon d'Égypte vaut le Jupiter olympien.

— Ceci est trop fort, et je vous prends au mot ; vous allez prouver votre dire, et tirer un dieu de votre oignon.

— A l'instant même ; mais commencez par vous transporter en Égypte, avant l'arrivée des guerriers et des prêtres, sur le limon du fleuve, parmi des sauvages demi-nus dans la bourbe, demi-noyés dans l'eau, demi-brûlés par le soleil. Quel aspect que celui de cette grande plage noire, fumante sous la chaleur, où les crocodiles et les poissons qui grouillent clapotent dans les flaques d'eau ! Des légions de moustiques bourdonnent ; les plantes aux larges feuilles se lèvent et s'entrelacent ; la terre fermente et enfante ; un vertige monte au cerveau avec les lourdes exhalaisons, et l'homme troublé frémit en sentant courir dans l'air et dans ses membres la vertu génératrice par laquelle tout pullule et verdit. Il n'y avait rien l'an passé sur ce limon; quel changement étrange! Il en sort un grand roseau droit, aux lanières luisantes, le corps gonflé de suc, plongeant dans la vase; tous les jours il enfle et change: verdoyant d'abord, il devient roux, comme le soleil dans les vapeurs. Incessamment ce fils de la vase en aspire le suc et la force; la terre le couve et y dépose toute sa vertu. Maintenant, le voilà qui de lui-même se soulève à demi, puis tout entier, et chauffe au soleil son ventre écailleux plein d'un sang âcre; ce sang petille, si abondant qu'il crève la triple peau et suinte par la blessure. Quelle vie étrange! et par quel miracle la pointe du sommet devient-elle un panache et un parasol? Les premiers qui l'ont cueilli ont pleuré, comme si quelque venin avait brûlé leurs yeux; mais l'hiver, quand le poisson manque, il réjouit celui qui le rencontre. Ses énormes globes entassés ne sont-ils pas les cent mamelles de la grande nourrice, la terre? D'autres reparaissent chaque fois que l'eau se retire; il y a quelque puissance divine cachée sous ces écailles. Qu'il ne manque jamais de renaître! Le crocodile est dieu, puisqu'il nous dévore: l'ichneumon est dieu, puisqu'il nous sauve; l'oignon est dieu, puisqu'il nous nourrit.

— L'oignon est dieu, et Paul est son prophète; vous en aurez ce soir, à la sauce blanche. Mais, cher ami, vous me faites peur; vous rayez d'un trait trois mille ans d'histoire. Vous mettez tout de niveau, races d'artistes et races de visionnaires, peuplades sauvages et nations civilisées. J'aime le crocodile et l'oignon, mais j'aime mieux Jupiter et Diane. Les Grecs ont inventé les arts et les sciences; les Égyptiens n'ont laissé que des tas de moellons. Un bloc de granit ne vaut ni Aristote ni Homère. Ceux-là sont les premiers partout, qui, ayant raisonné clairement, ont conçu la justice et fait la science. Puis, si mauvais que soit notre temps, il l'emporte sur beaucoup d'autres. Vos grotesques et vos hallucinations orientales sont belles, mais de loin; je veux bien les contempler, non les subir. Aujourd'hui la poésie nous manque, soit; mais nous sentons la poésie des autres. Si notre musée est pauvre, nous avons les musées de tous les âges et de toutes les nations. Savez-vous ce que je tire de vos théories? Elles m'épargneront quatre francs trois fois par mois; j'y trouverai des féeries sans sortir de ma chambre, et je n'aurai plus besoin d'aller à l'Opéra. »

LES HABITANTS

I

Le 8 août, dès neuf heures du matin, on entendait à une demi-lieue des Eaux-Bonnes le son aigu d'un flageolet, et les baigneurs se mettaient en marche pour Aas. On y va par un chemin étroit taillé dans la montagne Verte, sur lequel se penchent des tiges de lavande et des bouquets de fleurs sauvages. Nous entrâmes dans une rue large de six pieds : c'est la grande rue. Des enfants en bonnet écarlate, étonnés de leur magnificence, se tenaient roides sur les portes et nous regardaient avec une admiration muette. La place publique est auprès du lavoir, grande comme une petite chambre : c'est là qu'on danse. On y avait posé deux tonneaux, sur les tonneaux deux planches, sur les planches deux chaises, sur les chaises deux musiciens, le tout surmonté de deux beaux parapluies bleus faisant parasols; car le soleil était de plomb, et il n'y avait pas un arbre.

Ce tableau était fort joli et original. Sous le toit du lavoir, de vieilles femmes appuyées aux piliers causaient en groupe; un flot clair sortait et ruisselait dans la rigole ardoisée; trois petits enfants, debout, ouvraient de grands yeux curieux et immobiles. Dans le sentier, les jeunes gens s'exerçaient à jeter la barre. Au-dessus de l'esplanade, sur des pointes de roc qui faisaient gradins, les femmes regardaient la danse en costume de fête : grand capuchon écarlate, corsage brodé, argenté, à fleurs de soie violette; châle jaune, à franges pendantes; jupe noire plissée, serrée au corps; guêtres de laine blanche. Ces fortes couleurs, le rouge prodigué, les reflets de la soie sous une lumière éblouissante, mettaient la joie au cœur. Autour des deux tonneaux tournoyait une ronde d'un mouvement souple, cadencé, sur un air monotone et bizarre, terminé par une note fausse, aiguë, d'un effet saisissant. Un jeune homme en veste de laine, en culotte courte, conduisait la bande ; les jeunes filles allaient gravement, sans parler ni rire ; leurs petites sœurs, au bout de la file, essayaient le pas à grand'peine, et la rangée de capulets de pourpre ondulait lentement comme une couronne de pivoines. De temps en temps le chef de la danse bondissait brusquement avec un cri sauvage, et l'on se rappelait qu'on était dans la patrie des ours, en plein pays de montagnes.

Paul était là sous son parapluie, l'air ravi ; sa grande barbe frétillait. S'il eût pu, il eût suivi la danse.

« Avais-je raison? Y a-t-il une chose ici qui ne soit d'accord avec le reste, et dont le soleil, le climat, le sol, ne rendent raison? Ces gens sont poëtes. Pour avoir inventé ces habits splendides, il faut qu'ils aient été amoureux de la lumière. Jamais le soleil du Nord n'eût inspiré cette fête de couleurs; leur costume est en harmonie avec leur ciel. En Flandre, ils auraient l'air de saltimbanques; ici, ils sont aussi beaux que leur pays. Vous n'apercevez plus les vilains traits, les visages brûlés, les grosses mains noueuses qui vous choquaient hier; le soleil anime l'éclat de ces habits, et, dans cette splendeur dorée, toutes les laideurs disparaissent. J'ai vu des gens rire de cette musique: « L'air est monotone, « disent-ils, contre toutes les règles, non terminé; « ces notes sont fausses. » A Paris, soit; ici, non. Avez-vous senti cette expression originale et sauvage? Comme elle convient au paysage! Cet air n'a pu naître que dans les montagnes: le froufrou du tambourin est comme la voix traînante du vent lorsqu'il longe les vallées étroites; le son aigu du flageolet est comme le sifflement de la brise quand on l'écoute sur les cimes dépouillées; la note finale est un cri d'épervier qui plane; les bruits de la montagne se reconnaissent encore, à peine transformés par le rhythme de la chanson. La danse est aussi primitive, aussi naturelle, aussi convenable au pays que la musique : ils vont la main dans la main, tournant en rond. Quoi de plus simple ? Ainsi font les enfants qui jouent. Le pas est souple et lent : ainsi marche le montagnard ; vous savez par expérience que, pour monter, il ne faut pas aller vite, et qu'ici les roides enjambées d'un citadin le jettent à terre. Ce saut, qui vous semble étrange, est une de leurs habitudes, partant un de leurs plaisirs. Pour composer une fête, ils ont choisi ce qu'ils ont trouvé d'agréable dans les habitudes de leurs yeux, de leurs oreilles et de leurs jambes. N'est-ce pas la fête la plus nationale, la plus vraie, la plus harmonieuse, et, partant, la plus belle qu'on puisse imaginer ? »

II.

Laruns est un bourg. Au lieu d'un tonneau, il y avait quatre fois deux tonneaux et autant de musiciens, qui jouaient tous ensemble et chacun un endroit différent du même air. Excepté ce charivari et plusieurs magnifiques culottes de velours, la fête était la même que celle d'Aas. Ce qu'on y va voir, c'est la procession.

On assiste d'abord aux vêpres : les femmes dans la nef sombre de l'église, les hommes dans une galerie au premier étage les petits garçons dans une deuxième galerie plus haute, sous l'œil d'un maître d'école refrogné. Les jeunes filles, agenouillées contre la grille du chœur, disaient des *Ave Maria* auxquels répondait la voix grave de l'assistance ; leurs voix nettes et métalliques formaient un joli contraste avec le bourdonnement sourd des répons retentissants. De vieux loups de montagne arrivés de dix lieues s'agenouillaient lourdement et faisaient crier le bois noirci de la balustrade. Une demi-clarté tombait sur la foule pressée et assombrissait l'expression de ces figures énergiques. On se fût cru au seizième siècle. Cependant les petites cloches joyeuses babillaient de leurs voix grêles et faisaient le plus de bruit possible, comme une juchée de poules au haut du clocher blanc.

Au bout d'une heure, la procession s'ordonna fort artistement et sortit. La première partie du cortége était amusante : deux files de petits polissons en veste rouge, les mains jointes sur le ventre pour y tenir leur livre, faisaient effort pour se donner un air de componction, et se regardaient en dessous d'une façon comique. Cette bande de singes habillés était menée par un bon gros prêtre, dont les rabats plissés, les manchettes et les dentelles pendantes battaient et flottaient comme des ailes. Puis un suisse piteux, en habit de douanier sale ; puis un beau maire en uniforme, l'épée au côté, puis deux longs séminaristes, deux petits prêtres rebondis, une bannière de Vierge, enfin tous les douaniers et tous les gendarmes du pays ; bref, toutes les grandeurs, toutes les splendeurs, tous les acteurs de la civilisation.

La barbarie était plus belle : c'était la procession des hommes et des femmes qui, un petit cierge à la main, défilèrent pendant trois quarts d'heure. J'ai vu là des figures comme celle d'Henri IV, avec l'expression sévère et intelligente, l'air sérieux et fier, les grands traits de ses contemporains. Il y avait surtout de vieux pâtres en houppelandes rousses de poils feutrés, le front traversé, non de rides, mais de sillons, bronzés et brûlés du soleil, le regard farouche comme celui d'une bête fauve, dignes d'avoir vécu au temps de Charlemagne. Certainement, ceux qui défirent Roland n'avaient pas une physionomie plus sauvage. Enfin parurent cinq ou six vieilles femmes telles que je n'en aurais jamais imaginé : une cape de laine blanche les enveloppait comme une couverture ; on ne voyait que leur face noirâtre, leurs yeux de louve enfoncés et féroces, leurs lèvres marmottantes, qui semblaient dire le grimoire. On pensait involontairement aux sorcières de Macbeth ; l'esprit était transporté à cent lieues des villes, dans les gorges désertes, sous les glaciers perdus où les pâtres passent des mois entiers dans les neiges d'hiver, auprès des ours qui hurlent, sans entendre une parole humaine, sans autres compagnons que les pics décharnés et les sapins mornes. Ils ont pris à la solitude quelque chose de son aspect.

III.

Les Ossalais pourtant ont, d'ordinaire, une physionomie douce, intelligente et un peu triste. Le sol est trop pauvre pour donner à leur visage cette expression de vivacité impatiente et de verve spirituelle que le vin du Midi et la vie facile donnent à leurs voisins du Languedoc. Soixante lieues en voiture prouvent que le sol forme le type. Un peu plus haut, dans le Cantal, pays de châtaignes, où les gens s'emplissent d'une nourriture grossière, vous verrez des visages rougis d'un sang lourd et plantés d'une barbe épaisse, des corps charnus, fortement membrés, machines massives de travail. Ici les hommes sont maigres et pâles; leurs os sont saillants, et leurs grands traits tourmentés comme ceux de leurs montagnes. Une lutte éternelle contre le sol a rabougri les femmes comme les plantes; elle leur a laissé dans le regard une vague expression de mélancolie et de réflexion. Ainsi les impressions incessantes du corps et de l'âme finissent par modeler le corps et l'âme; la race façonne l'individu, le pays façonne la race. Un degré de chaleur dans l'air et d'inclinaison dans le sol est la cause première de nos facultés et de nos passions.

Le désintéressement n'est pas une vertu de montagne. Dans un pays pauvre, le premier besoin est le besoin d'argent. On dispute pour savoir s'ils considèrent les étrangers comme une proie ou comme une récolte; les deux opinions sont vraies : c'est une proie qui chaque année donne une récolte. Voici un détail bien petit, mais capable de montrer avec quelle dextérité et quelle passion ils tondent un œuf.

Paul dit un jour à sa servante de remettre un bouton à son pantalon. Au bout d'une heure, elle vient avec le pantalon, et, d'un air indécis, inquiet, comme si elle craignait l'effet de sa demande : « C'est un sou, » dit-elle. J'expliquerai plus tard quelle grosse somme c'est ici qu'un sou.

Paul tire le sou sans mot dire et le donne. Jeannette s'en va sur la pointe du pied jusqu'à la porte, se ravise, revient, prend le pantalon et montre le bouton : « Ah ! c'est un beau bouton ! (Une pause.) Je n'en avais pas dans ma boîte. (Autre pause plus longue.) J'ai acheté celui-là chez l'épicier : c'est un sou. » Elle se dresse avec anxiété; le propriétaire de la culotte, toujours sans mot dire, donne un second sou.

Il est clair qu'il y a là une mine de sous. Jeannette sort, et un instant après rouvre la porte. Elle a pris son parti, et d'une voix aiguë, perçante, avec une volubilité admirable : « Je n'avais pas de fil, il a fallu acheter du fil, j'ai usé beaucoup de fil; c'était du bon fil. Le bouton ne partira plus, je l'ai cousu bien fort : c'est un sou. » Paul pousse sur la table un troisième sou.

Deux heures après, Jeannette, qui a fait ses réflexions, reparaît. Elle prépare le déjeuner avec un soin minutieux; elle essuie attentivement les moindres taches, elle adoucit sa voix, elle marche sans faire de bruit, elle est d'une prévenance charmante; puis elle dit, en déployant toutes sortes de grâces obséquieuses : « Il ne faut pas que je perde, vous ne voulez pas que je perde; l'étoffe était dure, j'ai cassé la pointe de mon aiguille. Je ne le savais pas tout à l'heure, je viens de le voir : c'est un sou. »

Paul tira le quatrième sou, en disant de son air grave :

« Courage, Jeannette; vous ferez une bonne maison, ma fille; heureux l'époux qui vous conduira, candide et rougissante, sous le toit de ses ancêtres! Allez brosser mon pantalon. »

Les mendiants pullulent. Je n'ai jamais rencontré un enfant qui ne me demandât l'aumône; tous les habitants font ce métier, de quatre à quinze ans. Personne n'en a honte. Vous regardez de toutes petites filles, qui marchent à peine, assises au pas de leur porte et occupées à manger une pomme : elles viennent en trébuchant vous tendre la main. Vous trouvez dans une vallée un jeune pâtre auprès de ses vaches ; il s'approche et vous demande quelque petite chose. Une grande fille passe avec un fagot sur la tête ; elle s'arrête et vous demande quelque petite chose. Un paysan travaille au chemin. « Je vous fais une belle route, dit-il ; donnez-moi quelque petite chose. » Une bande de polissons jouent au bout d'une promenade ; dès qu'ils vous voient, ils se prennent par la main, commencent la danse du pays, et finissent par quêter quelque petite chose. Il en est ainsi dans toutes les Pyrénées.

Ils sont aussi marchands que mendiants. Rarement on traverse la rue sans être abordé par un guide qui vous offre ses services et vous demande la préférence. Si vous êtes assis sur une colline, vous voyez tomber du ciel deux ou trois enfants qui vous apportent des papillons, des pierres, des plantes curieuses, des bouquets de fleurs. Si vous approchez d'une étable, le propriétaire sort avec une écuelle de lait et veut à toute force vous le vendre. Un jour que je regardais un petit taureau, le bouvier me proposa de l'acheter.

Cette avidité n'est point choquante. Je remontais une fois derrière les Eaux-Bonnes le ruisseau de la Soude : c'est une sorte d'escalier disloqué qui tournoie pendant trois lieues entre des buis, dans un fond brûlé ; il faut grimper sur des rocs pointus, sauter de saillie en saillie, marcher en équilibre sur des corniches étroites, gravir en zigzag des pentes escarpées de pierres roulantes. Le sentier ferait peur aux chèvres : on s'y meurtrit les pieds, et l'on court risque à chaque pas d'y prendre une entorse. J'y rencontrai de jeunes femmes et des filles de vingt ans, pieds nus, qui portaient au village, l'une un bloc de marbre dans sa hotte, l'autre trois sacs de charbon attachés ensemble, une autre cinq ou six longues et lourdes planches; la course est de trois lieues, par le soleil de midi; ajoutez trois lieues pour revenir : elle est payée dix sous.

Ils sont, comme les mendiants et les marchands, très-rusés et très-polis. La pauvreté oblige l'homme à calculer et à plaire : ils ôtent leur bonnet sitôt qu'on leur parle et sourient complaisamment; jamais de façons brutales ou naïves. Le proverbe dit très-bien : « Béarnais faux et courtois. » On se souvient des manières caressantes et de la parfaite habileté de leur Henri IV : il sut jouer tout le monde et ne heurter personne. En ce point et en beaucoup d'autres, il était de son pays. La nécessité aidant, je leur ai vu inventer des dissertations géologiques. Au milieu de juillet il y eut une sorte de tremblement de terre; on répandit le bruit qu'un vieux mur s'était écroulé : la vérité est que les fenêtres avaient tremblé, comme lorsqu'une grosse voiture passe. Aussitôt la moitié des baigneurs délogea : cent cinquante personnes s'enfuirent de Cauterets en deux jours; les voyageurs en chemise couraient à l'écurie la nuit pour atteler leurs voitures, et emportaient pour l'éclairer la lanterne de l'hôtel. Les paysans secouaient la tête d'un air de compassion et me disaient : « Voyez-vous, monsieur, ils vont chercher pis; s'il y a un tremblement, la plaine s'ouvrira et ils tomberont dans les crevasses, au lieu qu'ici la montagne est solide et les garantirait comme une maison. »

Cette même Jeannette, qui tient déjà une place si honorable dans mon histoire, fournira un exemple de la circonspection polie et de la réserve méticuleuse dont ils s'enveloppent quand ils ont peur de se compromettre. Son maître avait dessiné l'église voisine, et voulut juger son œuvre à la façon de Molière.

« Reconnaissez-vous cela, Jeannette?

— Ah! monsieur, c'est-y vous qui l'avez fait?

— Qu'est-ce que j'ai copié là?

— Ah! monsieur, c'est bien beau.

— Mais encore, dites-moi ce qu'il y a là-dessus. »

Elle prend la feuille, la tourne et la retourne, regarde l'artiste d'un air ébahi et ne dit rien.

« Est-ce un moulin ou une église?

— Oui-da!

— Est-ce l'église de Laruns?

— Ah! c'est bien beau. »

On ne put jamais la tirer de là.

IV.

Nous avons voulu savoir si les pères valaient les fils; et nous avons trouvé l'histoire du Béarn dans un bel in-folio rouge, composé en l'an 1640, par maître Pierre de Marca, Béarnais, conseiller du roi en ses conseils d'État et privé, et président en sa cour du parlement de Navarre, le tout orné d'une magnifique gravure qui représente la conquête de la Toison d'or. Pierre de Marca y fait plusieurs découvertes importantes, entre autres celle de deux rois de Navarre, personnages du neuvième siècle, inconnus jusqu'à lui : Séméno Ennéconis, et Ennéco Séménonis.

Quoique pleins de respect pour Séméno Ennéconis et Ennéco Séménonis, nous nous sommes ennuyé infiniment en lisant les procès, les brigandages et les généalogies de tous ces illustres inconnus. Paul prétend que l'histoire savante est bonne pour les ânes savants; mille dates ne font pas une idée. Un jour le célèbre historien de la Suisse, Jean de Muller, ayant voulu réciter la liste de tous les seigneurs suisses, oublia le cinquante et unième descendant de je ne sais quel vicomte; de honte et de chagrin, il fut malade : c'est comme si un général tâchait de savoir combien chacun de ses soldats a de boutons à son habit.

Nous avons trouvé que de tout temps ces bons montagnards ont été *gaigneurs* et *picoreurs*. Il est si naturel de vouloir vivre, et bien vivre! Surtout il est si doux de vivre aux dépens d'autrui! Jadis, en Écosse, tout vaisseau naufragé appartenait aux gens de la côte; les navires brisés leur arrivaient comme les harengs dans la saison, récolte héréditaire et légitime; ils se jugeaient volés quand un naufragé tâchait de garder son habit. De même ici les étrangers. L'arrière-garde de Charlemagne y périt avec Roland; les montagnards avaient roulé sur elle une avalanche de pierres; après quoi ils se partagèrent les étoffes, l'argent, les mulets, les bagages, et chacun s'en fut dans sa tanière. Ils traitèrent pareillement une seconde armée envoyée par Louis le Débonnaire. J'imagine que ces passages leur paraissaient une bénédiction du ciel, et comme un don particulier de la divine Providence. De belles cuirasses, des lances neuves, des colliers, des habits chauds, il y avait là tout un magasin d'or, de fer et de laine. Probablement les femmes couraient à la rencontre, bénissant le bon époux qui avait songé le mieux aux intérêts de sa petite famille et rapportait le plus de provisions. Cette naïveté dans le vol subsiste encore en Calabre. Du temps de Napoléon, un préfet gourmandait un paysan aisé qui ne payait pas ses contributions; l'autre répondit avec une franchise d'honnête homme : « Ma foi, Excellence, ce n'est pas ma faute. Voilà quinze jours que je vais tous les soirs avec ma carabine me poster sur la route pour voir s'il ne passera personne. Personne ne passe; mais je vous promets d'y retourner, jusqu'à ce que j'aie ramassé les ducats que je vous dois. »

Ajoutez à cette habitude de vol une bravoure extrême; je crois que le pays cause l'une comme l'autre; l'extrême pauvreté ôte la timidité comme les scrupules; on tond de fort près la peau du prochain, mais on est prodigue de la sienne; on est aussi capable de résistance que de profits; on prend volontiers le bien d'autrui, et on garde le sien plus volontiers encore. La liberté a poussé ici de toute antiquité, hargneuse et sauvage, aussi indigène et aussi dure qu'une tige de buis. Écoutez de quel ton parle la charte primitive :

« Ce sont ici les fors du Béarn, dans lesquels il est fait mention qu'anciennement en Béarn il n'y avait pas de seigneur, et dans ce temps ils entendirent parler avec éloge d'un chevalier. Ils allèrent le chercher, et en firent leur seigneur pendant un an; et après, il ne les voulut tenir en leurs fors et coutumes. Et la cour de Béarn s'assembla alors à Pau, et ils le requirent de les tenir ès fors et coutumes. Et lui ne le voulut pas, et lors le tuèrent en pleine cour. »

Pareillement la terre d'Ossau garda ses priviléges,

même contre son vicomte. Tout voleur qui entrait avec son butin dans la vallée y était en sûreté, et pouvait le lendemain se présenter impunément devant le vicomte; il n'était jugé que lorsque celui-ci ou sa femme en son absence entraient dans la vallée pour y rendre la justice. Cela n'arrivait guère, et la terre d'Ossau était « la retraite de tous les gens de mauvaise vie et picoreurs » des environs.

V.

Ces rudes mœurs, pleines de hasard et de dangers, faisaient autant de héros que de brigands. Le premier est le comte Gaston, un des chefs de la première croisade; c'était, comme tous les grands hommes du pays, un esprit entreprenant et adroit, homme d'expérience et homme d'avant-garde. Il alla en avant pour reconnaître Jérusalem, et construisit les machines du siége; il passait pour un des plus sages au conseil, et arbora le premier sur les murs les vaches du Béarn. Personne ne frappait plus fort et ne calculait plus juste; personne n'aimait mieux à calculer et à frapper. De retour, il se battit contre ses voisins, assiégea deux fois Saragosse, assiégea Bayonne, gagna, avec le roi Alphonse, deux grandes batailles contre les Maures. Quel bon temps pour ces esprits et ces muscles d'aventuriers! On n'avait pas besoin alors de chercher la guerre; on la trouvait partout, et le profit avec elle. Les belles courses que ces cavalcades parmi les villes merveilleuses des Sarrasins d'Asie et des Maures d'Espagne! Que de crânes à fendre et que d'or à rapporter! On déchargeait ainsi le trop-plein de son imagination et de sa force; on trouvait à la fois l'emploi de son corps et le salut de son âme. On ne mourait pas sottement d'une balle égarée ou d'un boulet maladroit, au milieu d'une manœuvre correcte. On subissait tous les hasards et l'imprévu de la chevalerie errante; les sens étaient en éveil; les bras travaillaient, le corps était soldat; Gaston fut tué comme un simple cavalier dans une embuscade, avec l'évêque de Huesca.

Ce qui me plaît dans l'histoire, ce sont les petites circonstances et les détails de caractère. Tel bout de phrase indique une révolution dans les facultés et dans les passions; les grands événements y tiennent au large comme dans leur cause. Voici l'un de ces mots dans la vie de Gaston. Le jour où Jérusalem fut prise, on avait fait grâce à beaucoup de musulmans. « Mais le lendemain, les autres, *fâchés* de voir qu'il y avait encore des infidèles en vie, montèrent sur les toits du temple, et massacrèrent et déchirèrent tous les Sarrasins, hommes et femmes[1]. »

1. Le trait suivant est tiré du siége d'Antioche : « Beaucoup de nos ennemis moururent, et d'autres pris furent conduits devant la porte de la ville; et là on leur coupait la tête, enfin de rendre plus tristes ceux qui étaient dans la ville. »

Nul raisonnement, nulle délibération ; à la vue de l'habit musulman, la colère et le sang leur montent au visage, et ils s'élancent, abattent et démembrent comme des lions ou des bouchers. Lope de Véga, vieux chrétien, âpre Espagnol, a retrouvé ce sentiment de sauvage et de fanatique :

GARCIA TELLO. Pourquoi, mon père, n'avez-vous pas amené un Maure pour que je puisse le voir ?

LE VIEUX TELLO, *lui montrant les prisonniers.* Eh bien, Garcia, en voilà.

GARCIA. Ah ! ce sont des Maures ? Ils ressemblent à des hommes.

LE VIEUX TELLO. Mais aussi ce sont des hommes.

GARCIA. Ils ne méritent pas d'être.

LE VIEUX TELLO. Pourquoi ?

GARCIA. Parce qu'ils ne croient ni en Dieu ni en la vierge Marie ; leur vue me fait bouillir le sang, mon père.

LE VIEUX TELLO. En as-tu peur ?

GARCIA. Pas plus que vous, mon père. (*Allant vers les prisonniers.*) Chiens, j'ai envie de vous mettre en morceaux, de mes mains ; vous allez connaître ce que c'est qu'un chrétien. (*Il s'élance contre eux et les poursuit.*)

LE VIEUX TELLO. Oh ! le bon petit fils ! Vive Dieu ! il est fin comme du corail.

TELLO. Mendo, vois qu'il ne leur fasse pas de mal.

LE VIEUX TELLO. *Laisse-lui en tuer un ou deux* ; c'est ainsi qu'on apprend à tuer au faucon dès son plus jeune âge.

En effet, ce sont des faucons ou des vautours. dans la chanson de Roland, quand les preux demandent à Turpin l'absolution de leurs fautes, l'archevêque leur recommande pour pénitence de bien frapper.

Mais en même temps, c'étaient des esprits et des âmes d'enfants. « Hauts sont les puits, et les vallées ténébreuses, les rochers noirs, les défilés merveilleux, » voilà toute leur description des Pyrénées ; ils sentent en bloc et disent de même. Un enfant interrogé sur Paris, qu'il venait de voir pour la première fois, répondit : « Il y a beaucoup de rues, et des voitures partout, et des maisons très-grandes, et deux grandes colonnes sur deux places. » Le vieux poëte est comme lui ; il ne sait pas décomposer ses impressions. Comme lui, il aime le merveilleux, et se plaît aux histoires gigantesques. Dans la bataille de Roncevaux tout grandit, et à l'infini. Les preux tuent toute l'avant-garde des Sarrasins, cent mille hommes, puis l'armée du roi Marsile, trente bataillons, chacun de dix mille hommes. Roland sonne le cor, et la clameur arrive à trente lieues jusqu'à Charlemagne, dont les soixante mille hautbois se mettent à retentir. Quelles visions de pareils mots éveillaient dans ces cerveaux neufs ! Puis tout d'un coup l'arc se débandait ; Roland blessé se souvient « des hommes de son lignage, de la douce France, de Charlemagne son seigneur qui le nourrit, et ne peut se tenir d'en pleurer et d'en soupirer. » Au sortir du carnage dont ils emplirent Jérusalem, les croisés allèrent pieds nus, pleurant, et chantant, jusqu'au saint sépulcre. Plus tard, quand une partie des barons voulut quitter la croisade de Constantinople, les autres allèrent à leur rencontre, et tombant à genoux les supplièrent ; tous s'embrassèrent alors, éclatant en sanglots. Enfants robustes : ce mot exprime tout ; ils tuaient et hurlaient en bêtes de proie, puis la fougue apaisée ils revenaient aux larmes et aux tendresses d'un enfant qui se jette au cou de son frère, ou qui va faire sa première communion.

VI.

Je reviens à mes Béarnais : ils étaient les plus alertes et les plus avisés de la bande.

Les comtes de Béarn se battent et traitent avec tout le monde ; ils flottent entre le patronage de la France, de l'Espagne et de l'Angleterre, et ne sont sujets de personne ; ils passent de l'un à l'autre et toujours avec profit, « attirés, dit Matthieu Paris, par les livres sterling et par les écus dont ils avaient grand besoin, et dont il y avait grande foison. » Ils sont toujours les premiers aux rudes coups et aux bonnes affaires ; ils vont se faire tuer en Espagne ou demander de l'argent à Poitiers. Ce sont des calculateurs et des aventuriers, amoureux des batailles par imagination et courage, amoureux du gain par nécessité et réflexion.

C'est ainsi que leur Henri gagna la couronne de France, très-occupé de ses intérêts, très-peu occupé de sa vie, et toujours pauvre. Du camp de la Fère, déjà reconnu roi, il écrivait : « Je n'ai quasi un cheval sur lequel je puisse combattre ni un harnais complet que je puisse endosser ; mes chemises sont toutes déchirées, mes pourpoints troués au coude. Ma marmite est souvent renversée, et, depuis deux jours, je dîne et je soupe chez les uns et chez les autres, mes pourvoyeurs disant n'avoir plus moyen de fournir pour ma table, d'autant qu'il n'y a plus de six mois qu'ils n'ont reçu d'argent. »

Un mois après, à Fontaine-Française, il chargeait une armée avec huit cents cavaliers et faisait le coup de pistolet par plaisir, comme un soldat. Mais en même temps ce père du peuple traitait le peuple de la façon que voici : « Les prisons de Normandie étaient pleines de prisonniers pour le payement de l'impôt du sel. Ils y pourrissaient tellement qu'on en avait tiré jusqu'à cent vingt cadavres pour une fois. Le parlement de Rouen supplia Sa Majesté d'avoir pitié de son peuple ; mais le roi, qui avait été instruit qu'il venait un grand trésor de cet impôt, commença à dire qu'il voulait que ledit impôt fût levé, et semblait qu'il voulût tourner le reste en risée. »

Bon diable sans doute, mais diable à quatre ; nous les aimons, nous autres Français ; ils sont aimables, mais parfois pendables. Ceux-ci prudents par-dessus le marché, étaient faits pour être officiers de fortune.

« Gassion, dit Tallemant des Réaux, était le quatrième garçon et avait un cadet. Après qu'il eut fait ses études, on l'envoya à la guerre; mais on ne le mit pas autrement en bon équipage. Son père lui donna pour tous chevaux un vieux *courtaud* qui pouvait bien avoir trente ans; il n'y avait plus que celui-là dans tout le Béarn, et on l'appelait par rareté le *courteau de Gassion*. Il y a apparence que ce jeune homme n'était guère mieux pourvu d'argent que de monture. Ce gentil coursier le laissa à quatre ou cinq lieues de Pau. Cela n'empêcha pas qu'il n'allât jusqu'en Savoie, où il se mit dans les troupes du duc de Savoie, car alors il n'y avait point de guerre en France. Mais le feu roi ayant rompu avec ce prince, tous les Français eurent ordre de quitter son service; cela obligea notre aventurier à revenir au service du roi.

« A la prise du pas de Suze, il fit si bien, n'étant que simple cavalier, qu'on le fit cornette; mais la compagnie dont il était cornette ayant été cassée, il vient à Paris et demande une casaque de mousquetaire. On la lui refuse à cause de sa religion. De dépit, il passe avec quelques Français en Allemagne, et, quoique dans la troupe il y eût des gens plus qualifiés que lui, sachant parler latin, on le prit partout pour le principal de la bande. Un de ceux-là fit les avances d'une compagnie de chevau-légers qu'ils vinrent lever en France pour le roi de Suède ; il en fut lieutenant ; son capitaine fut tué, le voilà capitaine lui-même. Il se fit bientôt connaître pour un homme de cœur, de telle sorte qu'il obtint du roi de Suède qu'il ne recevrait d'ordre que de Sa Majesté seule ; ce fut à la charge de marcher toujours à la tête de l'armée et de faire en quelque sorte le métier d'enfant perdu. Dans cet emploi, il reçut un furieux coup de pistolet dans le côté droit, dont la plaie s'est rouverte plusieurs fois, tantôt avec danger de la vie, tantôt cette ouverture servant de crise aux autres maladies. »

Il était tout soldat, avant tout amateur de bravoure. Un paysan rebelle, à Avranches se battit admirablement devant une barricade, et tua le marquis de Courtaumer, qu'il prit pour Gassion. Gassion fit chercher partout ce vaillant homme pour lui faire grâce et le mettre dans son régiment. Le chancelier Séguier prit l'affaire en homme de robe ; quelque temps après, ayant saisi le paysan, il le fit rouer.

Il traitait les affaires civiles comme les affaires militaires. Il fit dire à un marchand de Paris, qui lui fit banqueroute de dix mille livres, « qu'il lui serait impossible de laisser au monde un homme qui emportait son bien. » Il fut payé.

« Il mena admirablement les gens à la guerre.

J'en ai ouï conter une action bien hardie et bien sensée tout ensemble: avant que d'être maréchal de camp, il demanda à quelques gentilshommes s'ils voulaient venir en parti avec lui. Ils y allèrent. Après avoir couru toute une matinée sans rien trouver, il leur dit: « Nous sommes trop forts; les partis fuient devant nous. Laissons ici nos cavaliers, « et allons-nous-en tout seuls. » Les volontaires le suivent; ils s'avancent jusqu'auprès de Saint-Omer. Quand ils furent là, voilà deux escadrons de cavalerie qui paraissent et leur coupent le chemin; car Saint-Omer était à dos de nos gens. « Messieurs, « leur dit-il, il faut périr ou passer. Mettez-vous « tous de front; allez au grand trot à eux et ne « tirez point. Le premier escadron craindra, voyant « que vous ne voulez tirer qu'à brûle-pourpoint; « il reculera et renversera l'autre. » Cela arriva comme il l'avait dit: nos gentilshommes, bien montés, forcent les deux escadrons et se sauvent tous, à un près.

« En voici un autre qui est bien aussi hardi; mais il me semble un peu téméraire. Ayant eu avis que les Cravates emmenaient les chevaux du prince d'Enrichemont, il voulut aller les charger, accompagné seulement de quelques-uns de ses cavaliers, et, s'étant trouvé un grand fossé entre lui et les ennemis, il le fit passer à la nage à son cheval, sans regarder si on le suivait, tellement qu'il alla seul aux ennemis, en tua cinq, mit les autres en fuite, et revint avec trois des nôtres qu'ils avaient pris, et qui lui aidèrent peut-être dans le combat. Il ramena tous les chevaux. »

L'ancien chevau-léger reparaissait sous le général. Aussi resta-t-il toujours le camarade de ses soldats. Quand quelqu'un avait offensé le moindre de ses cavaliers, il menait avec lui ce cavalier et lui faisait rendre raison d'une façon ou d'une autre.

« La Vieuxville, depuis surintendant, lui donna son fils aîné pour apprendre le métier de la guerre. Ce jeune homme traita Gassion à l'armée magnifiquement. « Vous vous moquez, dit-il, monsieur le « marquis : à quoi bon toutes ces friandises ? Mor- « dioux ! il ne faut que bon pain, bon vin et bon « fourrage. » Il pensait à son cheval autant qu'à lui-même.

Il était méchant courtisan et ne s'inquiétait guère des cérémonies. Un jour, il alla à la cène devant le prince palatin, et, le dimanche suivant, ayant trouvé sa place prise, il ne voulut jamais souffrir qu'un gentilhomme en sortît, et alla chercher place ailleurs. Du reste, peu galant avec les dames et sur ce point très-indigne d'Henri IV.

« A la cour, beaucoup de filles, qui eussent bien voulu de lui, le cajolaient et lui disaient : « Vrai- « ment, monsieur, vous avez fait les plus belles « choses du monde. — Cela s'entend bien, » disait-il. Une ayant dit : « Je voudrais bien avoir un mari « comme M. de Gassion. — Je le crois bien, » répondit-il.

« Il disait de Mlle de Ségur, vieille et laide : « Elle me plaît, cette fille ; elle ressemble à un « Cravate. »

« Quand Bougis, son lieutenant de gendarmes, demeurait trop longtemps à Paris l'hiver, il lui écrivait : « Vous vous amusez à ces femmes, vous pé- « rirez malheureusement ; ici vous verriez quelque « belle occasion. Quel diable de plaisir d'aller au « Cours et de faire l'amour ! Cela est bien compa- « rable au plaisir d'enlever un quartier ! »

Son frère Bergeré paraissait peu goûter ce plaisir. Gassion, alors colonel, lui ordonna en une occasion d'aller à la charge avec cinquante reitres, et lui déclara que s'il lâchait pied, il lui passerait l'épée au travers du corps. Excellente manière de former les hommes ! Bergeré s'en trouva bien, et depuis alla aux coups tout comme un autre.

Ces deux aventuriers eurent une fin toute militaire. Leur frère le président, pour épargner l'argent, fit embaumer Bergeré par un valet de chambre qui le charcuta horriblement. Pour Gassion, il attendit trois mois une sépulture. « Le président, se lassant de payer le louage des draps funèbres, les rendit et en fit mettre d'autres qui lui coûtaient dix sols de moins par jour. Enfin il fit faire un petit caveau entre deux portes dans le vieux cimetière ; il les fit ensevelir un jour de prêche sans aucune solennité, ni sans qu'on pût dire qu'on y était allé pour eux. » Les trois quarts des héros ont été enterrés ainsi, comme des chiens.

Le dernier de ces d'Artagnan, coureurs héroïques d'aventures profitables, naquit à Pau, rue du Tran, n° 6[1]. Tambour en 1792, il était en 1810 prince royal de Suède. Il avait fait son chemin, et perdu ses préjugés en route. Comme Henri IV, il trouvait qu'un royaume vaut bien une messe ; il fit aussi « le saut périlleux, » mais en sens inverse, et laissa là sa religion comme une vieille casaque; affaire de friperie: un manteau royal et tout neuf valait mieux.

1. Selon une inscription. On dit qu'elle est fausse.

III

LA VALLÉE DE LUZ

ROUTE DE LUZ

I

La voiture part des Eaux-Bonnes avec l'aube. Le soleil se lève à peine, et les montagnes le cachent encore. De pâles rayons viennent colorer les mousses du versant occidental. Ces mousses, trempées de rosée, semblent s'éveiller sous la première caresse du jour. Des teintes roses, d'une douceur inexprimable, se posent sur les sommets, puis descendent sur les pentes. On n'aurait jamais cru ces vieux êtres décharnés capables d'une expression si timide et si tendre. La lumière croît, le ciel s'élargit, l'air s'emplit de joie et de vie. Un pic chauve au milieu des autres se détache plus noir dans une auréole de flamme. Tout d'un coup entre deux dentelures, part, comme une flèche éblouissante, le premier regard du soleil.

II.

Au delà de Pau, s'étend un pays riant, doré de moissons, où le Gave tord ses replis bleus entre des grèves blanches. Sur la droite, dans un voile lointain de vapeur lumineuse, les Pyrénées lèvent leurs cimes dentelées et les pointes nues de leurs rocs noirs. Leurs flancs, que les eaux d'hiver sillonnent, sont parfaitement rayés et comme labourés par un râteau de fer. On voit s'ouvrir le pays pittoresque et les grandes montagnes; les clôtures des champs sont en galets roulés; dans leurs fissures foisonnent des graminées ondoyantes, de jolies bruyères, des touffes de sédums jaunes et surtout de petits géraniums roses qui brillent au soleil comme des étoiles de rubis. On est tout porté à chercher des nymphes; nous en rencontrons six dans un verger, non pas à la vérité dansantes, mais crottées. Elles mangent du pain et du fromage, et nous regardent la bouche béante, accroupies sur leurs talons.

III.

Coarraze garde encore une tour et un portail, débris d'un château. Ce château a sa légende, et Froissart la conte d'un style si coulant, si aimable, si détaillé et si expressif, qu'il faut le copier tout au long.

Le sire de Coarraze était en dispute avec un clerc; le clerc partit en faisant des menaces. « Quand le chevalier y pensoit le moins, environ trois mois après, vinrent en son chastel de Coarraze, là où il se dormoit en son lit de lez de sa femme, messagers invisibles qui commencèrent à bûcher et à tempêter tout ce qu'ils trouvoient parmi ce chastel, en tel manière, que il sembloit que ils dussent tout abattre; et bûchoient les coups si grands à l'huys de la chambre du seigneur, que la dame qui se gisoit en son lit en étoit toute effrayée; le chevalier oyoit bien tout ce, mais il ne sonnoit mot, car il ne vouloit pas montrer courage d'homme ébahi; et aussi il étoit hardi assez pour attendre les aventures.

« Ce tempêtement et effroi fait en plusieurs lieux parmi le chastel dura un long espace et puis se cessa. Quand ce vint à lendemain, toutes les mesnies de l'hôtel s'assemblèrent et vinrent au seigneur à l'heure qu'il fut découché et lui demandèrent : « Monseigneur, n'avez-vous point ouy ce que nous « avons anuit ouy? » Le sire de Coarraze se feignit et dit : « Non; quelle chose avez-vous ouy? » Adonc lui recordèrent-ils comment on avoit tempêté aval son chastel et retourné et cassé toute la vaisselle de la cuisine. Il commença à rire et dit que ils l'avoient songé et que ce n'avoit été que vent. « En « nom Dieu, dit la dame, je l'ai bien ouy. »

« Quant ce vint l'autre nuit après ensuivant, encore revinrent ces tempêteurs mener plus grand' noise que devant et bûcher les coups moult grands à l'huys et aux fenêtres de la chambre du chevalier. Le chevalier saillit sus en my son lit, et ne se put ni se volt abstenir que il ne parlât et ne demandât « Qui est-ce là, qui ainsi bûche en ma chambre à « cette heure ? »

« Tantôt lui fut répondu : « Ce suis-je, ce suis-je. » Le chevalier dit : « Qui t'envoye ici ? — Il m'y « envoye le grand clerc de Casteloigne à qui tu fais « grand tort, car tu lui tols les droits de son héri- « tage. Si ne te lairay en paix, tant que tu lui en « auras fait bon compte et qu'il soit content. » Dit le chevalier : « Et comment t'appelle-t-on, qui es « si bon messager ? — On m'appelle Orton. — « Orton, dit le chevalier, le service d'un clerc ne te « vaut rien, il te fera trop de peine si tu veux le « croire ; je te prie, laisse-le en paix et me sers, et « je t'en saurai gré. »

« Orton fut tantôt conseillé de répondre, car il s'enamoura du chevalier et dit : « Le voulez-vous ? « — Oui, dit le sire de Coarraze ; mais que tu ne fasses « mal à personne de céans ; je me chevirai bien à « toi et nous serons bien d'accord. — Nennil, dit « Orton, je n'ai nulle puissance de faire autre mal « que de toi réveiller et destourber ou autrui, quand « on devrait le mieux dormir. — Fais ce que je dis,

« dit le chevalier, nous serons bien d'accord, et « laisse ce méchant désespéré clerc. Il n'y a rien de « bien en lui, fors que peine pour toi, et si me « sers. — Et puisque tu le veux, dit Orton, et je le « veuil. »

« Là s'enamoura tellement cil Orton du seigneur de Coarraze, que il le venoit voir bien souvent de nuit, et quand il le trouvoit dormant, il lui hochoit son oreiller, ou il heurtoit grands coups à l'huys ou aux fenêtres de la chambre, et le chevalier, quand il étoit réveillé, lui disoit : « Orton, laisse-« moi dormir, je t'en prie. — Non ferai, disoit Or-« ton, si t'aurai ainçois dit des nouvelles. » Là avoit la femme du chevalier si grand paour, que tous les cheveux lui dressoient, et se muçoit en la couverture. Là lui demandoit le chevalier :

« Et quelles nouvelles me dirois-tu et de quel « pays viens-tu ? » Là disoit Orton : « Je viens « d'Angleterre, ou d'Allemagne, ou de Hongrie, « ou d'un autre pays, et puis je m'en partis hier, « et telles choses et telles y sont avenues. » Si savoit ainsi le sire de Coarraze par Orton tout quant que il avenoit par le monde ; et maintint cette ruse cinq ou six ans et ne put s'en taire, mais s'en découvrit au comte de Foix par une manière que je vous dirai.

« Le premier an, quand le sire de Coarraze venoit vers le comte à Ortais ou ailleurs, le sire de Coar-

raze lui disoit : « Monseigneur, telle chose est ave-
« nue en Angleterre, ou en Écosse, ou en Allema-
« gne, ou en Flandre, ou en Brabant, ou autres
« pays ; » et le comte de Foix, qui depuis trouvoit ce en voir (vrai), avoit grand'merveille dont telles choses lui venoient à savoir. Et tant le pressa et examina une fois, que le sire de Coarraze lui dit comment et par qui toutes telles nouvelles il savoit, et par quelle manière il y étoit venu. Quand le comte de Foix en sçut la vérité, il en eut trop grand'joie et lui dit : « Sire de Coarraze, tenez-le
« à amour ; je voudrois bien avoir un tel messager ;
« il ne vous coûte rien, « et si savez véritablement
« tout quant que il avient par le monde. » Le cheva-
« lier répondit : « Monseigneur, aussi ferai-je. »

« Ainsi était le sire de Coarraze servi de Orton, et fut longtemps. Je ne sais pas si cil Orton avoit plus d'un maître, mais toutes les semaines de nuit, deux ou trois fois, il venoit visiter le seigneur de Coarraze et lui recordoit des nouvelles qui étoient avenues en pays où il avait conversé, et le sire de Coarraze en escriptoit au comte de Foix, lequel en avoit grand'joie, car c'étoit le sire en ce monde, qui plus volontiers oyoit nouvelles d'étranges pays. Une fois étoit le sire de Coarraze avec le comte de Foix ; si jangloient entre eux deux ensemble de Orton et chey à matière que le comte lui demanda : « Sire
« de Coarraze, avez-vous point encore vu votre

« messager? » Il répondit : « Par ma foi, monseigneur, nennil, ni point je ne l'ai pressé. — Non ? « dit-il. C'est merveille; si me fût aussi bien appareillé comme il est à vous, je lui eusse prié que « il se fût démontré à moi. Et vous prie que vous « vous en mettez en peine, si me saurez à dire de « quelle forme il est, et de quelle façon. Vous m'avez dit qu'il parole le gascon si comme moi ou « vous. — Par ma foi, dit le sire de Coarraze, c'est « la vérité, il le parole aussi bien et aussi bel « comme moi et vous; et par ma foi, je me mettrai en peine de le voir, puisque vous me le conseillez. »

« Avint que le sire de Coarraze, comme les autres nuits avoit été, étoit en son lit en sa chambre, de côté sa femme, laquelle étoit jà toute accoutumée de ouïr Orton et n'en avoit plus nul doute, lors vint Orton, et tire l'oreiller du seigneur de Coarraze qui fort dormoit; le sire de Coarraze s'éveilla tantôt et demanda : « Qui est-ce là ? » Il répondit : « Ce suis-je, voir Orton. — Et d'où viens-tu? — Je « viens de Prague en Bohême; l'empérière de Rome « est mort. — Et quand mourut-il ? — Il mourut « devant hier. — Et combien a de ci à Prague en « Bohême ? — Combien? dit-il; il y a bien soixante « journées. — Et si en es-tu sitôt venu ? — M'ait « Dieu! voire, je vais aussitôt ou plustôt que le vent. « — Et as-tu ailes ? — M'ait Dieu ! Nennil. — Et

« comment donc peux-tu voler sitôt ? » Répondit Orton : « Vous n'en avez que faire du savoir — « Non, dit-il, je te verrais volontiers pour savoir « de quelle forme et façon tu es. » Répondit Orton : « Vous n'en avez que faire du savoir ; suffise vous « quand vous me oyez et je vous rapporte certaines « et vraies nouvelles. — Par Dieu ! Orton, dit le sire « de Coarraze, je t'aimerois mieux si je t'avois vu. » Répondit Orton : « Et puisque vous avez tel désir « de moi voir, la première chose que vous verrez « et encontrerez demain au matin, quand vous sau- « drez hors de votre lit, ce serai-je. — Il suffit, dit « le sire de Coarraze. Or, va, je te donne congé « pour cette nuit. »

« Quand ce vint au lendemain matin, le sire de Coarraze se commença à lever, et la dame avoit telle paour que elle fit la malade, et que point ne se leveroit ce jour, ce dit-elle à son seigneur qui vouloit que elle se levât. « Voire, dit la dame, si verrois « Orton. Par ma foi, ne le veuil, si Dieu plaît, ni « voir ni encontrer. » Or dit le sire de Coarraze: « Et ce fais-je. » Il sault tout bellement hors de son lit, et cuidoit bien adonc voir en propre forme Orton, mais ne vit rien. Adonc vint-il aux fenêtres et les ouvrit pour voir plus clair en la chambre, mais il ne vit rien chose que il put dire : « Vecy « Orton. » Ce jour passé, la nuit vint. Quand le sire de Coarraze fut en son lit couché, Orton vint et commença à parler ainsi comme accoutumé avoit. « Va, va, dit le sire de Coarraze, tu n'es qu'un « bourdeur ; tu te devois si bien montrer à moi « hier qui fut, et tu n'en as rien fait. — Non! « dit-il, si ai, m'aist Dieu! — Non as. — Et ne « vites-vous pas, ce dit Orton, quand vous saulsistes « hors de votre lit, aucune chose? — Oil, dit-il, en « séant sur mon lit, et pensant après toi, je vis « deux longs fétus sur le pavement, qui tournèrent « ensemble et se jouoient. — Et ce étois-je, dit « Orton, en cette forme-là, m'étois-je mis. » Dit le « sire de Coarraze : « Il ne me suffit pas ; je te prie « que tu te mettes en autre forme, telle que je te « puisse voir et connoître. » Répondit Orton : « Vous ferez tant que vous me perdrez et que je « me tannerois de vous, car vous me requérez trop « avant. » Dit le sire de Coarraze : « Non feras-tu, « ni te tanneras point de moi ; si je t'avois vu une « seule fois, je ne te voudrois plus jamais voir. — « Or, dit Orton, vous me verrez demain, et prenez « bien garde que la première chose que vous verrez, « quand vous serez issu hors de votre chambre, ce « serois-je. — Il suffit, dit le sire de Coarraze ; or, « t'en va meshuy, je te donne congé, car je veuil « dormir. »

« Orton se partit. Quand ce vint à lendemain à heure de tierce, que le sire de Coarraze fut levé et appareillé, si comme à lui appartenoit, il issit hors de sa chambre et vint en une galeries qui regardoient en mi la cour du chastel. Il jette les yeux et la première chose que il vit, c'étoit que en sa cour a une truie la plus grande que oncques avoit vu, mais elle étoit tant maigre que par semblant on n'y veoit que les os et la pel; et avoit un museau long et tout affamé. Le sire de Coarraze s'émerveilla trop fort de cette truie et ne la vit point volontiers et commanda à ses gens : « Or tôt mettez « les chiens hors, je veuil que cette truie soit pillée. » Les varlets saillirent avent, et defrêmèrent le lieu où les chiens étoient et les firent assaillir la truie. La truie jeta un grand cri et regarda contremont sur le seigneur de Coarraze, qui s'appuyoit devant sa chambre à une étaie. On ne la vit oncques puis, car elle s'esvanouit, ni on ne sçut que elle devint.

« Le sire de Coarraze rentra dans sa chambre tout pensif, et lui alla souvenir de Orton, et dit : « Je crois que j'ai huy vu mon messager ; je me « repens de ce que j'ai huyé et fait huier mes « chiens sur lui; fort y a si je le vois jamais, car il « m'a dit plusieurs fois que sitôt que je le courrou« cerois je le perdrois et ne revenroit plus. » Il dit vérité : oncques puis ne revint en l'hôtel du seigneur de Coarraze, et mourut le chevalier dedans l'an suivant. »

Cet Orton, les fadets, la reine Mab, sont les pauvres petits dieux populaires, fils de l'étang et du chêne, engendrés par les rêveries tristes et craintives de la fileuse et du paysan. Une grande religion officielle couvrait alors toutes les pensées de son ombre; le dogme était fait, imposé; les hommes ne pouvaient plus, comme en Grèce ou en Scandinavie, bâtir le grand poëme qui convenait à leurs mœurs et à leur esprit. Ils le recevaient d'en haut, et répétaient la litanie docilement, sans bien l'entendre. Leur invention ne portait que sur des légendes de saints ou des superstitions de clocher. Ne pouvant toucher à Dieu, ils se forgeaient des lutins des ermites et des gnomes, et exprimaient par ces figures bonasses ou fantastiques leur vie rustique ou leurs terreurs vagues. Cet Orton qui la nuit tempête aux portes et casse la vaisselle, n'est-ce pas le cauchemar de l'homme demi-éveillé, écoutant avec anxiété le frôlement du vent qui tâtonne aux portes, et les bruits soudains de la nuit grossis par le silence? L'enfant a des craintes pareilles quand, dans son lit, il se bouche les yeux et les oreilles pour ne pas voir l'ombre étrange de l'armoire, et pour ne pas entendre les cris étouffés du chaume sur le toit. Ces deux brins de paille qui tournoient convulsivement, enlacés comme des jumeaux, et luisent d'un éclat mystérieux sous le soleil pâle, laissent dans une tête maladive une inquiétude vague. Ainsi naissait le peuple des farfadets et des fées, êtres agiles, voyageurs soudains, aussi capricieux et aussi prompts que le rêve, qui malignement s'amusaient à coller les crins des chevaux ou à aigrir le lait, tendres pourtant quelquefois et domestiques, attachés au foyer comme le grillon à son âtre, pénates de campagne et de ferme, puissants et invisibles comme des dieux, bizarres et violents comme des enfants. Toutes les légendes conservent et embellissent ainsi des mœurs et des sentiments évanouis, semblables à ces forces minérales qui, là-bas, au cœur des montagnes, transforment le charbon et la pierre en marbre et en diamant.

IV.

A Lestelle, à peine arrivés, de toutes parts on nous déclare qu'il faut visiter la chapelle. Nous passons entre des rangées de boutiques chargées de chapelets, de bénitiers, de médailles, de petits crucifix, à travers un feu croisé d'offres, d'exhortations et de cris. Après quoi nous sommes libres d'admirer l'édifice, et nous n'usons pas de cette liberté. Il y a bien sur le portail une vierge assez jolie dans le style du dix-septième siècle, quatre évangélistes en marbre, et dans l'intérieur quelques tableaux passables; mais le dôme bleu étoilé d'or a l'air d'une bonbonnière, les murs sont déshonorés d'estampes achetées rue Saint-Jacques, l'autel est encombré de colifichets. Ce trou doré est prétentieux et triste; en si beau pays le bon Dieu est mal logé.

La pauvre petite chapelle s'adosse comme un nid à une grosse montagne boisée de buissons verts serrés, qui s'étale opulemment sous la lumière et chauffe son ventre au soleil. La route arrêtée brusquement se courbe et traverse le Gave. Le joli pont, d'une seule arche, pose ses pieds sur la roche nue et laisse pendre sa chevelure de lierre dans l'eau glauque tournoyante. On monte sur de belles collines boisées où pâturent les vaches et dont les pentes arrondies descendent mollement jusqu'à la rivière. On approche de Saint-Pé, frontière du Bigorre et du Béarn.

Saint-Pé renferme une curieuse église romane à porte sculptée. Une poussière lumineuse dansait dans son ombre chaude ; les yeux plongeaient avec volupté dans le profond enfoncement; les reliefs y nageaient dans une noirceur vivante. Puis tout d'un coup un tintamarre de coups de fouets, de roues grinçantes et roulantes, de pavés froissés qui pétillent; puis l'interminable haie des murs blancs qui courent à droite et à gauche, plaqués de lumière crue; puis la subite ouverture du ciel et le triomphe du soleil, dont la fournaise flamboie au plus haut de l'air.

V.

Près de Lourdes, les collines se pèlent et le paysage s'attriste. Lourdes n'est qu'un amas de toits ternes, d'une morne teinte plombée, entassés au-dessous de la route. Les deux petites tours du fort dessinent dans l'air leurs formes grêles. Un rocher énorme, d'une seule pièce, noirâtre, lève son dos rongé de mousse au-dessus d'une mince muraille d'enceinte qui tourne pour l'enserrer ; on dirait un éléphant dans une baraque de planches. Le voisinage des montagnes rend mesquines toutes les constructions humaines.

De lourds nuages montaient dans le ciel, et l'horizon terni s'encaissait entre deux rangs de montagnes décharnées, tachées de broussailles maigres, fendues de ravines ; un jour pâle tombait sur les sommets tronqués et dans les crevassés grises. Aux relais, des bandes de mendiants s'accrochaient à la voiture avec des sons rauques, inarticulés, l'air idiot, le cou tors, le corps déformé, les tendons saillants boursouflaient leur peau rugueuse, et, sous les guenilles en loques, leur chair montrait sa couleur de brique brûlée.

On entra dans la gorge de Pierrefitte. Les nuages avaient gagné et noircissaient tout le ciel ; le vent s'engouffrait par saccades et fouettait la poussière en tourbillons. La voiture roulait entre deux murailles immenses de roches sombres, tailladées et déchiquetées comme par la hache d'un géant désespéré : sillons abrupts, labourés d'entailles béantes, plaies rougeâtres, déchirées et traversées par d'autres plaies pâlies, blessure sur blessure; le flanc perpendiculaire saigne encore de ses coups multipliés. Des masses bleuâtres, demi-tranchées, pendaient en pointes aiguës sur nos têtes; mille pieds plus haut, des étages de bloc s'avançaient en surplombant. A une hauteur prodigieuse, les cimes noires crénelées s'enfonçaient dans la vapeur. Le défilé semblait à chaque pas se fermer; l'obscurité croissait, et, sous les reflets menaçants d'une lumière livide, on croyait voir ces saillies monstrueuses s'ébranler pour tout engloutir. Les arbres pliaient et tournoyaient, froissés contre la pierre. Le vent se lamentait en longues plaintes aiguës, et, sous tous ces bruits douloureux, on entendait le grondement rauque du Gave, qui se brise furieux contre les roches invincibles, et gémit lugubrement comme une âme en peine, impuissant et obstiné comme son tourment.

La pluie vint et brouilla les objets. Au bout d'une heure, les nuages dégonflés traînaient à mi-côte; les roches dégouttantes luisaient d'un vernis sombre, comme des blocs d'acajou bruni. L'eau troublée bouillonnait en cascades grossies; les profondeurs de la gorge étaient encore noircies par l'orage; mais une lumière jeune jouait sur les cimes humides, comme un sourire trempé de larmes. La gorge s'ouvrait; les arches des ponts de marbre s'élançaient dans l'air limpide, et, dans une nappe de lumière, on voyait Luz assise entr des prairies étincelantes et des champs de millet en fleur.

LUZ

I

Luz est une petite ville toute rustique et agréable. Les rues, étroites et cailloutées, sont traversées d'eaux courantes; les maisons grises se serrent pour avoir un peu d'ombre. Le matin arrivent des bandes de moutons, des ânes chargés de bois, des porcs grognons et indisciplinés, des paysannes pieds nus, qui marchent en filant près de leurs charrettes. Luz est le rendez-vous de quatre vallées. Gens et bêtes s'en vont sur la place: on fiche en terre des parapluies rouges. Les femmes s'asseyent auprès de leurs denrées; autour d'elles, des marmots aux joues rouges grignotent leur pain et frétillent comme une couvée de souris : on vend des provisions, on achète des étoffes. A midi, les rues sont désertes; çà et là vous voyez dans l'ombre d'une porte une figure de vieille femme assise, et vous n'entendez plus que le bruissement léger des ruisseaux sur leur lit de pierres.

Les figures ici sont jolies : c'est plaisir de regarder les enfants avant que le soleil et le travail aient déformé leurs traits. Ils trottinent joyeusement dans la poussière, et tournent vers le passant leur minois rondelet, déluré, leurs yeux parlants, avec des mouvements menus et brusques. Lorsque les jeunes filles en jupe rouge retroussée, en capulet de grosse étoffe rouge, s'approchent pour vous demander l'aumône, vous voyez, sous la couleur crue, l'ovale pur d'une figure fine et fière, un teint mat, presque pâle, et le doux regard de deux grands yeux calmes.

II.

L'église est fraîche et solitaire; elle appartint jadis aux Templiers. Ces moines soldats avaient un pied jusque dans le moindre coin de l'Europe. Le clocher est carré comme un fort; le mur d'enceinte a des créneaux comme une ville de guerre. Le vieux porche sombre serait aisément défendu. Sur sa voûte très-basse on démêle un Christ demi-effacé et deux oiseaux fantastiques grossièrement coloriés. A l'entrée, un petit tombeau découvert sert de bénitier, et l'on montre une porte basse par laquelle passaient les *cagots*, race maudite. Ce premier aspect est singulier, mais n'a rien qui déplaise. Une bonne femme en capulet rouge, son tricot à la main, priait près d'un confessionnal en planches mal rabotées, sous une galerie brune de vieux bois tourné. La pauvreté et l'antiquité ne sont jamais laides, et cette expression d'attention religieuse me semblait d'accord avec les débris et les souvenirs du moyen âge épars autour de nous.

Mais les gens ont au fond du cœur je ne sais quel amour du ridicule et de l'absurde qui réussit à tout gâter : les arceaux dédorés de cette pauvre église traversaient une voûte d'azur lessivée et d'étoiles salies, de flammes, de roses, de petits chérubins rouges, cravatés d'ailes. Un ange rose brun, pendu par un pied, s'élançait, une couronne d'or à la main. Dans l'autre nef, on voyait la figure du Soleil, avec les joues rondes, les sourcils en demi-cercle et l'air bête qu'il a dans les almanachs. L'autel était chargé d'une profusion de dorures ternies, d'anges jaunâtres, de visages niais et piteux comme ceux des enfants qui ont trop dîné. Cela prouve que leurs cabanes sont fort tristes, fort nues et fort ternes. Au sortir de la boue, on aime la dorure. La plus fade confiture paraît délicieuse quand on a mangé longtemps des racines et du pain sec.

III.

Luz fut autrefois la capitale de ces vallées, qui formaient une sorte de république ; chaque commune délibérait sur ses intérêts particuliers; quatre ou cinq villages formaient un vic, et les députés des quatre vics se réunissaient à Luz.

«Le rôle des impositions se faisait de temps immémorial sur des morceaux de bois, qu'ils appelaient *totchoux*, c'est-à-dire bâtons. Chaque communauté avait son *totchou*, sur lequel le secrétaire faisait avec un couteau des chiffres romains dont eux seuls connaissaient la valeur. L'intendant d'Auch, qui ne se doutait pas de ces usages, ordonna en 1784 à un des employés du gouvernement de lui apporter les anciens registres ; il arriva suivi de deux charretées de totchoux. »

Pays pauvre, pays libre. Les États du Bigorre se composaient de trois chambres qui opinaient séparément; celle du clergé, celle de la noblesse, celle du tiers État, qui comprenaient des consuls ou officiers principaux des communes, et des *députés des vallées*. Dans ces assemblées, on répartissait les impôts et l'on discutait toutes les affaires importantes. Une vallée est une cité naturelle et fermée, inspirant l'association, défendue contre l'étranger. On pouvait arrêter l'ennemi au passage, l'écraser sous les roches; en hiver, la neige et les torrents lui fermaient toute entrée. Les chevaliers en armure pouvaient-ils poursuivre les pâtres dans leurs fondrières? Qu'auraient-ils pris, sauf quelques maigres chèvres! Les hardis grimpeurs, chasseurs d'ours et de loups, auraient volontiers fait cette partie, sûrs d'y gagner des habits chauds, des armes et des chevaux. Ainsi dura l'indépendance en Suisse.

Pays libre, pays pauvre. Je l'ai déjà vu dans la vallée d'Ossau. Les plaines ne sont que des défilés entre les pieds de deux chaînes. Quand la pente n'est pas trop roide, la culture monte. S'il est entre deux roches un morceau de terre, on l'ensemence. L'homme prend au désert tout ce qu'il peut lui arracher : ainsi s'échelonnent des étages de prés et de moissons sur le versant bariolé de bandes vertes et de carreaux jaunes. Les granges et les étables le parsèment de taches blanches; il est rayé d'un long sentier grisâtre. Mais cette robe trouée de roches saillantes s'arrête à mi-côte, et le sommet n'est vêtu que de mousses stériles.

La récolte se fait en juillet, bien entendu sans chevaux ni charrettes. L'homme seul peut, sur ces pentes, faire le métier de cheval : on enferme les gerbes dans de grandes pièces de toiles qu'on serre avec des cordes; le moissonneur charge sur sa tête cette botte énorme, et remonte pieds nus entre les tiges perçantes et les pierres, sans faire un faux pas.

On trouve ici des ordonnances qui réduisent de moitié le nombre des hommes d'armes auquel le pays est taxé, se fondant sur ce que les grêles et les gelées détruisent chaque année ses récoltes. Plusieurs fois pendant les guerres religieuses, il fut désert. En 1575, Montluc déclare « qu'il est maintenant si pauvre que les habitants d'iceluy sont forcés d'abandonner leurs maisons et d'aller mendier. » En 1592, les gens de Comminge, ayant dévasté la contrée, « les paysans de Bigorre abandonnèrent la culture des terres par manque de bétail, et la plus grande partie d'iceux prit la route d'Espagne. » Il n'y a pas cent ans, on n'y connaissait que trois chapeaux et deux paires de souliers. Aujourd'hui encore les montagnards sont obligés de remonter chaque année leur champ incliné, que la pluie d'hiver entraîne. « Ils s'éclairent avec des morceaux de pins huileux et ne mangent presque jamais de viande. »

Que de misères en ce peu de mots ! qu'il en a fallu pour rompre l'attache par laquelle l'homme s'accroche au sol natal ! Un vieux texte d'histoire, une phrase de statistique indifférente, rassemblent dans leur enceinte des années de souffrance, des milliers de morts, la fuite, les séparations, l'abrutissement. Certainement, il y a trop de mal dans le monde. L'homme ôte chaque siècle une ronce et une pierre dans le mauvais chemin où il avance ; mais qu'est-ce qu'une ronce et une pierre? Il en reste et il en restera toujours plus qu'il n'en faut pour le déchirer et le meurtrir. D'ailleurs, d'autres cailloux retombent, d'autres épines repoussent. Son bien-être grandit sa sensibilité; il souffre autant pour de moindres maux; son corps est mieux garanti, mais son âme est plus malade. Les bienfaits de la Révolution, les progrès de l'industrie, les découvertes de la science, nous ont donné l'égalité, la vie commode, la liberté de penser, mais en même temps l'envie haineuse, la fureur de parvenir, l'impatience du présent, le besoin du luxe, l'instabilité des gouvernements, les souffrances du doute et de la recherche. Un bourgeois de l'an dix-huit cent cinquante est-il plus heureux qu'un bourgeois de l'an seize cent cinquante? Moins opprimé, plus instruit, mieux fourni de bien-être, cela est certain; mais plus gai, je ne sais. Une seule chose s'accroît, l'expérience, et avec elle la science, l'industrie, la puissance. Dans le reste, on perd autant que l'on gagne et le plus sûr progrès est de s'y résigner.

IV.

Cette vallée est toute rafraîchie et fécondée par les eaux courantes. Sur le chemin de Pierrefitte, deux ruisseaux rapides gazouillent à l'ombre des haies fleuries : ce sont les plus gais compagnons de route. Des deux côtés, de toutes les prairies, arrivent des filets d'eau qui se croisent, se séparent, se réunissent et sautent ensemble dans le Gave. Les paysans arrosent ainsi toutes leurs cultures; un champ a cinq ou six étages de ruisseaux qui courent serrés dans des lits d'ardoises. La troupe bondissante s'agite au soleil, comme une bande folle d'écoliers en liberté. Les gazons qu'ils nourrissent sont d'une fraîcheur et d'une vigueur incomparable; l'herbe se presse sur leurs bords, trempe ses pieds dans l'eau, se couche sous l'élan des petites vagues, et ses rubans tremblent dans un reflet de perle, sous les remous argentés. On ne fait pas dix pas sans rencontrer une chute d'eau ; de grosses cascades bouillonnantes descendent sur des blocs; des nappes transparentes s'étalent sur les feuillets de roche; des filets d'écume serpentent en raies depuis la cime jusqu'à la vallée ; des sources suintent le long des graminées pendantes et tombent goutte à goutte; le Gave roule sur la droite et couvre tous ces murmures de sa grande voix monotone. De beaux iris bleus croissent sur les pentes marécageuses ; les bois et les cultures montent bien haut entre les roches. La vallée sourit, encadrée de verdure; mais, à l'horizon, les pics crénelés, les crêtes en scie et les noirs escarpements de monts ébréchés, montent dans le ciel bleu, sous leur manteau de neige.

Derrière Luz est un mamelon nu, appelé Saint-Pierre, qui porte un reste de ruines grisâtres et d'où l'on voit toute la vallée. Quand le ciel était brumeux, j'y ai passé des heures entières sans un moment d'ennui : l'air est tiède sous son rideau de nuages. Des échappées de soleil découpent sur le Gave des bandes lumineuses, ou font briller les moissons suspendues à mi-côte. Les hirondelles volent haut, avec des cris aigus, dans la vapeur traînante ; le bruit du Gave arrive adouci par la distance, harmonieux, presque aérien. Le vent vient, puis s'abat ; un peuple de petites fleurs s'agite sous ses coups d'aile ; les boutons d'or s'alignent en files ; de petits œillets frêles cachent dans l'herbe leurs étoiles purpurines ; les graminées penchent leurs tiges grêles sur les grandes plaques ardoisées ; le thym est d'une odeur pénétrante. Ces plantes solitaires, abreuvées de rosée, aérées par les brises, ne sont-elles pas heureuses ? Le mamelon est désert, personne ne les foule ; elles croissent selon leur caprice, dans les fentes de la pierre, par familles, libres, inutiles, sous le plus beau soleil. Et l'homme, serf de la nécessité, mendie et calcule sous peine de vie ! Trois enfants arrivaient, tous en guenilles : « Qu'est-ce que vous cherchez ici ?

— Des papillons.

— Pour quoi faire ?

— Pour les vendre. »

Le plus jeune avait une sorte de bouton au front : « Un sou, monsieur, pour le petit qui est malade. »

SAINT-SAUVEUR — BARÈGES

I

Saint-Sauveur est une rue en pente, régulière et jolie, sans rien qui sente l'hôtel improvisé et le décor d'Opéra, n'ayant ni la grossièreté rustique d'un village ni l'élégance salie d'une ville. Les maisons alignent sans monotonie leurs croisées encadrées de marbre brut : à droite, elles s'adossent contre des roches à pic, d'où l'eau suinte ; à gauche, elles ont sous leurs pieds le Gave, qui tourne au fond du précipice.

Les thermes sont un portique carré sous un double rang de colonnes, d'un style élevé et simple ; les marbres, d'un gris bleuâtre, ni éclatants ni ternes, font plaisir à voir. Une terrasse plantée de tilleuls s'avance au-dessus du Gave et reçoit les brises fraîches qui montent du torrent vers les hauteurs ; ces tilleuls répandent dans l'air une odeur délicate et suave. Au-dessous du mur d'appui, l'eau de la source sort en gerbe blanche et tombe entre les têtes des arbres dans une profondeur qu'on n'aperçoit pas.

Au bout du village, les sentiers sinueux d'un jardin anglais descendent jusqu'au Gave ; un frêle pont de bois traverse ses eaux d'un bleu terni, et l'on remonte le long d'un champ de millet jusqu'au chemin de Scia. Le flanc de ce chemin s'enfonce à six cents pieds, rayé de ravines ; au fond de l'abîme, le Gave se tord dans un corridor de roches que le soleil de midi n'atteint qu'à peine; la pente est si rapide qu'en plusieurs endroits on ne l'aperçoit pas; le précipice est si profond que son mugissement arrive comme un murmure. Le torrent disparaît sous les corniches et bouillonne dans les cavernes; à chaque pas il blanchit d'écume la pierre lisse. Son allure tourmentée, ses soubresauts furieux, ses reflets noirs et livides, donnent l'idée d'un serpent écumant et blessé. Mais le plus étrange spectacle est celui de la muraille de roches qui fait face : la montagne a été fendue perpendiculairement comme par une immense épée, et l'on dirait qu'ensuite des mains acharnées et plus faibles ont mutilé cette première entaille. Du sommet jusqu'au Gave, la roche a la couleur du bois mort écorcé ; le prodigieux tronc d'arbre, fendillé et déchiqueté, semble moisir là depuis des siècles ; l'eau suinte dans ses déchirures noircies comme dans celles d'un bloc vermoulu; il est jauni de mousses semblables à celles qui végètent dans la pourriture des chênes humides. Ses blessures ont les teintes brunes et veinées qu'on voit aux anciennes plaies des arbres. C'est vraiment une poutre pétrifiée, débris de Babel.

Les géologues sont heureux; ils expriment tout cela, et bien d'autres choses encore, en disant que le roc est schisteux.

Au bout d'une lieue, nous avons trouvé un bout de prairie, deux ou trois chaumières assises sur la pente adoucie. Ce contraste repose. Et pourtant le pâturage est maigre, parsemé de roches stériles, entouré de débris tombés; sans un petit ruisseau d'eau glacée, le soleil brûlerait l'herbe. Deux enfants dormaient sous un noyer; une chèvre, grimpée sur une roche, poussait son bêlement plaintif et tremblant; trois ou quatre poules furetaient au bord de la rigole, d'un air curieux et inquiet; une femme puisait de l'eau à la source dans une écuelle de bois: voilà toute la richesse de ces pauvres ménages. Ils ont parfois, à quatre ou cinq cents pieds plus haut, un champ d'orge si escarpé qu'on s'attache à une corde pour le moissonner.

II.

Le Gave est semé de petites îles, où l'on arrive en sautant de pierre en pierre. Ces îles sont des bancs de roche bleuâtre que tachent des galets d'une blancheur crue; l'hiver, elles sont noyées; encore maintenant des troncs écorchés gisent çà et là entre les blocs. Quelques creux ont gardé des morceaux de limon; des bouquets d'ormes en sortent comme une fusée, et les panaches des graminées flottent sur les cailloux arides; alentour, l'eau assoupie chauffe dans les cavernes. Cependant des deux côtés la montagne lève son mur rougeâtre, sillonné d'écume par les filets d'eau qui serpentent. Sur tous les flancs de l'île, les cascades grondent comme un tonnerre; vingt ravines étagées les engouffrent dans leurs précipices, et leur clameur arrive de toute part comme le fracas d'une bataille. Une poudre humide rebondit et nage par-dessus toute cette tempête : elle s'arrête entre les arbres et oppose sa gaze fine et fraîche à l'embrasement du soleil.

III.

J'ai souvent gravi la montagne par un temps clair, avant le lever du soleil. Pendant la nuit, la vapeur du Gave, accumulée dans les gorges, les a comblées; l'on a sous les pieds une mer de nuages, et sur la tête un dôme d'un bleu tendre rayonnant de splendeur matinale; tout le reste a disparu : on ne voit que l'azur lumineux du ciel et le satin éblouissant des nuages; la nature est dans ses vêtements de vierge. L'œil glisse avec volupté sur les molles rondeurs de la masse aérienne. Les crêtes noires s'avancent dans son sein comme des promontoires; les têtes des monts qu'elle baigne se lèvent comme un archipel d'écueils; elle s'enfonce dans les golfes dentelés, et ondule lentement autour des pics qu'elle gagne. L'âpreté des crêtes chauves ajoute encore à la grâce de sa ravissante blancheur. Mais, à mesure qu'elle monte, elle s'évapore; déjà les paysages des profondeurs apparaissent sous un crépuscule transparent; le milieu de la vallée se découvre. Il ne reste de la mer flottante qu'une ceinture blanche, qui traîne contre les versants; elle se déchire, et les lambeaux pendent un instant aux têtes des arbres; les derniers flocons s'envolent, et le Gave, frappé par le soleil, resplendit autour de la montagne comme un collier de diamants.

IV.

Paul et moi nous sommes allés à Baréges; la route est une longue montée de deux lieues.

Une allée d'arbres s'allonge entre un ruisseau et le Gave. L'eau jaillit de toutes les hauteurs; çà et là un peuple de petits moulins s'est posé sur les cascades; les versants en sont semés. On s'égaye à voir ces petits êtres nichés dans les creux des pentes colossales. Leur toit d'ardoise sourit pourtant et jette son éclair entre les herbes. Il n'y a rien ici que de gracieux et d'aimable; les bords du Gave gardent leur fraîcheur sous le soleil brûlant; les ruisseaux laissent à peine entre eux et lui une étroite bande verte; on est entouré d'eaux courantes; l'ombre des frênes et des aunes tremble dans l'herbe fine; les arbres s'élancent d'un jet superbe, en colonnes lisses, et ne s'étalent en branches qu'à quarante pieds de hauteur. L'eau sombre de la rigole d'ardoise va frôlant les tiges vertes; elle court si vite qu'elle semble frissonner. De l'autre côté du torrent, des peupliers s'échelonnent sur la côte verdoyante; leurs feuilles, un peu pâles, se détachent sur le bleu pur du ciel; au moindre vent, elles s'agitent et reluisent. Des ronces en fleur descendent le long du rocher et vont toucher les crêtes des vagues. Plus loin, le dos de la montagne, chargé de broussailles, s'allonge dans une teinte chaude d'un bleu sombre. Les bois lointains dorment enveloppés de cette moiteur vivante, et la terre qui s'en imprègne semble respirer avec elle la force et la volupté.

V.

Bientôt les monts se pèlent, les arbres disparaissent; il n'y a plus sur le versant que de mauvaises broussailles: on aperçoit Baréges. Le paysage est hideux. Le flanc de la montagne est crevassé d'éboulements blanchâtres; la petite plaine ravagée disparaît sous les grèves; la pauvre herbe, séchée, écrasée, manque à chaque pas; la terre est comme éventrée, et la fondrière, par sa plaie béante, laisse voir jusque dans ses entrailles; les couches de calcaire jaunâtre sont mises à nu; on marche sur des sables et sur des traînées de cailloux roulés; le Gave lui-même disparaît à demi sous des amas de pierres grisâtres, et sort péniblement du désert qu'il s'est fait. Ce sol défoncé est aussi laid que triste; ces débris sont sales et petits; ils sont d'hier : on sent que la dévastation recommence tous les ans. Pour que des ruines soient belles, il faut qu'elles soient grandioses ou noircies par le temps; ici les pierres viennent d'être déterrées, elles trempent encore dans la boue; deux ruisseaux fangeux se traînent dans les effondrements : on dirait une carrière abandonnée.

Le bourg de Baréges est aussi vilain que son avenue : tristes maisons, mal recrépies; de distance en distance, une longue file de baraques et de cahutes de bois, où l'on vend des mouchoirs et de la mauvaise quincaillerie. C'est que l'avalanche s'accumule chaque hiver sur la gauche dans une crevasse de la montagne, et emporte en glissant un pan de rue; ces baraques sont une cicatrice. Les froides vapeurs s'amassent ici, le vent s'y engage, et la bourgade est inhabitable l'hiver. Le sol est enseveli sous quinze pieds de neige; tous les habitants émigrent : on y laisse sept ou huit montagnards avec des provisions, pour veiller aux maisons et aux meubles. Souvent ces pauvres gens ne peuvent arriver jusqu'à Luz, et restent emprisonnés plusieurs semaines.

L'établissement des bains est misérable, les compartiments sont des caves sans air ni lumière; il n'y a que seize cabinets, tous délabrés. Les malades sont obligés souvent de se baigner la nuit. Les trois piscines sont alimentées par l'eau qui vient de servir aux baignoires; celle des pauvres reçoit l'eau qui sort des deux autres. Ces piscines, basses, obscures, sont des espèces de prisons étouffantes et souterraines. Il faut avoir beaucoup de santé pour y guérir.

L'hôpital militaire, relégué au nord de la bourgade, est un triste bâtiment crépissé, dont les fenêtres s'alignent avec une régularité militaire. Les malades enveloppés d'une capote grise trop large, montent un à un la pente nue et s'asseyent entre les pierres; ils se chauffent au soleil pendant des heures entières, et regardent devant eux d'un air résigné. Les journées d'un malade sont si longues! Ces figures amaigries reprennent un air de gaieté quand un camarade passe; on échange une plaisanterie : même à l'hôpital, même à Baréges, un Français reste Français!

On rencontre de vieux pauvres en béquilles, malades, qui montent la rue si roide. Ces visages rougis par les intempéries de l'air, ces lamentables membres repliés ou tordus, ces chairs gonflées ou affaissées, ces yeux mornes, déjà morts, font peine à voir. A cet âge, habitués à la misère, ils doivent ne sentir que la souffrance du moment, ne point s'affliger du passé, ne plus s'inquiéter de l'avenir. On a besoin de penser que leur âme engourdie vit comme une machine. Ce sont les ruines de l'homme auprès des ruines du sol.

L'aspect de l'ouest est encore plus sombre. Une masse énorme de pics noirâtres et neigeux cerne l'horizon. Ils sont suspendus sur la vallée comme une menace éternelle. Ces arêtes, si âpres, si multipliées, si anguleuses, donnent à l'œil la sensation d'une dureté invincible. Il en vient un vent froid, qui pousse vers Baréges de pesants nuages; les seules choses gaies sont les deux ruisseaux diamantés qui bordent la rue et babillent bruyamment sur les cailloux bleus.

VI.

Nous avons lu ici pour nous consoler, quelques lettres charmantes; en voici une du petit duc du Maine, âgé de sept ans, que Mme de Maintenon avait amené pour le guérir. Il écrivait à sa mère, Mme de

Montespan, et la lettre devait certainement passer sous les yeux du roi. Quelle école de style que cette cour!

« Je m'en vas écrire toutes les nouvelles du logis pour te divertir, mon cher petit cœur, et j'écrirai bien mieux quand je penserai que c'est pour vous, madame. Mme de Maintenon passe tous les jours à filer, et, si l'on la laissait faire, elle y passerait les nuits, ou à écrire. Elle travaille tous les jours pour mon esprit; elle espère bien d'en venir à bout, et le mignon aussi, qui fera ce qu'il pourra pour en avoir, mourant d'envie de plaire au roi et à vous. J'ai lu en venant l'histoire de César, je lis à présent celle d'Alexandre et je commencerai bientôt celle de Pompée. La Couture n'aime pas à me prêter les jupes de Mme de Maintenon, quand je veux me déguiser en fille. J'ai reçu la lettre que vous écrivez au cher petit mignon; j'en ai été ravi; je ferai ce que vous me dites, quand ce ne serait que pour vous plaire; car je vous aime au superlatif. Je fus charmé, et je le suis encore, du petit signe de tête que le roi me fit quand je partis, mais fort mal content de ce que tu ne me paraissais pas affligée : tu étais belle comme un ange. »

Peut-on être plus gracieux, plus flatteur, plus insinuant, plus précoce? Il fallait plaire en ce temps, plaire à des gens du monde, et d'esprit vif. Jamais on ne fut plus agréable : c'est que jamais on n'eut plus grand besoin d'être agréable. Celui-ci, élevé parmi les jupes des femmes, a pris dès l'abord leur vivacité, leurs coquetteries, leurs sourires. On voit qu'il monte sur les genoux, qu'il est embrassé, qu'il embrasse, qu'il amuse; il n'y a point de plus joli bijou de salon.

Mme de Maintenon, dévote, circonspecte et politique, écrit aussi, mais avec la netteté et la brièveté d'une abbesse mondaine ou d'un président en jupon. « Vous voyez que je prends courage dans un lieu plus affreux que je ne puis vous le dire ; pour comble de misère, nous y gelons. La compagnie y est mauvaise ; on nous respecte et on nous ennuie. Toutes nos femmes sont toujours malades ; ce sont des badaudes qui ont trouvé le monde bien grand dès qu'elles ont été à Étampes. »

Nous nous sommes amusés de cette moquerie sèche, dédaigneuse, bien taillée, un peu écourtée, et j'ai soutenu à Paul que Mme de Maintenon ressemble aux ifs de Versailles, éteignoirs en brosse et trop tondus. Là-dessus j'ai dit force mal des paysages au dix-septième siècle, de Le Nôtre, de Poussin et de sa nature architecturale, de Leclerc, de Perelle, et de leurs arbres abstraits, officiels, dont le feuillage, arrondi majestueusement, ne convient à aucune espèce connue. Il m'a semoncé vertement, selon sa coutume, m'appelant esprit étroit; il soutient que tout est beau, qu'il faut seulement se mettre au point de vue. Voici à peu près son raisonnement :

Il prétend que les choses nous plaisent par contraste, et que pour des âmes différentes, les choses belles sont différentes. « Un jour, dit-il, je voyageais avec des Anglais dans la Champagne, par un jour nuageux de septembre. Ils trouvaient les plaines horribles, et moi, admirables. Les guérets mornes s'étendaient comme une mer jusqu'au bord de l'horizon, sans rencontrer une colline. Les tiges du blé scié ras teignaient le sol d'un jaune blafard ; la campagne semblait couverte d'un vieux manteau mouillé. Ici des lignes d'ormes bossus ; çà et là un maigre carré de sapins ; plus loin, une chaumière de craie avec sa mare blanche ; de sillon en sillon, le soleil traînait sa lumière malade, et la terre vide de son fruit, ressemblait à une femme morte en couches de qui on a retiré l'enfant.

« Mes compagnons s'ennuyaient fort et maudissaient la France. Leur âme, tendue par les âpres passions politiques, par la morgue nationale, par la roideur de la morale biblique, avait besoin de repos. Ils souhaitaient une campagne riante et fleurie, de molles prairies silencieuses, de beaux ombrages amplement et harmonieusement groupés sur le penchant des collines. Les paysans hâlés, au visage terne, assis près d'une mare de boue, leur répugnaient. Ils pensaient pour se reposer à de jolis cottages entourés de gazons frais, bordés de chèvrefeuilles roses. Rien de plus raisonnable. Un homme obligé de se tenir droit et roide trouve que la plus belle attitude est d'être assis.

« Vous allez à Versailles, et vous vous récriez contre le goût du dix-septième siècle. Ces eaux compassées et monumentales, les sapins façonnés au tour, ces entassements d'escaliers rectangulaires, ces arbres alignés comme des grenadiers à la parade, vous rappellent la classe de géométrie et l'école de peloton. Rien de mieux. Mais cessez un instant de juger d'après vos habitudes et vos besoins d'aujourd'hui. Vous vivez seul ou en famille, dans un troisième étage à Paris, et vous allez, quatre heures par semaine, dans des salons de trente personnes. Louis XIV vivait huit heures par jour, tous les jours, toute l'année en public, et ce public comprenait tous les seigneurs de France. Il tenait salon en plein air; ce salon est le parc de Versailles. Pourquoi lui demander les agréments d'une vallée? Il faut ces charmilles égalisées pour ne point accrocher les habits brodés. Il faut ces gazons nivelés et rasés pour ne point mouiller les souliers à talons. Les duchesses feront cercle autour de ces pièces d'eau circulaires. Rien de mieux choisi que ces escaliers immenses et uniformes pour étaler les robes lamées de trois cents dames. Ces larges allées, qui vous semblent vides, étaient majestueuses quand cinquante seigneurs en brocart et en dentelles y promenaient leurs cordons bleus et leurs beaux saluts. Nul jardin n'est mieux fait pour se montrer en grand costume et en grande compagnie, pour faire la révérence, pour causer, pour nouer des intrigues de galanterie et d'affaires. Vous voulez vous reposer, être seul, rêver; allez ailleurs; vous vous êtes trompé de porte : mais le ridicule suprême serait de blâmer un salon d'être un salon.

« Comprenez donc que notre goût moderne sera aussi passager que l'antique; ce qui veut dire qu'il est justement aussi raisonnable et aussi sot. Nous avons le droit d'admirer les sites sauvages, comme jadis on avait le droit de s'ennuyer dans les sites sauvages. Rien de plus laid qu'une vraie montagne au dix-septième siècle. Elle rappelait mille idées de malheur. Les gens qui sortaient des guerres civiles et de la demi-barbarie pensaient aux famines, aux longues traites à cheval sous la pluie et dans la neige, au mauvais pain noir mêlé de paille, aux hôtelleries boueuses, empestées de vermine. Ils étaient las de la barbarie, comme nous sommes las de la civilisation. Aujourd'hui les rues sont si propres, les gendarmes si abondants, les maisons si bien alignées, les mœurs si paisibles, les événements si petits et si bien prévus, qu'on aime la grandeur et l'imprévu. Le paysage change comme la littérature : elle fournissait alors de longs romans doucereux et des dissertations galantes ; elle fournit aujourd'hui de la poésie violente et des drames physiologistes. Le paysage est une littérature non écrite ; il est comme elle une sorte de flatterie adressée à nos passions. ou de nourriture offerte à nos besoins. Ces vieilles montagnes dévastées, ces pointes blessantes, hérissées par myriades, ces formidables fissures dont la paroi perpendiculaire plonge d'un élan jusqu'en des profondeurs invisibles; ce chaos de croupes monstrueuses qui s'entassent et s'écrasent comme un troupeau effaré de léviathans ; cette domination universelle et implacable du roc nu, ennemi de la vie, nous délasse de nos trottoirs, de nos bureaux et de nos boutiques. Vous ne l'aimez que pour cette cause, et cette cause ôtée, vous y répugneriez autant que Mme de Maintenon.

— De sorte qu'il y a cinquante beautés, une par siècle.

— Certainement.

— Alors il n'y en a point.

— C'est comme si vous disiez qu'une femme est nue parce qu'elle a cinquante robes. »

CAUTERETS

I

Cauterets est un bourg au fond d'une vallée, assez triste, pavé, muni d'un octroi. Hôteliers, guides, tout un peuple affamé nous investit; mais nous avons beaucoup de force d'âme, et, après une belle résistance, nous obtenons le droit de regarder et de choisir.

Cinquante pas plus loin, nous sommes raccrochés par des servantes, des enfants, des loueurs d'ânes, des garçons qui par hasard viennent se promener autour de nous. On nous offre des cartes, on nous vante l'emplacement, la cuisine, on nous accompagne, casquette en main, jusqu'au bout du village; en même temps on écarte à coups de coude les compétiteurs : « c'est mon voyageur, je te rosse si tu approches. » Chaque hôtel a ses recruteurs à l'affût; ils chassent, l'hiver à l'isard, l'été au voyageur.

Ce bourg a plusieurs sources : celle du Roi guérit Abarca, roi d'Aragon : celle de César rendit, dit-on, la santé au grand César. Il faut de la foi en histoire comme en médecine.

Par exemple, au temps de François Ier, les Eaux-Bonnes guérissaient les blessures; elles s'appelaient *eaux d'arquebusades*; on y envoya les soldats blessés à Pavie. Ajourd'hui elles guérissent les maladies de gorge et de poitrine. Dans cent ans, elles guériront peut-être autre chose; chaque siècle, la médecine fait un progrès.

« Autrefois, dit Sganarelle, le foie était à droite et le cœur à gauche, nous avons réformé tout cela. »

Un médecin célèbre disait un jour à ses élèves : « Employez vite ce remède pendant qu'il guérit encore. » Les médicaments ont des modes comme les chapeaux.

Que peut-on dire contre celle-ci? Le climat est chaud, la gorge abritée, l'air pur; la gaieté du soleil égaye. En changeant d'habitudes, on change de pensées; les idées noires s'en vont. L'eau n'est pas mauvaise à boire; on a fait un joli voyage; le moral guérit le physique : sinon, on a espéré pendant deux mois. Et qu'est-ce, je vous prie, qu'un remède, sinon un prétexte pour espérer? On prend patience et plaisir jusqu'à ce que le mal ou le malade s'en aille, et tout est pour le mieux dans le meilleur des mondes.

II.

A quelques lieues de là, entre les précipices, dort le lac de Gaube. L'eau verte, profonde de trois cents pieds, a des reflets d'émeraude. Les têtes chauves des monts s'y mirent avec une sérénité divine. La fine colonne des pins s'y réfléchit aussi nette que dans l'air; dans le lointain, les bois vêtus d'une vapeur bleuâtre viennent tremper leurs pieds dans son eau froide, et l'énorme Vignemale, taché de neige, le ferme de sa falaise. Quelquefois un reste de brise vient le plisser, et toutes ces grandes images ondulent; la Diane de Grèce, la vierge chasseresse et sauvage l'eût pris pour miroir.

Comme on la voit renaître, en de pareils sites! ses marbres sont tombés, ses fêtes sont évanouies; mais au frissonnement des sapins, au bruit des glaciers qui craquent, devant l'éclat d'acier de ces eaux chastes, elle reparaît comme une vision. Toute la nuit, dans les clameurs du vent, les pâtres pouvaient entendre l'aboiement de ses lévriers et le sifflement de ses flèches; le chœur indompté de ses nymphes courait à travers les précipices; la lune luisait sur leurs épaules d'argent et sur la pointe de leurs lances. Au matin elle venait laver ses bras dans le lac; et plus d'une fois on l'avait vue debout sur une cime, les yeux fixes, le front sévère; son pied foulait la neige sanglante, et sous le soleil d'hiver brillaient ses seins de vierge.

III.

La Diane du pays est plus aimable; c'est la vive et et gracieuse Marguerite de Navarre, sœur et libératrice de François Ier. Elle venait à ces eaux avec sa cour, ses poëtes, ses musiciens, ses savants, poëte elle-même et théologienne, infiniment curieuse, lisant le grec, apprenant l'hébreu, occupée de calvinisme. Au sortir de la routine et de la discipline du moyen âge, les disputes de dogme et les épine de l'érudition paraissaient agréables, même aux dames; Jeanne Grey, Élisabeth, s'en mêlaient : c'était une mode, comme deux siècles plus tard il fut de bon goût de disputer sur Newton et su l'existence de Dieu. L'évêque de Meaux écrivait à Marguerite : « Madame, s'il y avait au bout du monde un docteur qui, par un seul verbe abrégé, vous pût apprendre de la grammaire autant qu'il est possible d'en savoir, et un autre de la rhétorique, et un autre de la philosophie, et aussi des sept arts libéraux, chacun par un verbe abrégé, vous y courriez comme au feu. » Elle y courait et s'encombrait. Ce lourd butin philosophique opprimait sa pensée frêle encore. Ses poésies pieuses sont enfantines comme les odes que fit Racine à Port-Royal.

Que nous avons eu de peine à sortir du moyen âge! L'esprit plié, faussé et tordu, avait contracté les façons d'un enfant de chœur.

Un poëte du pays composa sur elle une jolie chanson que voici :

Aüs Thermés de Toulouso,
Uë fontaine claru y a.
Bagnan s'y paloumettos (colombes)
Aû nombre soun de tres.
Tant s'y soun bagnadette (baignées)
Pendant dus ou tres més,
Qu'an près la bouladette (envolées)
Taü haüt de Cauterès.
Digat-mé, paloumettes,
Qui y ey à Cauterès?
« Lou rey et la reynette
Si bagnay dab (avec) nous tres.
Lou rey qu'a ûe cabano
Couberto qu'ey de flous (fleurs);
La reyne que n'a gu'aüte,
Couberto qu'ey d'amous (d'amour). »

Ceci n'est-il point gracieux et tout méridional? Marguerite est moins poétique, plus française; ses vers ne sont pas brillants, mais parfois très-touchants, à force de tendresse vraie et simple.

Car quand je puis auprès de moi tenir
Celui que j'aime, mal ne me peut venir.

Une imagination mesurée, un cœur de femme tout dévoué et inépuisable en dévouements, beaucoup de naturel, de clarté, d'aisance, l'art de conter et de sourire, la malice agréable et jamais méchante, n'est-ce point assez pour aimer Marguerite et lire ici l'Heptaméron?

IV.

Elle fit ici cet Heptaméron; il paraît qu'un voyage aux eaux était moins sûr alors qu'aujourd'hui.

« Le 1er jour de septembre, que les bains des monts Pyrénées commencent d'entrer en vertu, se trouvèrent à ceux de Caulderets plusieurs personnes tant de France, Espagne, que d'autres lieux; les uns pour boire l'eau, les autres pour s'y baigner, les autres pour prendre de la fange, qui sont choses si merveilleuses, que les malades abandonnés des médecins s'en retournent tous guéris. Mais sur le temps de leur retour, vinrent des pluies si grandes, qu'il semblait que Dieu eût oublié la promesse qu'il avait faite à Noé de ne plus détruire le monde par eau; car toutes les cabanes et logis dudit Caulderets furent si remplis d'eau qu'il fut impossible d'y demeurer.

« Les seigneurs français et dames, pensant retourner aussi facilement à Tarbes comme ils étaient venus, trouvèrent les petits ruisseaux si crus qu'à peine purent-ils les gayer. Mais quand ce vint à passer le Gave béarnais, qui en allant n'avait point deux pieds de profondeur, le trouvèrent tant grand et impétueux, qu'ils se détournèrent pour chercher les ponts, lesquels, pour n'être que de bois, furent emportés par la véhémence de l'eau. Et quelques-uns, cuidant rompre la violence du cours pour s'assembler plusieurs ensemble, furent emportés si promptement, que ceux qui voulaient les suivre perdirent le pouvoir et le désir d'aller après. » Sur quoi ils se séparèrent cherchant chacun un chemin. « Deux pauvres dames, à demi-lieue deçà Pierrefitte, trouvèrent un ours descendant de la montagne, devant lequel elles prirent leur course à si grande hâte que leurs chevaux à l'entrée du logis tombèrent morts sous elles ; deux de leurs femmes, qui étaient venues longtemps après, leur contèrent que l'ours avait tué tous leurs serviteurs.

« Ainsi qu'ils étaient tous à la messe, il va entrer en l'église un homme tout en chemise, fuyant comme si quelqu'un le chassait et poursuivait. C'était un de leurs compagnons nommé Guébron, lequel leur conta comme étant dans une cabane auprès de Pierrefitte, arrivèrent trois hommes, lui étant au lit; mais lui tout en chemise, avec son épée seulement, en blessa si bien un qu'il demeura sur la place, et, pendant que les deux autres s'amusèrent à recueillir leur compagnon, pensa qu'il ne pouvait se sauver sinon à fuir, comme le moins chargé d'habillement.

« L'abbé de Saint-Savin leur fournit les meilleurs

chevaux qui fussent en Lavedan, de bonnes capes de Béarn, force vivres, et de gentils compagnons pour les mener sûrement dans les montagnes. »

Mais il fallait bien s'occuper un peu, en attendant que le Gave fût dégonflé. Le matin on allait trouver Mme Oysille, la plus âgée des dames; on écoutait dévotement la messe avec elle; après quoi « elle ne manquait pas d'administrer la salutaire pâture, qu'elle tirait de la lecture des actes des saints et glorieux apôtres de Jésus-Christ. » L'après-midi était employée d'une façon très-différente : « ils allaient dans un beau pré, le long de la rivière du Gave, où les arbres sont si feuillus que le soleil ne saurait percer l'ombre ni échauffer la fraîcheur, et s'asseyaient sur l'herbe verte, qui est si molle et délicate qui ne leur fallait ni carreaux ni tapis. » Et chacun à son tour contait une aventure galante, avec détails infiniment naïfs et singulièrement précis. Il y en avait sur les maris et encore plus sur les moines. L'aimable théologienne est petite-fille de Boccace et grand'mère de La Fontaine.

Cela nous choque et n'est point choquant. Chaque siècle a son degré de décence, lequel est pruderie pour tel autre et polissonnerie pour tel autre. Les Chinois trouvent horriblement immodestes nos pantalons et nos manches d'habits collants; je sais une dame, Anglaise à la vérité, laquelle n'admet que deux parties dans le corps, le pied et l'estomac:

tout autre mot est indécent ; de sorte que lorsque son petit garçon fait une chute, la gouvernante doit dire : « Madame, M. Henri est tombé sur l'endroit où le haut des pieds rejoint le bas de l'estomac. »

Les habitudes du seizième siècle étaient fort différentes. Les seigneurs vivaient un peu en hommes du peuple; c'est pourquoi ils parlaient un peu en hommes du peuple. Bonnivet et Henri II s'amusaient à sauter comme des écoliers, et franchissaient des fossés de vingt-trois pieds. Quand Henri VIII d'Angleterre eut salué François Ier, au camp du Drap-d'Or, il l'empoigna à bras-le-corps, et voulut par gaieté le jeter par terre ; mais le roi, bon lutteur, le mit à bas par un croc-en-jambe. Imaginez aujourd'hui l'empereur Napoléon accueillant de cette façon à Tilsitt l'empereur Alexandre. Les dames étaient tenues d'être robustes et agiles comme nos paysannes. Pour aller en soirée, il fallait monter à cheval ; Marguerite, en Espagne, craignant d'être retenue, fit en huit jours les traites qu'un bon cavalier eût mis quinze jours à faire ; il fallait se garder des voies de fait ; elle eut un jour besoin contre Bonnivet de ses deux poings et de tous ses ongles. Parmi de pareilles mœurs, le mot cru n'était que le mot naturel ; elles l'entendaient à table tous les jours, et orné des plus beaux commentaires. Brantôme vous décrira la coupe où certains seigneurs les faisaient boire, et Cellini vous rapportera les discours qu'on tenait à la duchesse de Ferrare. Une vachère aujourd'hui en aurait honte. Les étudiants entre eux hasardent à peine, étant gris, ce que les filles d'honneur de Catherine de Médicis chantaient à plein gosier et à plein cœur. Pardonnez à notre pauvre Marguerite; proportion gardée, elle est délicate et décente, et songez que dans deux cents ans peut-être, vous aussi, monsieur et madame, vous paraîtrez des polissons.

V.

Parfois ici, après un jour brûlant, les nuages s'amassent, l'air est étouffant, on se sent malade, et un orage éclate. Il y en eut un cette nuit: à chaque minute, le ciel s'ouvrait, fendu par un éclair immense, et la voûte des ténèbres se levait tout entière comme une tente. La lumière éblouissante dessinait à une lieue de distance les lignes des cultures et les formes des arbres. Les glaciers flamboyaient avec des lueurs bleuâtres: les pics déchiquetés se dressaient subitement à l'horizon comme une armée de spectres. La gorge était illuminée dans ses profondeurs; ses blocs entassés, ses arbres accrochés aux roches, ses ravines déchirées, son Gave écumant, apparaissaient dans une blancheur livide, et s'évanouissaient comme les visions fugitives d'un monde tourmenté et inconnu. Bientôt la grande voix du tonnerre roula dans les gorges; les nuages qui le portaient rampaient à mi-côte et venaient se choquer entre les roches; la foudre éclatait comme une décharge d'artillerie. Le vent se leva et la pluie vint. La plaine inclinée des cimes s'ouvrait sous ses rafales; la draperie funèbre des sapins était collée aux flancs de la montagne. Une plainte traînante sortait des pierres et des arbres. Les longues raies de la pluie brouillaient l'air; on voyait sous les éclairs l'eau ruisseler, inonder les cimes, descendre des deux versants, glisser en nappe sur les rochers, et de toutes parts à flots précipités courir au Gave. Le lendemain, les routes étaient fendues de fondrières, les arbres pendaient par leurs racines saignantes, des pans de terre avaient croulé, et le torrent était un fleuve.

SAINT-SAVIN

I

Sur une colline, au bord de la route, sont les restes de l'abbaye de Saint-Savin. La vieille église fut, dit-on, bâtie par Charlemagne; les pierres croulent, rongées et roussies; les dalles, disjointes, sont incrustées de mousse; du jardin, le regard embrasse la vallée brunie par le soir; le Gave, qui tourne, élève déjà dans l'air sa traînée de fumée pâle.

Il était doux ici d'être moine: c'est en de tels lieux qu'il faut lire l'*Imitation*; c'est en de tels lieux qu'on l'a écrite. Pour une âme délicate et noble, un couvent était alors le seul refuge; tout la blessait et la rebutait alentour.

Alentour, quel horrible monde! Des seigneurs brigands qui pillent les voyageurs et s'égorgent entre eux; des artisans et des soudards qui s'emplissent de viandes et s'accouplent en brutes; des paysans dont on brûle la hutte, dont on viole la femme, qui par désespoir et par faim s'en vont au sabbat. Nul souvenir de bien, nul espoir de mieux. Qu'il est doux de renoncer à l'action, à la compagnie, à la parole, de se cacher, d'oublier toutes les choses extérieures, et d'écouter dans la sécurité et dans la solitude les voix divines qui, semblables à des sources recueillies, murmurent pacifiquement au fond du cœur!

Ici qu'il est aisé d'oublier le monde? Ni livres, ni nouvelles, ni sciences; personne ne voyage et personne ne pense. Cette vallée est tout l'univers; de temps en temps, un paysan, un homme d'armes passe. Un instant après, il est passé; l'esprit n'en a pas gardé plus de traces que la route vide. Tous les matins, les yeux retrouvent les grands bois reposés sur la croupe des montagnes, et les assises de nuages allongées au bord du ciel. Les rocs s'éclairent, la cime des forêts tremble sous la brise qui s'élève, l'ombre tourne au pied des chênes, et l'esprit prend le calme et la monotonie de ces lents spectacles dont il se nourrit. Cependant les répons des moines bourdonnent vaguement dans la chapelle; puis leurs pas mesurés bruissent dans les hauts corridors. Chaque jour les mêmes heures ramènent les mêmes impressions et les mêmes images. L'âme se vide des idées mondaines, et le rêve divin, qui commence à couler en elle, amasse peu à peu le flot silencieux qui va l'emplir.

Loin d'elle la science et les traités de doctrine. Ils tarissent ce flot au lieu de l'accroître. Tant de mots augmenteront-ils la paix et la tendresse intérieure? « Le royaume de Dieu n'est pas dans les discours, mais dans la piété. » Il faut que le cœur s'agite, que les larmes coulent, que les bras s'ouvrent vers un lieu invisible, et ce trouble subit ne sera point l'œuvre des livres, mais l'attouchement de la main divine. C'est cette main « qui élèvera en un moment l'âme humble ; » c'est elle « qui enseigne sans bruits de paroles, sans confusion de sentiments, sans faste d'ambition, sans combat d'arguments. » Une lumière perce, et tout d'un coup les yeux voient comme une nouvelle terre et un nouveau ciel.

Les hommes du siècle n'aperçoivent dans les événements que les événements eux-mêmes; le solitaire découvre derrière le voile des êtres la présence et la volonté de Dieu. C'est lui qui par le soleil échauffe la terre, et par les pluies la rafraîchit. C'est lui qui soutient les montagnes et les enveloppe, au soleil couché, dans le repos de la nuit. Le cœur sent partout, autour des choses et dans l'intérieur des choses, une bonté immense, comme un vague océan de clarté qui pénètre et anime le monde; il s'y confie et s'y abandonne, comme un enfant qui le soir s'endort sur les genoux de sa mère. Cent fois par jour les choses divines lui deviennent palpables. La lumière ruisselle dans la brume matinale, aussi chaste que le front de la Vierge ; les étoiles luisent comme des yeux célestes, et là-bas, quand le soleil tombe, les nuages s'agenouillent au bord du ciel, comme un chœur enflammé de séraphins.

Les païens étaient bien aveugles dans leurs pensées sur la grandeur de la nature. Qu'est-ce que notre terre, sinon un petit défilé entre deux mondes éternels? Là-dessous, sous nos pieds, sont les réprouvés et leurs peines; ils hurlent dans leurs cavernes, et le sol tremble; sans le signe de Dieu, ces murs demain seraient engloutis dans leur abîme; ils en sortent souvent par les précipices déserts; les passants entendent leurs éclats de rire dans les cascades; derrière ces hêtres bosselés, on a vu parfois leurs visages grimaçants, leurs yeux de flamme, et plus d'un pâtre, qui la nuit s'est égaré vers leur repaire, a été retrouvé le matin les cheveux hérissés et le col tordu. Mais là-haut, dans l'azur, au-dessus du cristal, sont les anges; la voûte maintes fois s'est ouverte, et, dans une traînée de lumière, les saints ont paru plus rayonnants que l'argent fondu, subitement entrevus, puis tout d'un coup évanouis. Un moine les a vus; le dernier abbé a connu par eux, dans une vision, la source qui l'a guéri de ses maladies. Un autre, il y a bien longtemps, chassant un jour les bêtes sauvages vit un grand cerf s'arrêter devant lui, les yeux pleins de larmes; ayant regardé, il aperçut sur sa ramure la croix de Jésus-Christ, tomba à genoux, et, de retour au couvent, vécut trente ans dans sa cellule, sans vouloir sortir, faisant pénitence. Un autre, tout jeune, étant allé dans la forêt de pins, entendit de loin un rossignol qui chantait merveilleusement; il avança étonné, et il lui sembla que toutes les choses se transfiguraient : les ruisseaux coulaient comme un long flot de larmes, et d'autres fois lui paraissaient pleins de perles ; les franges violettes des sapins luisaient magnifiquement, comme une étole, sur leurs troncs funèbres. Les rayons couraient sur les feuilles, empourprés et bleuis comme par des vitraux; des fleurs d'or et de velours ouvraient leur cœur sanglant au milieu des roches. Il approcha de l'oiseau, qu'il ne vit pas entre les branches, mais qui chantait aussi bien que les plus belles orgues, avec des sons si perçants et si tendres, que son cœur tout à la fois se déchira et se fondit. Il ne vit plus rien de ce qui était autour de lui, et il lui sembla que son âme se détachait de sa poitrine, et s'en allait jusqu'à l'oiseau, et se confondait avec la voix qui montait toujours plus vibrante par un chant de ravissement et d'angoisses, comme si c'eût été le discours intérieur du Christ avec son père, lorsqu'il mourait sur la croix. Étant revenu vers le couvent, il s'étonna de trouver que les murs tout neufs étaient devenus bruns comme de vieillesse, et que les petits tilleuls dans le jardin étaient maintenant de grands arbres, et que nul visage de moine ne lui était connu, et que personne ne se souvenait de l'avoir vu. A la fin, un vieux moine infirme se rappela qu'on lui avait parlé autrefois d'un novice, lequel était allé, il y avait de cela cent ans, dans la forêt de pins, mais n'était pas revenu, tellement que nul n'avait su jamais ce qui lui était arrivé. Ainsi vivront oubliés et ravis ceux qui écouteront les voix intérieures. Dieu nous enveloppe, et il ne faut que nous abandonner à lui pour le sentir.

Car il ne se communique pas seulement par les choses du dehors; il est en nous, et nos pensées sont ses paroles. Celui qui se retire en soi-même, et qui n'écoute plus les nouvelles de ce monde, et qui efface de son esprit les raisonnements et les imaginations, et qui se tient dans l'attente et le silence et la solitude, voit peu à peu se lever en lui une pensée qui n'est pas la sienne, qui vient et s'en va sans qu'il le veuille et quoi qu'il veuille, qui l'occupe et l'enchante, comme ces paroles qu'on entend en rêve et qui assoupissent l'âme de leur chant mystérieux. Elle écoute et n'aperçoit plus la fuite des heures: toutes ses puissances s'arrêtent, et ses mouvements ne sont plus que les impressions qui lui viennent d'en haut. Le Christ parle, elle répond; elle demande, et il enseigne; elle s'afflige, et il console. « Mon fils, je t'apprendrai maintenant la voie de la paix et de la vraie liberté. — Faites-le, Seigneur, comme vous le dites, car il m'est agréable d'entendre. — Étudie-toi, mon fils, à faire plutôt la volonté des autres que la tienne. Préfère toujours d'avoir moins que plus. Cherche toujours la place inférieure et à être au-dessous des autres. Un tel homme entre promptement dans la paix et le repos. — Seigneur, votre discours est bref, mais il contient en soi beaucoup de perfection. Il est petit en paroles, mais plein de pensée et abondant en fruit. » Que tout est languissant auprès de cette compagnie divine ! Comme tout ce qui s'en écarte est laid ! « Quand Jésus est là, tout est bien, et rien ne paraît difficile. Quand Jésus est absent, tout est pénible. Quand Jésus ne parle pas au dedans, toute consolation est vide ; mais si Jésus prononce seulement un mot, on sent une grande consolation. Que tu es aride et dur sans Jésus ! Que tu es insensé et vain, si tu désires quelque chose en dehors de Jésus ! N'est-ce pas une plus grande perte que de perdre tout l'univers ? Celui qui a trouvé Jésus a trouvé un bon trésor, bien plus, un trésor au-dessus de tout bien. Et celui qui perd Jésus perd beaucoup trop et bien plus que tout l'univers. Celui-là est très-pauvre qui vit sans Jésus, et celui-là est très-riche qui est bien avec Jésus. C'est un grand art que de savoir converser avec Jésus, et une grande science que de savoir retenir Jésus. Sois humble et pacifique, et Jésus sera avec toi. Sois dévoué et paisible, et Jésus demeurera avec toi. Tu peux promptement faire fuir Jésus et perdre sa grâce, si tu te détournes vers les choses extérieures. Et si tu le fais fuir, et que tu le perdes, vers qui te réfugieras-tu, et qui chercheras-tu alors pour ami? Sans ami, tu ne peux vivre bien, et si Jésus n'est pas ton ami au-dessus de tous les autres, tu seras trop triste et abandonné. — Voici mon Dieu et tout. Que veux-je de plus, et que puis-je désirer de plus heureux ? Mon Dieu est tout : cette parole est assez pour qui comprend, et la répéter souvent est doux pour qui aime. »

Plusieurs moururent de cet amour, perdus dans des extases, ou noyés d'une langueur divine. Ce sont les grands poëtes du moyen âge.

GAVARNIE

I

De Luz à Gavarnie il y a six lieues.

Il est enjoint à tout être vivant et pouvant monter un cheval, un mulet, un quadrupède quelconque, de visiter Gavarnie; à défaut d'autres bêtes, il devrait, toute honte cessant, enfourcher un âne. Les dames et les convalescents s'y font conduire en chaise à porteurs.

Sinon, pensez quelle figure vous ferez au retour. « Vous venez des Pyrénées, vous avez vu Gavarnie?

— Non.

— Pourquoi donc êtes-vous allé aux Pyrénées? »

Vous baissez la tête, et votre ami triomphe, surtout s'il s'est ennuyé à Gavarnie. Vous subissez une description de Gavarnie, d'après la dernière édition du guide-manuel. Gavarnie est un spectacle sublime; les touristes se dérangent de vingt lieues pour le voir; la duchesse d'Angoulême se fit porter jusqu'aux dernières roches; lord Bute s'écria, lorsqu'il vint là pour la première fois : « Si j'étais encore au fond de l'Inde, et que je soupçonnasse l'existence de ce que je vois en ce moment, je partirais sur-le-champ pour en jouir et pour l'admirer! » Vous êtes accablé de citations et de superbes sourires; vous êtes convaincu de paresse, de lourdeur d'esprit, et, comme disent certains voyageurs anglais, *d'insensibilité inesthétique.*

Il n'y a que deux ressources : apprendre par cœur une description ou faire le voyage. J'ai fait le voyage, et je vais donner la description.

II.

On part à six heures du matin, par la route de Scia, dans le brouillard, sans rien voir d'abord que de grandes formes confuses d'arbres et de rochers. Au bout d'un quart d'heure, nous entendons sur le sentier un bruit de cris aigus qui s'approche : c'était un enterrement qui arrivait de Scia. Deux hommes portaient un petit cercueil sous un linceul blanc; derrière venaient quatre pâtres en longs manteaux et capuchons bruns, la tête baissée, en silence; quatre femmes suivaient en mantes noires. C'étaient elles qui poussaient ces lamentations monotones et perçantes; on ne savait si elles faisaient une plainte ou une prière. Ils marchaient à grands pas dans la froide vapeur, sans s'arrêter ni regarder personne, et allaient ensevelir ce pauvre corps dans le cimetière de Luz.

A Scia, la route passe sur un petit pont fort élevé, qui domine un autre pont grisâtre abandonné. Le double étage d'arcades se courbe gracieusement au-dessus du torrent bleu; cependant une clarté pâle flotte déjà dans la vapeur diaphane; une gaze dorée ondule sur le Gave; le voile aérien s'amincit et va s'évanouir.

Rien ne peut donner l'idée de cette lumière si jeune, timide et souriante, qui brille comme les ailes bleuâtres d'une demoiselle poursuivie, et s'arrête captive dans un réseau de brume. Au-dessous d'elle, l'eau bouillonnante s'engouffre dans un conduit étroit et saute comme une écluse. La colonne d'écume, haute de trente pieds, croule avec un fracas furieux, et ses vagues glauques, amoncelées dans la profonde ravine, s'entre-choquent et se brisent contre une traînée de rocs tombés. D'autres blocs énormes, débris de la même montagne, penchent au-dessus de la route leurs têtes carrées et leurs chevelures de ronces; rangés en file, inexpugnables, ils semblent regarder les tourments du Gave, que leurs frères tiennent sous eux écrasé et dompté.

III.

Nous tournons un second pont, et nous entrons dans la campagne de Gèdres, verdoyante et cultivée, les foins sont en tas; on coupe les moissons; nos chevaux marchent entre deux haies de noisetiers; nous longeons des vergers; mais la montagne est toujours voisine; le guide nous montre un rocher haut comme trois hommes, qui roula il y a deux ans et broya une maison.

Nous rencontrons plusieurs caravanes singulières : une bande de jeunes prêtres en chapeaux noirs, en gants noirs, en soutane noire retroussée, en bas noirs, très-apparents, cavaliers novices qui, à chaque pas, sursautent comme le Gave; un gros bonhomme tout rond, en chaise à porteurs, les mains croisées sur le ventre, qui nous regarde d'un air paterne, et lit son journal; trois dames d'un âge assez mûr, très-élancées, très-maigres, très-roides, qui, par dignité, mettent leurs bêtes au trot dès que nous nous approchons d'elles. Le cavalier servant est un gentilhomme osseux et cartilagineux, fiché perpendiculairement sur sa selle, comme un poteau de télégraphe. Nous entendons un gloussement aigre, comme d'une poule étranglée, et nous reconnaissons la langue anglaise.

Pour la nation française, elle est mal représentée

à Gèdres. D'abord paraît un long douanier moisi, qui vise le laisser passer des chevaux; avec son habit jadis vert, le pauvre homme a l'air d'avoir séjourné une semaine dans la rivière. Sitôt qu'il nous lâche, une bande de polissons, garçons et filles, fond sur nous : les uns tendent la main, les autres veulent nous vendre des pierres : ils font signe au guide d'arrêter; ils réclament les voyageurs, deux ou trois tiennent la bride de chaque bête, et tous ensemble crient : « La grotte! la grotte! » Force est de se résigner et de voir la grotte.

Une servante ouvre une porte, nous fait descendre deux escaliers, jette en passant une motte de terre dans une lagune pour réveiller les poissons qui dorment, fait six pas sur deux planches. « Eh bien! la grotte?—La voilà, monsieur. » Nous voyons un filet d'eau entre deux rochers sous des frênes. « Est-ce tout? » Elle ne comprend pas, ouvre de grands yeux et s'en va. Nous remontons et nous lisons cet écriteau : *On paye dix sous pour visiter la grotte.* L'affaire s'explique : les paysans des Pyrénées ont beaucoup d'esprit.

IV.

Après Gèdres est une vallée sauvage qu'on nomme le Chaos, et qui est bien nommée. Là, au bout d'un quart d'heure, les arbres disparaissent, puis les genévriers et les buis, enfin les mousses; on ne voit plus le Gave, tous les bruits cessent. C'est la solitude morte et peuplée de débris. Trois avalanches de roches et de cailloux écrasés sont descendues de la cime jusqu'au fond. L'effroyable marée, haute et longue d'un quart de lieue, étale comme des flots ses myriades de pierres stériles, et la nappe inclinée semble encore glisser pour inonder la gorge. Ces pierres sont fracassées et broyées; leurs cassures vives et leurs pointes âpres blessent l'œil; elles se froissent et s'écrasent encore. Pas un buisson, pas un brin d'herbe; l'aride traînée grisâtre brûle sous un soleil de plomb; ses débris sont roussis d'une teinte morne, comme dans une fournaise. Une montagne ruinée est plus désolée que toutes les ruines humaines.

Cent pas plus loin, l'aspect de la vallée devient formidable. Des troupeaux de mammouths et de mastodontes de pierre gisent accroupis sur le versant oriental, échelonnés et amoncelés dans toute la pente. Ces croupes colossales reluisent d'une fauve couleur ferrugineuse; les plus énormes boivent au bas l'eau du fleuve. Ils semblent chauffer au soleil leur peau bronzée, et dormir, renversés, étalés sur le flanc, couchés dans toutes les attitudes, tous gigantesques et effrayants. Leurs pattes difformes sont reployées; leurs corps demi-enfoncés dans la terre; leurs dos monstrueux s'appuient les uns sur les autres. Lorsqu'on entre dans cette prodigieuse bande, l'horizon disparaît, les blocs montent à cinquante pieds en l'air; le chemin tournoie péniblement entre les masses qui surplombent; les hommes et les chevaux paraissent des nains; ces croupes rouillées montent en étages jusqu'à la cime, et la noire armée suspendue semble prête à fondre sur les insectes humains qui viennent troubler son sommeil.

La montagne autrefois, dans un accès de fièvre, a secoué ses sommets, comme une cathédrale qui s'effondre. Quelques pointes ont résisté, et leurs clochetons crénelés s'alignent sur la crête; mais leurs assises sont disloquées, leurs flancs crevassés, leurs aiguilles déchiquetées. Toute la cime fracassée chancelle. Au-dessous d'eux la roche manque tout d'un coup par une plaie vive qui saigne encore. Les éclats sont plus bas, sur le versant encombré. Les rochers écroulés se sont soutenus les uns les autres, et l'homme aujourd'hui passe en sûreté à travers le désastre. Mais quel jour que celui de la ruine! Elle n'est pas très-ancienne, peut-être du VIe siècle, et de l'année d'un terrible tremblement raconté par Grégoire de Tours. Si un homme a pu voir sans périr les cimes se fendre, vaciller et tomber, les deux mers de roches bondissantes arriver dans la gorge à la rencontre l'une de l'autre et se broyer dans une pluie d'étincelles, il a contemplé le plus grand spectacle qu'aient jamais eu des yeux humains.

A l'occident, un môle perpendiculaire, fendillé comme une vieille ruine, se dresse à pic vers le ciel. Une lèpre de mousses jaunâtres s'est incrustée dans ses pores et l'a vêtu tout entier d'une livrée sinistre. Cette robe livide sur cette pierre brûlée est d'un effet splendide. Rien n'est laid comme les cailloux crayeux qu'on tire d'une carrière; ces déterrés semblent froids et humides dans leur linceul blanchâtre; ils ne sont point habitués au soleil, ils font contraste avec le reste. Mais le roc qui vit à l'air depuis dix mille ans, où la lumière a tous les jours déposé et fondu ses teintes métalliques, est l'ami du soleil; il en porte le manteau sur ses épaules; il n'a pas besoin d'un manteau de verdure; s'il souffre des végétations parasites, il les colle à ses flancs et les empreint de ses couleurs. Les tons menaçants dont il s'habille conviennent au ciel libre, au paysage nu, à la chaleur puissante qui l'environne; il est vivant comme une plante; seulement il est d'un autre âge, plus sévère et plus fort que celui où nous végétons.

V.

Gavarnie est un village fort ordinaire, ayant vue sur l'amphithéâtre qu'on vient visiter. Lorsqu'on l'a quitté, il faut encore faire une lieue dans une triste plaine, à demi engravée par les débordements d'hiver; les eaux du Gave sont fangeuses et ternes; un vent froid souffle du cirque; les glaciers, parsemés de boue et de pierres sont collés au versant comme des plaques de plâtre sali. Les montagnes sont pelées et ravinées par les cascades; des cônes noirâtres de sapins épars y montent comme des soldats en déroute; un maigre et terne gazon habille misérablement leurs têtes tronquées. Les chevaux passent le Gave à gué, en trébuchant, glacés par l'eau qui sort des neiges. Dans cette solitude dévastée, on rencontre tout d'un coup le plus riant parterre. Un peuple de beaux iris se presse dans le lit d'un torrent desséché; le soleil traverse de ses rayons d'or leurs pétales veloutés d'un bleu tendre; la moisson de panaches serpente avec les sinuosités de la berge, et l'œil suit sur toute la plaine les plis du ruisseau de fleurs.

Nous gravissons un dernier tertre, semé d'iris et de roches. Là est une cabane où l'on déjeune et où on laisse les chevaux. On s'arme d'un grand bâton, et l'on descend sur les glaciers du cirque.

Les glaciers sont fort laids, très-sales, très-inégaux, très-glissants; on court à chaque pas risque de tomber, et, si l'on tombe, c'est sur des pierres aiguës ou dans des trous profonds. Ils ressemblent beaucoup à des plâtras entassés, et ceux qui les ont admirés ont de l'admiration à revendre. L'eau les a percés, de sorte qu'on marche sur des ponts de neige. Ces ponts ont l'air de soupiraux de cuisine; l'eau s'y engouffre dans une arcade très-basse, et, quand on y regarde, on voit distinctement un trou noir. Un Anglais qui voulut jouir de cette vue, se laissa choir, et sortit demi-mort « avec la rapidité d'une truite. » Nous avons laissé ces tentatives aux Anglais et aux poissons.

VI

Après les glaciers nous trouvons une esplanade en pente; nous grimpons pendant dix minutes en nous meurtrissant les pieds sur des quartiers de roches tranchantes. Depuis la cabane nous n'avions pas levé les yeux, afin de nous réserver la sensation tout entière. Ici enfin nous regardons.

Une muraille de granit couronnée de neige se creuse devant nous en cirque gigantesque. Ce cirque a douze cents pieds de haut, près d'une lieue de tour, trois étages de murs perpendiculaires, et sur chaque étage des milliers de gradins. La vallée finit là; le mur est d'un seul bloc, inexpugnable. Les autres sommets crouleraient, que ses assises massives ne remueraient pas. L'esprit est accablé par l'idée d'une stabilité inébranlable et d'une éternité assurée. Là est la borne de deux contrées et de deux races; c'est elle que Roland voulut rompre, lorsque d'un coup d'épée il ouvrit une brèche à la cime. Mais l'immense blessure disparaît dans l'énormité du mur invaincu. Trois nappes de neige s'étalent sur les trois étages d'assises. Le soleil tombe de toute sa force sur cette robe virginale, sans pouvoir la faire resplendir. Elle garde sa blancheur mate. Tout ce grandiose est austère; l'air est glacé sous les rayons du midi; de grandes ombres humides rampent au pied des murailles. C'est l'hiver éternel et la nudité du désert. Les seuls habitants sont les cascades assemblées pour former le Gave. Les filets d'eau arrivent par milliers de la plus haute assise, bondissent de gradin en gradin, croisent leurs raies d'écume, serpentent, s'unissent et tombent par douze ruisseaux qui glissent de la dernière assise en traînées floconneuses pour se perdre dans les glaciers du sol. La treizième cascade sur la gauche a douze cent soixante-six pieds de haut. Elle tombe lentement, comme un nuage qui descend, ou comme un voile de mousseline qu'on déploie; l'air adoucit sa chute; l'œil suit avec complaisance la gracieuse ondulation du beau voile aérien. Elle glisse le long du rocher, et semble plutôt flotter que couler. Le soleil luit à travers son panache, de l'éclat le plus doux et le plus aimable. Elle arrive en bas comme un bouquet de plumes fines et ondoyantes, et rejaillit en poussière d'argent; la fraîche et transparente vapeur se balance autour de la pierre trempée, et sa traînée qui rebondit monte légèrement le long des assises. L'air est immobile ; nul bruit, nul être vivant dans cette solitude. On n'entend que le murmure monotone des cascades, semblable au bruissement des feuilles que le vent froisse dans une forêt.

Au retour, nous nous sommes assis à la porte de la cabane. La pauvre maison est trapue, lourdement appuyée sur de gros murs; les solives noueuses du plafond ont encore leur écorce. Il faut bien qu'elle puisse résister seule aux neiges d'hiver. On rencontre partout l'empreinte des terribles mois qu'elle a traversés. Deux sapins morts sont debout à la porte. Le jardin, de trois pieds carrés, est défendu par d'énormes murs d'ardoises entassées. L'écurie basse et noire ne laisse point de prise ni d'entrée au vent. Un poulain maigre cherchait un peu d'herbe entre les pierres. Un petit taureau, l'air refrogné, nous regardait d'un œil oblique; les bêtes, les arbres et le site, avaient un aspect menaçant ou triste. Mais dans les fentes d'une roche poussaient des boutons d'or admirables, lustrés, splendides, et qui semblaient peints par un rayon du soleil.

Nous rencontrâmes au village nos compagnons de route qui s'étaient assis. Les bons touristes fatigués, s'arrêtent ordinairement à l'auberge, dînent substantiellement, se font apporter une chaise sur la porte, et digèrent en regardant le cirque, qui de là paraît haut comme une maison. Sur quoi ils s'en retournent, louant ce spectacle grandiose, et très-contents d'être venus aux Pyrénées.

LE BERGONZ — LE PIC DU MIDI

I

Il faut être utile à ses semblables; je suis monté sur le Bergonz, pour avoir au moins une ascension à raconter.

Un sentier pierreux, en zigzag, écorche la montagne verte de sa traînée blanchâtre. La vue change à chaque détour. Au-dessus et au-dessous de nous, des prairies, des faneuses, de petites maisons collées au versant comme des nids d'hirondelles. Plus bas, une fondrière immense de roc noir, où de tous côtés accourent des ruisseaux d'argent. A mesure que nous nous élevons, les vallées se rétrécissent et s'effacent, les montagnes grises s'élargissent et s'étalent dans leur énormité. Tout d'un coup, sous le soleil ardent, la perspective se brouille ; nous sentons l'attouchement froid et humide de je ne sais quel être invisible. Un instant après, l'air s'éclaircit, et nous apercevons derrière nous le dos blanc, arrondi, d'un beau nuage qui s'éloigne, et dont l'ombre glisse légèrement sur la pente. Bientôt l'herbe utile disparaît; des mousses roussies, des milliers de rhododendrons, revêtent les escarpements stériles; la route se dégrade sous l'effort des sources perdues; elle s'encombre de pierres roulées. Elle tourne tous les dix pas pour vaincre la roideur des pentes. On atteint enfin une crête nue, où l'on descend de cheval; là commence l'arête de la montagne. On marche pendant dix minutes sur un tapis de bruyères serrées, et l'on est sur la plus haute cime.

Quelle vue! Tout ce qui est humain disparaît; villages, enclos, cultures. on dirait des ouvrages de fourmis. J'ai deux vallées sous les yeux, qui semblent deux petites bandes de terre perdues dans un entonnoir bleu. Les seuls êtres ici sont les montagnes. Nos routes et nos travaux y ont égratigné un point imperceptible; nous sommes des mites, qui gîtons, entre deux réveils, sous un des poils d'un éléphant. Notre civilisation est un joli jouet en miniature, dont la nature un instant s'amuse, et que tout à l'heure elle va briser. On n'aperçoit qu'un peuple de montagnes assises sous la coupole embrasée du ciel. Elles sont rangées en amphithéâtre, comme un conseil d'êtres immobiles et éternels. Toutes les réflexions tombent sous la sensation de l'immense : croupes monstrueuses qui s'étalent, gigantesques échines osseuses, flancs labourés qui descendent à pic jusqu'en des fonds qu'on ne voit pas. On est là comme dans une barque au milieu de la mer. Les chaînes se heurtent comme des vagues. Les arêtes sont tranchantes et dentelées comme les crêtes des flots soulevés ; ils arrivent de tous côtés, ils se croisent, ils s'entassent, hérissés, innombrables, et la houle de granit monte haut dans le ciel aux quatre coins de l'horizon. Au nord, les vallées de Luz et d'Argelès s'ouvrent dans la plaine par une percée bleuâtre, brillantes d'un éclat terne, et semblables à deux aiguières d'étain bruni. A l'ouest, la chaîne de Baréges s'allonge en scie jusqu'au pic du midi, énorme hache ébréchée, tachée de plaques de neige ; à l'est, des files de sapins penchés montent à l'assaut des cimes. Au midi, une armée de pics crénelés, d'arêtes tranchées au vif, de tours carrées, d'aiguilles, d'escarpements perpendiculaires, se dresse sous un manteau de neige; les glaciers étincellent entre les rocs sombres; les noires saillies se détachent avec un relief extraordinaire sur l'azur profond. Ces formes rudes blessent l'œil, on sent avec accablement la rigidité des masses de granit qui ont crevé la croûte de la planète, et l'invincible âpreté du roc soulevé au-dessus des nuages. Ce chaos de lignes violemment brisées annonce l'effort des puissances dont nous n'avons plus l'idée. Depuis, la nature s'est adoucie; elle arrondit et amollit les formes qu'elle façonne;

elle brode dans les vallées sa robe végétale, et découpe, en artiste industrieux, les feuillages délicats de ses plantes. Ici, dans sa barbarie primitive, elle n'a su que fendre des blocs et entasser les masses brutes de ses constructions cyclopéennes. Mais son monument est sublime, digne du ciel qu'il a pour voûte et du soleil qu'il a pour flambeau.

II.

La géologie est une noble science. Sur cette cime, les théories s'animent; les raisonnements des livres ressuscitent l'histoire des montagnes, et le passé paraît encore plus grandiose que le présent. Ce pays était une mer d'abord déserte et bouillante, puis lentement refroidie, enfin peuplée d'êtres vivants et exhaussée par leurs débris. Ainsi se formèrent les calcaires anciens, les schistes de transition et plusieurs des terrains secondaires. Que de milliers de siècles accumulés en une seule phrase! Le temps est une solitude où nous posons çà et là des bornes; elles révèlent son immensité, mais ne la mesurent pas.

Cette croûte se fendit, et une longue vague de granit fondu s'éleva, formant la haute chaîne du Gave, des Nestes, de la Garonne, la Maladetta, Néouvielle. On voit d'ici Néouvielle au nord-est. Ce que ce mur de feu fit en se dressant dans cette mer bouleversée, l'imagination de l'homme ne le concevra jamais. La masse liquide de granit s'empâta dans les roches; les couches les plus basses se changèrent en ardoise sous la tempête embrasée; les terrains plats se redressèrent et se renversèrent. La coulée souterraine monta d'un effort si brusque, qu'ils se collèrent à ses flancs en étages presque perpendiculaires. « Elle se figea dans la tourmente, et son agitation se peint encore dans ses ondes pétrifiées. »

Combien de temps s'écoula entre cette révolution et la suivante? Les monuments manquent; les siècles n'ont pas laissé de traces. C'est une page arrachée dans l'histoire de la terre. Notre ignorance nous accable comme notre science. Nous voyons un infini, et nous en devinons un autre que nous ne voyons pas.

Enfin l'Océan se déplaça, peut-être par le soulèvement de l'Amérique; du sud-ouest une mer vint s'abattre sur la chaîne. Le choc tomba sur la barrière noire crénelée qu'on aperçoit vers Gavarnie. Ce fut une destruction épouvantable d'animaux marins. Leurs cadavres ont formé les bancs coquilliers qu'on traverse en montant à la Brèche; plusieurs couches de la Brèche, du Taillon et du mont Perdu, sont des champs de mort encore fétides. La mer roulante, arrachant son lit, le charria contre la muraille de rochers, l'amoncela contre les flancs, l'entassa sur les cimes, mit une montagne sur la montagne, couvrit l'immense écueil, et oscilla en courants furieux dans son bassin dévasté. Il me semblait voir à l'horizon la nappe limoneuse arriver plus haute que les cimes, dresser ses flots sur le ciel, tourbillonner dans les vallées, et par-dessus les montagnes noyées mugir comme une tempête.

Cette mer apportait la moitié des Pyrénées; ses eaux violentes appliquèrent contre le versant primitif des étages calcaires inclinés et tourmentés; ses eaux apaisées déposèrent sur eux les hautes couches horizontales. Là-bas, au sud-ouest, le Vignemale en est couvert. Des générations d'êtres marins naissaient et mouraient pour élever les sommets, populations silencieuses et inertes qui pullulaient dans le limon tiède et regardaient à travers leurs vagues vertes les rayons du soleil bleui. Ils ont péri avec leur sépulcre. Les orages ont déchiré les bancs où ils s'enfouissaient, et ces lambeaux de leurs débris disent à peine combien ce monde enseveli a vu passer de myriades de siècles.

Un jour enfin on vit grandir les grands monts qui forment l'horizon du sud, Troumousse, le Vignemale, le mont Perdu et tous les sommets qui entourent Gèdres. Le sol avait crevé une seconde fois. Une ondée de nouveau granit s'élevait, chargée du granit ancien et de la prodigieuse masse des calcaires; les alluvions montèrent à plus de dix mille pieds; les anciennes cimes de granit pur étaient dépassées; les bancs de coquilles furent soulevés dans des nuages, et les cimes exhaussées se trouvèrent pour toujours au-dessus des mers.

Deux mers ont séjourné sur ces sommets; deux coulées de roche embrasée ont dressé ces chaînes. Quelle sera la révolution prochaine? Combien de temps l'homme durera-t-il encore? Un retrait de la croûte qui le porte fera jaillir une vague de lave ou déplacera le niveau des mers. Nous vivons entre deux accidents du sol; notre histoire tient au large dans une ligne de l'histoire de la terre; notre vie dépend d'une variation de la chaleur; notre durée est d'une minute, et notre force un néant. Nous ressemblons à ces petits myosotis bleus qu'on cueille en descendant sur la côte; leur forme est délicate et leur structure admirable; la nature les prodigue et les brise; elle met toute son industrie à les former, et toute son insouciance à les détruire. Il y a plus d'art en eux que dans toute la montagne. Sont-ils fondés à prétendre que la montagne est faite pour eux?

III.

Paul est monté sur le pic du Midi de Bigorre; voici son journal de voyage:

« Départ à quatre heures du matin dans la vapeur. Les pâturages de Tau à travers la vapeur; on voit la vapeur. Le lac d'Oncet à travers la vapeur ; même vue.

« Hourque des cinq Ours. Plusieurs taches blanchâtres ou grisâtres, dans un fond blanchâtre ou grisâtre. Contempler, pour s'en faire une idée, cinq ou six pains à cacheter, d'un blanc sale, collés derrière une feuille de papier brouillard.

« Commencement de l'escarpement; montée au pas, à la queue l'un de l'autre; cela me rappelle le manége Leblanc, et les cinquante chevaux qui avancent gracieusement dans la sciure de bois, chacun ayant le nez contre la queue du précédent, et la queue contre le nez du suivant, le jeudi, jour de sortie et d'équitation pour les colléges. Je me berce voluptueusement dans ce souvenir poétique.

« Première heure : vue du dos de mon guide et de la croupe de son cheval. Le guide a une veste de velours bouteille avec deux raccommodages à gauche et un à droite; le cheval est d'un brun sale et porte les marques de la cravache. Quelques gros cailloux sur le sentier. Le brouillard. Je pense à la philosophie allemande.

« Deuxième heure : La vue s'élargit; j'aperçois l'œil gauche du cheval du guide. Cet œil est borgne; il ne perd rien.

« Troisième heure : La vue s'élargit encore. Vue

de deux croupes de cheval et deux vestes de touristes, qui sont à quinze pieds au-dessous de nous. Vestes grises, ceintures rouges, bérets. Ils jurent et je jure. Cela nous console un peu.

« Quatrième heure : Joie et transports ; le guide me promet, pour la cime, la vue d'une mer de nuages.

« Arrivée : Vue de la mer de nuages. Par malheur nous sommes dans un des nuages. Aspect d'un bain de vapeur quand on est dans le bain.

« Bénéfices : Rhume de cerveau, rhumatisme aux pieds, lumbago, congélation, bonheur d'un homme qui aurait fait huit heures antichambre, dans une antichambre sans feu.

— Et cela arrive souvent !

— Deux fois sur trois. Les guides jurent que non. »

PLANTES ET BÊTES

I

Les hêtres s'avancent haut sur les versants, jusqu'à plus de trois mille pieds. Leurs gros piliers s'enfoncent dans les creux où il s'est amassé de la terre. Leurs racines entrent dans les fentes du roc, le soulèvent, et viennent ramper à la surface comme une famille de serpents. Leur peau, blanche et tendre dans les plaines, se change en écorce grisâtre et solide; leurs feuilles tenaces reluisent d'un vert vigoureux, sous le soleil qui ne peut les traverser. Ils vivent isolés, parce qu'ils ont besoin d'espace, et s'échelonnent de distance en distance comme des lignes de tours. De loin, entre les bruyères ternes, leur môle se lève éclatant de lumière, et bruit de ses cent mille feuilles, comme par autant de clochettes de corne.

II

Mais les vrais habitants des montagnes sont les pins, arbres géométriques, parents des blocs ferrugineux qu'ont taillés les éruptions primitives. La végétation des plaines se déploie en formes ondoyantes, avec tous les gracieux caprices de la liberté et de la richesse, les pins au contraire semblent à peine vivants; leur tige se dresse en ligne perpendiculaire le long des roches; leurs branches horizontales partent du tronc à angles droits, égales comme les rayons d'un cercle, et l'arbre tout entier est un cône terminé par une aiguille nue. Les petites lames ternes qui servent de feuilles ont une teinte morne, sans transparence ni éclat; elles semblent ennemies de la lumière, elles ne la renvoient pas, elles ne la laissent pas passer, elles l'éteignent: à peine si le soleil de midi les frange d'un reflet bleuâtre. A dix pas, sous cette auréole, la pyramide noire tranche sur l'horizon comme une masse opaque. Ils se serrent en files sous leurs manteaux funèbres. Leurs forêts sont silencieuses comme des solitudes; le souffle du vent n'y fait point de bruit; il glisse sur la barbe roide des feuilles sans les remuer ni les froisser. On n'entend d'autre bruit que le chuchotement des cimes et le grésillement des petites lamelles jaunâtres qui tombent en pluie dès qu'on touche une branche. Le gazon est mort, le sol nu; on marche dans l'ombre sous une verdure inanimée, entre des tiges pâles qui montent comme des cierges. Une senteur âpre emplit l'air, semblable au parfum des aromates. C'est l'impression que fait une cathédrale déserte, lorsque, après une cérémonie, l'odeur de l'encens flotte encore sous les arcades, et que le jour tombant dessine au loin dans l'obscurité la forêt des piliers.

Ils vivent en famille et chassent de leur domaine les autres arbres. Souvent, dans une gorge dévastée, on les voit comme une draperie de deuil descendre entre des glaciers blancs. Ils aiment le froid, et l'hiver restent vêtus de neige. Le printemps ne les renouvelle pas; on voit seulement quelques lignes vertes courir sous le feuillage; elles s'assombrissent bientôt comme le reste. Mais lorsque l'arbre sort d'un morceau de terre profond, et qu'il monte à cent pieds, lisse et droit comme le mât d'un navire, l'esprit suit d'un élan jusqu'à la cime l'essor de sa forme inflexible, et la colonne végétale semble aussi grandiose que le mont qui la nourrit.

III.

Plus haut, sur les escarpements stériles, le buis jaunâtre tord ses pieds noueux sous des pierres. C'est un être triste et tenace, rabougri et resserré sur lui-même; écrasé entre les roches, il n'ose s'élancer ni s'épandre. Ses petites feuilles épaisses se suivent en rangées monotones, lourdement ovales et d'une régularité compassée. Ses tiges, courtes, grisâtres, sont âpres au toucher; le fruit rond enferme des capsules noires, dures comme l'ébène, qu'il faut déchirer pour avoir la graine. Tout dans la plante est calculé en vue de l'utile : elle ne songe qu'à durer et à résister; elle n'a ni ornements, ni élégance, ni richesse; elle ne dépense sa sève qu'en tissus solides, en couleurs ternes, en fibres durables. C'est une ménagère économe et vivace, seule capable de végéter dans les fondrières qu'elle remplit.

Si l'on continue à monter, les arbres commencent à manquer. Le sapin broussaille rampe dans un tapis de gazon. Les rhododendrons poussent en touffes et couronnent la montagne de bouquets roses. Les bruyères serrent leurs grappes blanches, petites fleurs ouvertes, en forme de vase, d'où sort une couronne d'étamines grenat. Dans les creux abrités, les campanules bleues balancent leurs jolies clochettes; le moindre vent les couche; elles vivent pourtant et sourient, tremblantes et gracieuses. Mais, entre toutes ces fleurs nourries de lumière et d'air pur, la plus précieuse est la rose sans épines. Jamais pétales n'ont formé une corolle plus frêle et plus mignonne; jamais vermillon si vif n'a coloré un tissu plus délicat.

IV.

Au sommet croissent les mousses. Battues par le vent, desséchées par le soleil, elles perdent la teinte verte et fraîche qu'elles ont dans les vallées, au bord des sources. Elles se roussissent de tons fauves, et leurs filaments lisses ont le reflet des poils du loup. D'autres, jaunies et pâles, couvrent de leurs couleurs maladives les crevasses qui saignent. Il y en a de grises, presque blanches, qui poussent comme des restes de cheveux sur les rochers chauves. De loin, sur le dos de la montagne, toutes ces teintes se fondent, et ce pelage nuancé jette un éclat sauvage. Les derniers végétaux sont des croûtes rougeâtres, collées aux parois des roches, qui semblent faire partie de la pierre, et qu'on prendrait non pour une plante, mais pour une lèpre. Le froid, la sécheresse et la hauteur, ont par degrés transformé ou tué la végétation.

V.

Le climat façonne et produit les bêtes aussi bien que les plantes.

L'ours est une bête grave, toute montagnarde, curieuse à voir dans sa houppelande grisâtre ou jaunâtre de poils feutrés. Il semble formé pour son domicile et son domicile pour lui. Sa grosse fourrure est un excellent manteau contre la neige. Les montagnards la jugent si bonne, qu'ils la lui empruntent le plus souvent qu'ils peuvent, et il la juge si bonne, qu'il la défend contre eux le mieux qu'il peut. Il aime à vivre seul, et les gorges des hauteurs sont aussi désertes qu'il le souhaite. Les arbres creux lui fournissent une maison toute prête; comme ce sont pour la plupart des hêtres et des chênes, il y trouve à la fois le vivre et le couvert. Du reste, brave, prudent, robuste, c'est un animal estimable; ses seuls défauts sont de manger ses petits, quand il les rencontre, et de mal danser.

Pour le chasser, on s'embusque et on le tire au passage. Dernièrement, dans une battue, on dépista une femelle superbe. Quand les premiers chasseurs, gens novices, virent briller ces petits yeux féroces, et qu'ils aperçurent la masse noire qui descendait à grandes enjambées, froissant les taillis, ils oublièrent tout d'un coup qu'ils avaient des fusils et se tinrent cois derrière leur chêne. Cent pas plus loin un brave fit feu. L'ours qui n'était pas touché, arrive au galop. L'homme de lâcher son fusil et de glisser dans une fondrière. Arrivé au fond, il se tâtait les membres et se trouvait sauf par miracle, lorsqu'il vit l'animal arrêté au-dessus de sa tête, occupé à examiner la pente, et appuyant le pied sur les pierres pour voir si elles étaient solides. Il flairait çà et là, et regardait l'homme avec l'intention manifeste de lui rendre visite. La fondrière était un puits; s'il arrivait au fond, il fallait se résigner au tête-à-tête. Pendant que l'homme faisait cette réflexion et songeait aux dents de la bête, l'ours se mit à descendre avec infiniment de précaution et d'adresse, ménageant sa précieuse personne, s'accrochant aux racines, lentement, mais sans jamais trébucher. Il approchait, quand les chasseurs arrivèrent et le tuèrent à coups de balles.

L'isard habite plus haut que l'ours, sur les cimes nues, dans les régions des glaciers. Il a besoin d'espace pour bondir et s'ébattre. Il est trop vif et trop gai pour se tenir comme le lourd misanthrope enfermé dans les gorges et les forêts. Nul animal n'est plus agile : il saute de roche en roche, franchit des précipices, et se tient sur des pointes où il y a place juste pour ses quatre pieds. On entend parfois sur les hauteurs un bêlement sourd : c'est une bande d'isards qui broutent l'herbe entre les neiges; leur robe fauve et leurs petites cornes se détachent dans le bleu du ciel; l'un d'eux donne l'alerte, et tous disparaissent en un moment.

VI.

Souvent pendant une demi-heure on entend derrière la montagne un tintement de clochettes; ce sont des troupeaux de chèvres qui changent de pâturage. Il y en a quelquefois plus de mille. Au passage des ponts, on se trouve arrêté, jusqu'à ce que toute la caravane ait défilé. Elles ont de longs poils pendants qui leur font une fourrure; avec leur manteau noir et leur grande barbe, on dirait qu'elles sont habillées pour une mascarade. Leurs yeux jaunes regardent vaguement, avec une expression de curiosité et de douceur. Elles semblent étonnées de marcher ainsi en ordre sur un terrain uni. A voir cette jambe sèche et ces pieds de corne, on sent qu'elles sont faites pour errer au hasard et pour sauter sur les roches. De temps en temps les moins disciplinées s'arrêtent, posent leurs pattes de devant contre la montagne, et broutent une ronce ou la fleur d'une lavande. Les autres arrivent et les poussent; elles repartent la bouche pleine d'herbes, et mangent en marchant. Toutes leurs physionomies sont intelligentes, résignées et tristes, avec des éclairs de caprice et d'originalité. On voit la forêt de cornes s'agiter au-dessus de la masse noire, et les fourrures lisses luire au soleil. Des chiens énormes, à poil laineux, tachés de blanc, marchent gravement sur les côtés, grondant lorsqu'on approche. Le pâtre vient derrière, dans sa cape brune, avec le regard immobile, brillant, vide de pensées, qu'ont ses bêtes; et toute la bande disparaît dans un nuage de poussière d'où sort un bruit de bêlements grêles.

VII.

Pourquoi ne parlerais-je pas de l'animal le plus heureux de la création ! Un grand peintre, Karl Dujardins l'a pris en affection; il l'a dessiné dans toutes les poses, il a montré toutes ses jouissances et tous ses goûts. La prose a bien les droits de la peinture, et je promets aux voyageurs qu'ils prendront plaisir à regarder les cochons. Voilà le mot lâché. Maintenant songez qu'aux Pyrénées ils ne sont pas couverts de fange infecte, comme dans nos fermes; ils sont roses et noirs, bien lavés, et vivent sur les grèves sèches, auprès des eaux courantes. Ils font des trous dans le sable échauffé, et y dorment par bandes de cinq ou six, alignés et serrés dans un ordre admirable. Quand on approche, toute la masse grouille; les queues en tire-bouchon frétillent fantastiquement; deux yeux narquois et philosophiques s'ouvrent sous les oreilles pendantes; les nez goguenards s'allongent en flairant; toute la compagnie grognonne; après quoi on s'accoutume à l'intrus, on se tait, on se recouche, les yeux se ferment d'une façon béate, les queues rentrent en place, et les bienheureux coquins se remettent à digérer et à jouir du soleil. Tous ces museaux expressifs semblent dire fi aux préjugés et appeler la jouissance; ils ont quelque chose d'insouciant et de moqueur; le visage entier se dirige du côté du groin, et toute la tête aboutit à la bouche. Leur nez allongé semble aspirer et recueillir dans l'air toutes les sensations agréables. Ils s'étalent si complaisamment à terre, ils remuent les oreilles avec de petits mouvements si voluptueux, ils font des éjaculations de plaisir si pénétrantes, qu'on en prend de l'humeur. O vrais épicuriens, si parfois en sommeillant vous daignez réfléchir, vous devez penser, comme l'oie de Montaigne, que le monde a été fait pour vous, que l'homme est votre serviteur, et que vous êtes les privilégiés de la nature! Il n'y a dans toute leur vie qu'un moment fâcheux, celui où on les saigne. Encore il passe vite et ils ne les prévoient pas.

VIII.

Des milliers de lézards nichent dans les fentes d'ardoises et dans les murs de cailloux roulés. A l'approche des passants, ils filent comme un trait et traversent la route. Si l'on reste un instant immobile, on y voit de petites têtes inquiètes et malignes sortir entre deux pierres; le reste du corps se montre, la queue frétille, et, d'un mouvement brusque, ils grimpent en zigzag sur les étages de galets. Ils ont là du soleil à plaisir, jusqu'à cuire tout vifs; à midi, la roche brûle la main. Ce puissant soleil échauffe leur sang froid et donne à leurs membres le ressort et l'action. Ils sont capricieux, passionnés, violents, et se battent comme des hommes. Quelquefois on en voit rouler deux le long d'un rocher, l'un sur l'autre, dans la poussière, se relever ternes et sales, et se sauver prestement, comme des écoliers poltrons et mutins surpris en faute. Plusieurs perdent la queue dans ces aventures, ce qui fait qu'ils ont l'air de porter un habit trop court; ils se cachent, honteux d'être si mal vêtus. Les autres, dans leur justaucorps gris, ont des mouvements menus et gracieux, un air à la fois coquet et timide qui ôte toute envie de leur faire mal. Lorsqu'ils dorment sur un feuillet de roche, on aperçoit leur gorge blanchâtre et leur petite bouche spirituelle; mais ils ne dorment guère, ils sont toujours aux aguets, ils détalent au moindre bruit, et, quand rien ne les trouble, ils trottent, s'ébattent, montent, descendent, font cent tours par plaisir. Ils aiment la compagnie, et vivent l'un près de l'autre ou l'un chez l'autre. Aucun animal n'est plus gentil et n'a des mœurs plus innocentes; avec les jolis sédums blancs et jaunes, il égaye les longs murs de pierre, et tous deux vivent de sécheresse, comme les autres d'humidité.

Le sol, la lumière, la végétation, les animaux, l'homme, sont autant de livres où la nature écrit en caractères différents la même pensée. Si les cochons ont le poil net et rose, c'est que le granit bouillant et la mer poissonneuse ont pendant des millions d'années accumulé et soulevé dix mille pieds de roche.

V

BAGNÈRES ET LUCHON

DE LUZ A BAGNÈRES-DE-BIGORRE

I

Il faut subir ici de longues montées étouffantes; les chevaux vont au pas ou soufflent; les voyageurs dorment ou suent; le conducteur grommelle ou boit; la poussière tourbillonne, et, si vous sortez, votre gosier sèche ou les yeux vous cuisent. Il n'y a qu'un moyen de passer cette mauvaise heure; c'est de se conter quelque vieille histoire du pays, par exemple celle que voici :

Bos de Bénac fut un bon chevalier, grand ami du roi saint Louis; il alla en croisade dans la terre d'Égypte, et tua beaucoup de Sarrasins pour le salut de son âme. Mais à la fin les Français furent défaits dans une grande bataille, et Bos de Bénac laissé pour mort. On l'emmena prisonnier le long du fleuve, du côté du soleil, dans un pays où la peau des hommes était toute brûlée par la chaleur, et il y fut dix ans. On le fit pâtre de troupeaux, et on le battait souvent, parce qu'il était Franc et chrétien.

Un jour qu'il s'affligeait et se lamentait dans un lieu désert, il vit paraître auprès de lui un petit homme noir, qui avait deux cornes au front, un pied de chèvre, et l'air plus méchant que les plus méchants Sarrasins. Bos était si accoutumé à voir des hommes noirs, qu'il ne fit pas le signe de croix. C'était le diable qui lui dit en ricanant : « Bos, à quoi t'a servi de combattre pour ton Dieu? Il te laisse valet de mes valets de Nubie ; les chiens de ton château sont mieux traités que toi. On te croit mort et demain ta femme se marie. Va donc traire tes brebis, bon chevalier. »

Bos poussa un grand cri et pleura, car il aimait sa femme; le diable feignit d'avoir compassion de lui, et lui dit : « Je ne suis pas si méchant que le disent tes prêtres. Tu t'es bien battu; j'aime les gens braves; je ferai pour toi plus que le crucifié, ton ami. Cette nuit tu seras dans ton beau pays de Bigorre. Donne-moi en échange un plat de noix de ta table. Eh bien, te voilà embarrassé comme un théologien. Crois-tu que les noix aient des âmes? Allons, décide-toi. »

Bos oublia que c'est péché mortel de donner quelque chose au diable, et lui tendit la main. Aussitôt il fut emporté comme dans un tourbillon; il aperçut au-dessous de lui un grand fleuve jaune, le Nil, qui s'allongeait, ainsi qu'un serpent, entre deux traînées de sable; un instant après, une ville étendue sur la grève comme une cuirasse; puis des flots innombrables alignés d'un bout de l'horizon à l'autre, et sur eux, des vaisseaux noirs pareils à des hirondelles; plus loin, une île à trois côtés, avec une montagne creuse pleine de feu et un panache de fumée fauve; puis encore la mer. La nuit tombait, quand une rangée de montagnes se leva dans les bandes rouges du couchant. Bos reconnut les cimes dentelées des Pyrénées et fut rempli de joie.

Le diable lui dit : « Bos, viens d'abord chez mes serviteurs de la montagne. En bonne conscience, puisque tu rentres au pays, tu leur dois une visite. Ils sont plus beaux que tes anges, et t'aimeront, puisque tu es mon ami. »

Le bon chevalier eut horreur de penser qu'il était l'ami du diable et le suivit à contre-cœur. La main du diable était comme une serre; il allait plus vite que le vent. Bos traversa d'un élan la vallée de Pierrefitte, et se trouva au pied du Bergonz, devant une porte de pierre qu'il n'avait jamais vue. La porte s'ouvrit d'elle-même avec un bruit plus doux qu'un chant d'oiseau, et ils entrèrent dans une salle haute de mille pieds, toute en cristal, flamboyante comme si le soleil eût été dedans. Bos vit trois petites femmes grandes comme la main, sur des siéges d'agate; elles avaient les yeux clairs comme l'eau verte du Gave; les joues avaient le vermillon de la rose sans épines; leur robe blanche était aussi légère que la vapeur aérienne des cascades; leur écharpe était de couleur de l'arc-en-ciel. Bos crut l'avoir vue autrefois flottante au bord des précipices, lorsque la brume matinale s'évaporait aux premiers rayons. Elles filaient, et leurs rouets tournaient si vite qu'on ne voyait pas la roue. Elles se levèrent toutes ensemble, et chantèrent de leur petite voix argentine : « Bos est revenu; Bos est l'ami de notre maître; Bos, nous te filerons un manteau de soie en échange de ton manteau de croisé. »

Un instant après, il était devant une autre montagne qu'il reconnut à la clarté des étoiles. C'était celle de Campana, qui sonne lorsqu'il arrive malheur au pays. Bos se trouva dedans, sans savoir comment cela s'était fait, et vit qu'elle était creuse jusqu'au sommet. Une cloche énorme d'argent bruni descendait de la plus haute voûte; un troupeau de chèvres noires était attaché au battant. Bos comprit que ces chèvres étaient des diables : leurs queues courtes frétillaient convulsivement; leurs yeux étaient comme des charbons allumés; leur poil tremblait et se recroquevillait comme les rameaux verts sur la braise; leurs cornes étaient pointues et tortues comme des épées de Syrie. Quand elles aperçurent Bos et le démon, elles vinrent sauter autour d'eux avec des bonds si brusques et des yeux si étranges, que le bon chevalier sentit le cœur lui manquer. Ces yeux formaient des figures cabalistiques et dansaient à la façon des feux follets d'un cimetière; puis elles se mirent sur une seule ligne et coururent en avant; le battant d'acier heurta la paroi sonore, une voix immense sortit en roulant de l'argent qui vibrait; Bos crut l'entendre jusqu'au fond de sa cervelle; les palpitations du son coururent par tout son corps; il frémit d'angoisse comme un homme en délire, et entendit distinctement la cloche qui chantait: « Bos est revenu; Bos est l'ami de mon maître; Bos ce n'est point la cloche de l'église, c'est moi qui sonne ton retour. »

Il se sentit encore une fois enlevé dans l'air; les arbres enracinés dans le roc pliaient devant son compagnon et lui, comme sous l'orage; les ours hurlaient lamentablement; des troupeaux de loups fuyaient en frissonnant sur la neige. De grands nuages roux couraient dans le ciel, déchiquetés et tremblotants comme des ailes de chauves-souris. Les malins esprits des vallées se levaient et tourbillonnaient dans la nuit. Les têtes des rocs semblaient vivantes; il croyait voir l'armée des montagnes s'ébranler et le suivre. Ils traversèrent un mur de nuages et s'arrêtèrent sur le pic d'Anie. Au même instant, l'éclair fendit la masse de vapeurs. Bos vit un fantôme haut comme un grand pin, la face ardente comme une fournaise, enveloppé de nuées rouges. Des auréoles violettes flamboyaient sur sa tête; la foudre rampait à ses pieds en traînées éblouissantes; tout son corps resplendissait d'éclairs blancs. Le tonnerre éclata, la cime voisine croula, les roches renversées fumèrent, et Bos entendit une voix tonnante qui disait: « Bos est revenu; Bos est l'ami de mon maître; Bos, j'illumine la vallée pour ton retour, mieux que les cierges de ton église. »

Le pauvre Bos, trempé d'une sueur froide, fut porté tout d'un coup au pied du château de Bénac, et le diable lui dit: « Bon chevalier, va donc retrouver ta femme! » Puis il se mit à rire avec le bruit d'un arbre qui craque, et disparut, laissant derrière lui une odeur de soufre.

Le matin paraissait, l'air était froid, la terre mouillée, et Bos grelottait sous ses lambeaux, lorsqu'il vit venir une cavalcade superbe: des dames en robes de brocart couturées d'argent et de perles, des seigneurs en harnois d'acier poli, avec des chaînes d'or; de nobles palefrois sous des housses écarlates, conduits par des pages en justaucorps de velours noir; puis l'escorte des hommes d'armes, dont les cuirasses luisaient au soleil. C'était le sire d'Angles qui venait épouser la dame de Bénac. Ils défilèrent longuement sur la rampe et s'enfoncèrent sous le porche obscur.

Bos courut à la porte, mais on le renvoya en lui disant : « Bonhomme, reviens à midi, tu auras l'aumône avec les autres. »

Bos s'assit sur une roche, tourmenté de colère et de douleur. Il entendait dans le château des fanfares de trompettes et le bruit des réjouissances. Un autre allait lui prendre sa femme et son bien ; il serrait les poings et roulait des pensées de meurtre ; mais il n'avait pas d'armes : il prit patience, comme il avait tant fait de fois chez les Sarrasins, et attendit.

Tous les pauvres du voisinage s'assemblèrent, et Bos se mit avec eux. Il n'était pas humble comme le bon roi saint Louis, qui lavait les pieds des mendiants ; il eut grand honte de marcher parmi ces porte-besaces, contrefaits, goîtreux, aux jambes torses, au dos voûté, mal couverts de méchantes capes rapiécées et trouées et de guenilles en loques ; mais il eut bien plus de honte encore, lorsqu'en passant sur le fossé plein d'eau claire il vit sa figure brûlée, ses cheveux hérissés comme le poil d'une bête fauve, ses yeux sauvages, tout son corps maigri et meurtri ; puis il pensa qu'il n'avait pour vêtement qu'un sac déchiré et la peau d'une grande chèvre, et qu'il était plus hideux que le plus hideux mendiant. Ceux-ci criaient louange aux mariés, et Bos de fureur grinçait les dents.

Ils suivaient le haut corridor, et Bos vit par la porte l'ancienne salle du festin. Ses armures y pendaient; il reconnut les andouillers des cerfs qu'il avait tués à coups de flèches, les têtes des ours qu'il avait tués à coups d'épieu. La salle était pleine, et la joie du festin montait haut sous les voûtes; le vin du Languedoc coulait largement dans les coupes, les conviés portaient la santé des fiancés. Le sire d'Angles causait bien bas avec la belle dame, qui souriait et tournait vers lui son doux regard. Quand Bos vit ces lèvres roses sourire et ces yeux noirs rayonner sous le capulet d'écarlate, il sentit son cœur mordu par la jalousie, bondit dans la salle et cria d'une voix terrible : « Hors d'ici, traîtres! je suis le maître d'ici, Bos de Bénac.

— Mendiant et menteur, dit le sire d'Angles. Nous avons vu Bos tomber mort sur le bord du fleuve d'Égypte. Qui es-tu, vieux ladre? Ta figure est noire comme celle des damnés Sarrasins. Vous êtes tous les amis du diable; c'est le malin esprit qui t'a conduit ici. Chassez-le, et lâchez les chiens sur lui. »

Mais la dame miséricordieuse demanda qu'on fît grâce au malheureux fou. Bos, blessé par sa conscience, croyant que chacun savait son péché, s'enfuit le visage dans ses mains, ayant horreur de lui-même, et ne s'arrêta que dans une fondrière déserte.

La nuit vint, et la cloche du mont Campana se mit à tinter. Il entendit bourdonner les rouets des fées du Bergonz. Le géant habillé de feu parut sur le pic d'Anie. Des images étranges se levèrent en son cerveau comme les rêves d'un malade. Le souffle du démon était sur lui. Une légion de visages fantastiques chevauchait dans sa tête au bruissement des ailes infernales, et le ravissant sourire de la belle dame le piquait au cœur comme une pointe de poignard. Le petit homme noir parut près de lui et lui dit : « Comment, Bos, tu n'es pas invité à la noce de ta femme? Le sire d'Angles l'épouse tout à l'heure. Ami Bos, il n'est pas courtois!

— Maudit de Dieu, que viens-tu faire ici?

— Tu n'es pas reconnaissant; je t'ai tiré d'Égypte, comme Moïse ses badauds d'Israélites, et je t'ai transporté, non pas en quarante ans, mais en un jour, dans la terre promise. Pauvre sot qui t'amuses à pleurer! Veux-tu ta femme? donne-moi ta foi, rien davantage. Au fait, tu as raison; demain, si tu n'est pas gelé, et si tu pries bien humblement le sire d'Angles, il te fera valet de chenil; c'est une belle place. Ce soir, dors sur la neige, bon chevalier. Là-bas, où sont les lumières, le sire d'Angles embrasse ta femme.. »

Bos suffoquait et crut qu'il allait mourir. « Seigneur mon Dieu, dit-il en tombant à genoux, délivrez-moi du tentateur! » Et il fondit en larmes.

Le diable s'enfuit, chassé par cette prière ardente; les mains de Bos jointes sur sa poitrine rencontrèrent son anneau de mariage qu'il portait à son scapulaire. Il tressaillit de joie : « Merci, Seigneur, et faites que j'arrive. »

Il courut comme s'il avait des ailes, franchit d'un saut la porte, et se cacha derrière un pilier de la galerie. Le cortége s'avançait avec des flambeaux. Quand la dame fut près de lui, Bos se leva, lui prit la main et lui montra l'anneau. Elle le reconnut et se jeta dans ses bras. Il se tourna vers l'assistance, et dit : « J'ai souffert comme Jésus-Christ, et j'ai été renié comme lui. Hommes de Bigorre qui m'avez maltraité et renié, je vous prie d'être mes amis comme autrefois. »

Le lendemain, Bos alla verser un plat de noix dans un gouffre noir, où souvent on entendait la voix du diable; ensuite il partit pour se confesser au pape. Au retour, il se fit ermite dans une caverne de la montagne, et sa femme devint nonne dans un couvent de Tarbes. Tous deux firent saintement pénitence, et méritèrent après leur mort de voir Dieu.

II.

Un peu après Lourdes, commence la plaine, et le ciel s'ouvre sur une largeur immense : la coupole d'azur pâlit vers les bords, et son bleu tendre, dégradé par des nuances insensibles, se perd à l'horizon dans une blancheur ravissante. Ces couleurs si pures, si riches, si doucement fondues, sont comme un grand concert où l'on se trouve enveloppé d'harmonie; la lumière arrive de toutes parts; l'air en est pénétré, la voûte bleue scintille depuis le dôme jusqu'à l'horizon. On oublie les autres objets; on s'absorbe dans une sensation unique; on ne peut que jouir de cette sérénité inaltérable, de cette profusion de clarté, de cet épanchement de lumière dorée, ruisselante, qui joue dans un espace sans limites. Ce ciel du Midi ne correspond qu'à un seul état de l'âme, qui est la joie : il n'a qu'une pensée et qu'une beauté, mais il fait concevoir le bonheur plein et durable; il met dans le cœur une source de gaieté toujours prête à jaillir; l'homme en ce pays doit porter légèrement la vie. Nos cieux du Nord ont une expression plus variée et plus profonde; les reflets métalliques de leurs nuages changeants conviennent à des âmes agitées; leur lumière brisée et leurs nuances étranges expriment la joie triste des passions mélancoliques; ils touchent le cœur plus à fond et d'une atteinte plus vive. Mais le bleu et le blanc sont des teintes si belles! D'ici le Nord semble un exil; on n'eût jamais pensé que deux couleurs pussent faire autant de plaisir. Elles s'évanouissent l'une dans l'autre, comme des sons suaves qui se rapprochent et se confondent. Le blanc lointain adoucit la lumière crue et l'emprisonne dans une poussière d'air épaissi. L'azur du dôme émousse les rayons sous sa teinte obscure, les réfléchit, les brise, et semble semé de paillettes d'or. Ces miroitements du ciel, ces horizons noyés dans une bande vaporeuse, cette transparence de l'air infini, cette profondeur d'un ciel sans nuages, valent le spectacle des montagnes.

III.

Tarbes est une assez grande ville, ayant l'aspect d'un bourg, pavée de petits cailloux, d'apparence médiocre. On débarque dans une place où de gros ormeaux poudreux font de l'ombre. A midi les rues sont désertes ; on s'aperçoit qu'on est proche du soleil d'Espagne. Quelques femmes seulement, coiffées d'un foulard rouge, vendaient des pêches au coin d'une borne. Un peu plus loin, des soldats de cavalerie traînaient leurs grandes jambes gauches dans l'ombre étroite de leur muraille. On rencontre un carré de quatre bâtiments, au milieu desquels monte un clocher évasé du bas. C'est l'église ; elle n'a qu'une seule nef, très-haute, très-large, très-fraîche, peinte de couleurs sombres, qui fait contraste avec la chaleur étouffante du dehors et l'éclat cru des murs blancs ; au-dessus de l'autel, six colonnes de marbre bigarré, surmontées d'un baldaquin, font un assez bel effet. Les tableaux sont comme partout : un Christ beurre frais et rose tendre, une passion en estampes coloriées de six sous. Quelques-uns, placés très-haut, dans des coins obscurs, paraissent meilleurs, parce qu'on n'y démêle rien. Un peu plus loin, on vient de bâtir un palais de justice, propre et neuf comme une robe de juge : les moellons sont bien équarris, et les murs parfaitement ratissés; la façade est embellie de deux statues, la Justice, qui a l'air d'une sotte, et la Force, qui a l'air d'une fille. La Force a des demi-bottes et une peau de bête. Au lieu de belles statues, nous avons de vilains logogriphes. Puisqu'on avait l'amour du symbole, ne pouvait-on habiller la Force en gendarme? Pour nous dédommager des statues, nous allâmes visiter les chevaux. A cet endroit, la ville bourgeoise devient ville élégante. Les bâtiments du haras sont simples et de bon goût. Des gazons, des rosiers, des escaliers pleins de fleurs, une belle prairie d'herbe haute; dans le lointain des peupliers rangés en rideaux sur l'horizon limpide : l'habitation des chevaux est un lieu de plaisance. Il y en a cinquante dans une longue écurie qui serait au besoin une salle de bal; ce sont de superbes bêtes, le poil luisant, la croupe ferme, l'œil doux, le front calme; ils mangent paisiblement dans leurs stalles, ayant double natte sous leur litière; tout est brossé, essuyé, frotté. Des écuyers en veste rouge vont et viennent incessamment pour les nettoyer et veiller à ce que rien ne leur manque. Les hommes étaient moins heureux dans le paradis terrestre.

IV.

Les pauvres hommes n'ont pas une ville qui ne soit pleine de souvenirs lamentables. Les protestants prirent celle-ci en 1570 et égorgèrent tous les habitants. Un d'eux s'était réfugié dans une tour où l'on ne pouvait monter que par un escalier étroit ; on lui envoya un de ses amis, qui l'appela sous prétexte de parlementer ; sitôt qu'il eut mis la tête à la fenêtre, on le tua d'une arquebusade. Les paysans qui vinrent donner la sépulture aux morts en enterrèrent deux mille dans les fossés. Cinq ans après, le pays était presque désert.

Prenez patience : les catholiques n'étaient pas plus doux que les protestants ; témoin ce siége de Rabastens, à quatre lieues de Tarbes.

« Soudain, dit Montluc, je connus qu'il fallait que d'autres y missent la main que nos gens de pied, et dis à la noblesse : « Gentilshommes, mes amis, sui-
« vez hardiment, et sans vous étonner, donnez ;
« car nous ne saurions choisir une mort plus hono-
« rable. » Et ainsi nous marchâmes tous d'aussi bonne volonté qu'à ma vie je vis aller à l'assaut, et

regardai deux fois en arrière ; je vis que tous se touchaient les uns les autres. J'avais fait porter trois ou quatre échelles au bord du fossé, et, comme je me retournais en arrière pour commander que l'on apportât deux échelles, l'arquebusade me fut donnée par le visage, du coin d'une barricade qui touchait à la tour. Tout à coup je fus tout en sang, car je le jetais par la bouche, par le nez, par les yeux. Alors presque tous les soldats, et presque aussi tous les gentilshommes, commencèrent à s'étonner et voulurent reculer. Mais je leur criai, encore que je ne pouvais presque parler à cause du grand sang que je jetais par la bouche et par le nez : « Où voulez-« vous aller? vous voulez vous épouvanter pour moi? « Ne vous bougez, ni n'abandonnez le combat. » Et dis aux gentilshommes : « Je m'en vais me faire « panser ; que personne ne me suive, et vengez-moi, « si vous m'aimez. » Je pris un gentilhomme par la main, et ainsi fust conduit à mon logis, là où trouvai un chirurgien du régiment de M. de Goas, nommé maître Simon, qui me pansa et m'arracha les os des deux joues avec les deux doigts, si grands étaient les trous, et me coupa force chair de visage, qui était toute froissée.

« Voici M. de Madaillan, mon lieutenant, lequel était à mon côté quand j'allai à l'assaut, et M. de Goas à l'autre, qui venait voir si j'étais mort, et me dit : « Monsieur, réjouissez-vous, prenez courage,

« nous sommes dedans. Voilà les soldats aux mains « qui tuent tout ; et assurez-vous que nous vengerons votre blessure. » Alors je lui dis : « Je loue « Dieu de ce que je vois la victoire à nous avant de « mourir. A présent, je ne me soucie point de la « mort. Je vous prie de vous en retourner, et montrez-moi toute l'amitié que vous m'avez portée, et « *gardez qu'il n'en échappe un seul qui ne soit tué.* »

« Et à l'instant s'en retourna et tous mes serviteurs même y allèrent. En sorte qu'il ne demeura auprès de moi que deux pages, et l'avocat de Las et le chirurgien. L'on voulut sauver le ministre et le capitaine de là dedans, nommé Ladous, pour les faire pendre devant mon logis. Mais les soldats ne faillirent de les tuer eux-mêmes, et les ôtèrent à ceux qui les tenaient, et les mirent en mille pièces. Les soldats en firent sauter cinquante ou soixante du haut de la grande tour, qui s'étaient retirés là dedans, dans les fossés, lesquels se noyèrent. Il se trouve que l'on en sauva deux qui s'étaient cachés. Il y avait tel prisonnier qui voulait donner quatre mille écus. Mais jamais homme ne voulait entendre à aucune rançon, et la plupart des femmes furent tuées. »

Comment avec de telles fureurs la race humaine a-t-elle pu durer ? « On a beau la tarir, dit Méphistophélès, la fraîche source de sang vivant reparaît toujours. »

BAGNÈRES-DE-BIGORRE

I

On repart pour Bagnères à cinq heures du soir, dans la poussière, à la suite de coucous chargés de monde. Cette route est encombrée, comme les chemins de la banlieue autour de Paris le samedi soir. La diligence prend, en passant, autant de paysans qu'elle en rencontre; on les met en tas sous la bâche, parmi les malles, à côté des chiens; ils ont l'air fier et content de cette haute place. Les jambes, les bras, les têtes, s'agencent comme elles peuvent; ils chantent, et la voiture a l'air d'une boîte à musique. C'est dans cet équipage triomphal qu'on arrive à Bagnères, le soleil couché. On dîne à la hâte, on se fait conduire à la promenade des Coustous, et l'on est tout surpris de trouver le boulevard de Gand aux Pyrénées.

Quatre rangées d'arbres poudreux; des bancs réguliers à intervalles égaux; sur les deux côtés, des hôtels de figure moderne, dont l'un est occupé par M. de Rothschild; des files de boutiques illuminées, des cafés chantants autour desquels on s'amasse; des terrasses remplies de spectateurs assis; sur la chaussée, une foule noire qui s'agite sous les lumières; voilà le spectacle qu'on a sous les yeux. Les groupes se font, se défont, se serrent; on suit la foule; on rapprend l'art d'avancer sans marcher sur les pieds qu'on rencontre, de frôler tout le monde sans coudoyer personne, de n'être pas écrasé et de ne pas écraser les autres; bref, tous les talents enseignés par la civilisation et l'asphalte. On retrouve les bruissements des toilettes, le bourdonnement confus des conversations et des pas, l'éclat blessant des lumières artificielles, les figures obséquieuses et ennuyées des marchands, l'étalage savant des boutiques, et toutes les sensations qu'on a voulu quitter. Bagnères-de-Bigorre et Luchon sont aux Pyrénées les capitales de la vie élégante, le rendez-vous des plaisirs du monde et de la mode, Paris à deux cents lieues de Paris.

Le lendemain matin, au soleil, l'aspect de la ville est charmant. De grandes allées de vieux arbres la traversent en tous sens. Des jardinets fleurissent sur les terrasses. L'Adour roule le long des maisons. Deux rues sont des îles qui rejoignent la chaussée par des ponts chargés de lauriers-roses, et mirent leurs fenêtres vertes dans le flot clair.

Les ruisseaux d'eau limpide accourent de toutes les places et de toutes les rues; ils se croisent, s'enfoncent sous terre, reparaissent, et la ville est remplie de leurs murmures, de leur fraîcheur et de leur gaieté. Une petite fille, assise sur la dalle ardoisée, trempe ses pieds dans le courant; l'eau froide les rougit, et la pauvrette retrousse avec grand soin sa mauvaise robe, de peur de la mouiller. Une femme agenouillée lave du linge à sa porte; une autre se penche et puise de l'eau pour sa marmite. Les deux rigoles noires et brillantes, enserrent la route blanche comme deux cordons de jais. Dans la cour intérieure ou dans le vestibule de chaque maison, les femmes assemblées cousent et filent, les unes sur les marches de l'escalier, les autres au pied d'une vigne; elles sont dans l'ombre, mais sur la crête du mur les belles feuilles vertes sont traversées par un rayon de soleil.

Sur la place voisine, des hommes rangés sur deux lignes battaient le blé avec de longues perches et amoncelaient des tas de grain doré. Sous son luxe d'emprunt, la ville garde des habitudes rustiques; mais la riche lumière fond les contrastes, et le battage du blé a la splendeur d'un bal. Plus loin sont des bâtiments où le ruisseau travaille les marbres. Des plaques, des blocs, des éclats entassés, des matériaux informes, remplissent la cour sur une longueur de trois cents pas, parmi des bouquets de rosiers, des plates-bandes fleuries, des statues et des kiosques. Dans les ateliers, de lourds engrenages, des baquets d'eau bourbeuse, des scies rouillées, des roues grossières : voilà les ouvriers. Dans les magasins, des colonnes, des chapiteaux d'un poli admirable, de blanches cheminées bordées de feuilles en relief, des vases ciselés, des coupes sculptées, des bijoux d'agate : voilà l'ouvrage. Les carrières des Pyrénées ont donné toutes un échantillon pour lambrisser les murs ; c'est une bibliothèque de marbres. Il y en a de blancs comme l'albâtre, de roses comme la chair vivante, de bruns, de cailletés comme le ventre d'une pintade. La Griotte est d'un rouge sang. Le Baudéan noir, veiné de filets blancs, jette un reflet verdâtre. Le Roncé de Bise sillonne de bandes sombres sa robe couleur de biche. Le Sarrancolin grisâtre luit étrangement, tout marqueté d'écailles, rayé de teintes pâles et taché d'une large plaque sanglante. La nature est le plus grand des peintres ; les infiltrations et les feux souterrains ont pu seuls inventer cette profusion de nuances et de dessins ; il a fallu l'originalité audacieuse du hasard et le lent travail des forces minérales, pour tourner des lignes si capricieuses et assortir des teintes si composées.

Un courant d'eau rapide roule sous les ateliers ; un autre glisse devant la maison, dans une belle prairie, sous un rideau de peupliers. Dans le lointain blanchâtre, on aperçoit les montagnes. L'endroit est heureux pour être scieur de pierres.

II.

Les Thermes sont un beau bâtiment blanc, vaste et régulier; la longue façade tout unie est de forme très-simple. Cette architecture voisine du style antique est plus belle au Midi qu'au Nord; comme le ciel, elle laisse dans l'âme une impression de sérénité et de grandeur.

Une moitié de rivière baigne la façade et précipite sous le pont d'entrée sa nappe noire hérissée de flots étincelants. On entre dans un grand vestibule, on suit un vaste escalier à double rampe, puis des corridors que terminent de nobles portiques et qui donnent sur des terrasses. Des cabinets de bains lambrissés de marbre, un jardin verdoyant, de beaux points de vue, partout de hautes voûtes, de la fraîcheur, des formes simples, des couleurs douces qui reposent l'œil et font contraste avec la lumière crue, éblouissante, qui tombe au dehors sur la place poudreuse et sur les maisons blanches; tout attire, et c'est plaisir d'être malade ici.

Les Romains, gens aussi civilisés et aussi ennuyés que nous, faisaient comme nous et venaient à Bagnères. Les habitants du pays, bons courtisans, construisirent sur la place publique un temple en l'honneur d'Auguste. Le temple devint une église qu'on dédia à saint Martin, mais qui garda l'inscription païenne. En 1641, on transporta l'inscription sur la fontaine de la porte méridionale, où elle est encore.

En 1823, on découvrit, dans l'emplacement des Thermes, des colonnes, des chapiteaux, quatre piscines revêtues de marbres et ornées de moulures, et un grand nombre de médailles à l'effigie des premiers empereurs romains. Ces débris, retrouvés après dix-huit siècles, laissent une impression profonde, semblable à celle qu'on éprouve en mesurant les grands bancs calcaires, sépulcres antédiluviens des races englouties. Nos villes sont assises sur des ruines de civilisations éteintes, et nos champs sur des restes de créations détruites.

Rome a laissé partout sa trace à Bagnères. Les plus aimables de ces souvenirs de l'antiquité sont les monuments que les malades guéris élevaient en l'honneur des Nymphes, et dont les inscriptions subsistent encore. Couchés dans les baignoires de marbre, ils sentaient les vertus de la bienfaisante déesse pénétrer dans leurs membres ; les yeux demi-fermés, assoupis dans le mol embrassement de l'eau tiède, ils entendaient la source mystérieuse tomber goutte à goutte en chantant, du fond de la roche, sa mère ; la nappe épanchée luisait autour d'eux avec de vagues reflets verdâtres ; et devant eux passaient, comme une vision, le regard étrange et la voix magique de la divinité inconnue qui venait à la lumière pour apporter la santé aux malheureux mortels.

Derrière les Thermes est une haute colline, couverte d'arbres admirables où serpentent des allée solitaires; de là on voit sous ses pieds la ville, dont les toits d'ardoises repoussent la puissante lumière du ciel enflammé et se détachent dans l'air limpide avec une teinte fauve et plombée. Une ligne de peupliers dessine sur la grande plaine verte le cours de la rivière; du côté de Tarbes, elle s'enfonce à l'infini dans des lointains vaporeux, parmi des teintes adoucies. En face, des collines boisées et cultivées montent en s'arrondissant jusqu'à l'horizon. A droite, les montagnes, semblables à des pyramides descendent en longues arêtes régulières. Ces collines et ces montagnes découpent une ligne sinueuse sur le bord rayonnant du ciel. De l'horizon blanc et souriant, l'œil remonte par des nuances insensibles jusqu'au bleu ardent et foncé du dôme. Cette blancheur donne une sensation tendre et délicieuse, mélange de rêverie et de volupté; elle touche, trouble et ravit, comme la chanson de Chérubin dans Mozart. Un vent frais arrive de la vallée; le corps est aussi à l'aise que l'âme; on trouve dans son être une harmonie qu'on n'y connaissait pas; on ne porte plus le poids de sa pensée ni de sa machine; on ne fait plus que sentir; on devient tout animal, c'est-à-dire parfaitement heureux.

Le soir, on va se promener dans la plaine. Il y a dans les champs de maïs des sentiers détournés où l'on est seul. Les têtes, hautes de sept pieds, font comme un taillis d'arbres. La large fusée des feuilles vertes finit par des colonnettes minces de grains rosés, et le soleil oblique glisse ses flèches d'or entre les tiges. On rencontre des prairies coupées de ruisseaux que les paysans barrent, et qui, pendant plusieurs heures, inondent l'herbe pour la rafraîchir. Le jour tombe, la grande ombre des montagnes assombrit la verdure ; des nuages d'insectes bourdonnent dans l'air alourdi. Le souffle d'une brise expirante fait un instant frissonner les feuilles Cependant les voitures et les cavalcades reviennent sur toutes les routes, et le cours s'illumine pour la promenade du soir.

LE MONDE

I

Il est convenu que la vie aux eaux est fort poétique, et qu'on y trouve des aventures de toute sorte, surtout des aventures de cœur. Lisez les romans, *l'Anneau d'argent*, de Charles de Bernard ; *Lavinia*, de George Sand, etc.

Si la vie aux eaux est un roman, c'est dans les livres. Pour y voir de grands hommes, il faut les apporter reliés en veau, dans sa malle.

Il est également convenu qu'aux eaux la conversation est extrêmement spirituelle, qu'on n'y rencontre que des artistes, des hommes supérieurs, des gens du grand monde ; qu'on y prodigue des idées, la grâce et l'élégance, et que la fleur de tous les plaisirs et de toutes les pensées y vient s'épanouir.

La vérité est qu'on y use beaucoup de chapeaux, qu'on y mange beaucoup de pêches, qu'on y dit beaucoup de paroles, et qu'en fait d'hommes et d'idées, on y trouve à peu près ce qu'on trouve ailleurs.

Voici le catalogue d'un salon mieux composé que beaucoup d'autres :

Un vieux gentilhomme, assez semblable au M. de Mortsauf de Balzac, officier avant 1830, très-brave, et capable de raisonner juste, quand on le poussait fort. Il avait un grand long cou cartilagineux qui tournait tout d'une pièce et péniblement, comme une machine rouillée ; ses pieds ballottaient dans ses souliers carrés ; les pans de sa redingote pendaient comme des drapeaux autour de ses jambes. Son corps et ses habits étaient roides, gauches, antiques et étroits, comme ses opinions. Du reste, méticuleux, radoteur, hargneux, occupé tout le jour à ressasser des pauvretés et à se plaindre de vétilles ; il tracassait son domestique une heure durant pour un grain de poussière oublié sur la basque de son habit, expliquant le moyen d'enlever la poussière, le danger de laisser la poussière, les défauts d'un esprit négligent, les mérites d'un esprit diligent, avec tant de monotonie, de ténacité et de lenteur, qu'on finissait par se boucher les oreilles ou par dormir. Il prenait du tabac, posait son menton sur sa canne, et regardait devant lui avec l'expression inerte et terne des momies. La vie rustique, le manque de conversation et d'action, la fixité des habitudes machinales, l'avaient éteint.

A côté de lui se tenaient une jeune Anglaise et sa mère. L'Anglaise n'avait pu s'éteindre ; elle avait gelé en naissant : du reste, aussi immobile que lui. Elle portait aux bras une boutique d'orfèvrerie : bracelets, chaînes de toutes formes et de tout métal, qui pendaient et tintaient comme des clochettes. La mère était une de ces asperges crochues, bosselées, plantées dans une robe ballonnée, qui ne peuvent fleurir et monter en graine que sous le brouillard de Londres. Elles prenaient du thé et ne causaient qu'entre elles.

On remarquait en troisième lieu un jeune homme fort noble, parfaitement mis, frisé tous les jours, les mains molles, incessamment lavé, brossé, orné, embelli, et beau comme une poupée. Il avait la fatuité compassée et sérieuse. Ses moindres actions étaient d'une correction et d'une gravité admirable. Il demandait du potage en pesant toutes ses paroles. Il mettait ses gants de l'air d'un empereur romain. Il ne riait jamais, on reconnaissait à ses gestes calmes l'homme pénétré de respect pour soi-même, qui érige les convenances en principes. Son teint, ses mains, sa barbe et son esprit, avaient été si longtemps nettoyés, frottés et parfumés par l'étiquette, qu'ils semblaient postiches.

Ordinairement, il donnait la réplique à une dame moldave, qui maintenait la conversation vivante. Cette dame avait voyagé par toute l'Europe, et racontait ses voyages d'une voix si perçante et si métallique, qu'on se demandait si elle n'avait pas un clairon quelque part dans le corps. Elle dissertait toute seule, quelquefois pendant un quart d'heure de suite, principalement sur le riz et sur le degré de civilisation des Turcs, sur la barbarie des généraux russes et sur les bains de Constantinople. Cette mémoire pleine ne débordait qu'en tirades : cela était presque aussi amusant qu'un dictionnaire de géographie

Il y avait près d'elle un Espagnol pâle, mince, maigre, dont la figure ressemblait à une lame de couteau. On sut, par quelques mots échappés, qu'il était riche et républicain : il passait sa vie un journal à la main. Il en lisait tous les jours douze ou quinze, avec de petits mouvements secs et saccadés, et des contractions nerveuses qui passaient sur sa figure comme un frisson. Il se tenait habituellement dans un coin, et l'on voyait briller sur sa physionomie des velléités de proclamations et de professions de foi. Au même instant son regard s'éteignait comme un feu trop brusque qui flambe et tombe. Il ne parlait que par monosyllabes et pour demander du thé. Sa femme ne savait pas le français et restait toute la soirée immobile dans son fauteuil.

Faut-il parler d'une vieille dame saumuroise, habituée des bains. attentive au chaud, au froid, aux courants d'air, aux assaisonnements, décidée à n'enrichir ses héritiers que le plus tard possible, qui trottait tout le jour, et le soir caressait son chien? D'un abbé et de son élève, qui dînaient à part pour fuir la contagion des conversations mondaines? etc. La vérité est qu'il n'y a rien à peindre, et qu'au prochain restaurant vous verrez les mêmes gens.

Maintenant, de bonne foi, que peuvent être les entretiens dans un pareil monde? Comme la réponse est importante, je prie le lecteur de parcourir la classification ci-jointe des conversations intéressantes; il jugera lui-même si l'on a chance d'en rencontrer aux eaux quelqu'une de semblable.

Premier genre : circonlocutions, argumentations oratoires, exordes par insinuation, sourires et saluts, pouvant se traduire par la phrase suivante : « Monsieur, faites-moi gagner mille francs. »

Deuxième genre: périphrases, dissertations métaphysiques, cris de l'âme, gestes et génuflexions, aboutissant à la phrase que voici : « Madame, permettez-moi d'être votre très-humble serviteur. »

Troisième genre : deux personnes ayant besoin l'une de l'autre sont en présence ; abrégé de leur conversation : « Vous êtes un grand homme. — Vous en êtes un autre. »

Quatrième genre : on est assis au coin du feu avec un vieil ami ; on tisonne dans les braises, et l'on cause de n'importe quoi, par exemple : « Voulez-vous du thé ? Mon cigarre est éteint. » Ou, ce qui est mieux, on ne dit rien du tout et l'on écoute chanter la bouilloire ; toutes actions qui signifient : « Vous êtes un brave homme, et vous me rendriez service au besoin. »

Cinquième genre : idées générales nouvelles et librement exprimées ; genre perdu depuis cent ans. On l'a connu dans les salons au dix-huitième siècle. Genre aujourd'hui fossile.

Sixième et dernier genre : fusées d'esprit, feu d'artifice de mots brillants, images inventées, couleurs étalées, profusion de verve, d'originalité et de gaieté. Genre infiniment rare et tous les jours diminué par la peur de se compromettre, par l'air important, par l'affectation de moralité.

Ces six genres manquant, et visiblement ils manquent, que reste-t-il ? La conversation telle que la peint Henri Monnier et que la fait M. Prudhomme. Seulement, ici les façons sont meilleures : par exemple, on sait qu'on doit se servir le dernier du potage, et le premier de la salade ; on se munit de certaines phrases convenues qu'on échange contre d'autres phrases convenues ; on répond à un geste prévu par un geste prévu, à la manière des Chinois ; on vient bâiller intérieurement et sourire extérieurement, en compagnie et en cérémonie. Cette comédie de grimaces et ce commerce d'ennui forment la conversation aux eaux et ailleurs.

Aussi beaucoup de gens vont prendre l'air dans la rue.

II.

La rue est pleine de figures mornes : jurisconsultes, banquiers, gens fatigués par les travaux de cabinet, ou ennuyés parce qu'ils ont trop de fortune et trop peu de chagrin. Le soir, ils vont à Frascati ou regardent les badauds qui se coudoient entre les boutiques du Cours. Le jour, ils boivent et se baignent un peu, montent à cheval et fument beaucoup. Les bouffis, étalés sur un fauteuil, digèrent ; les maigres étudient le journal ; les jeunes dissertent avec les dames sur le temps qu'il fait ; les dames s'occupent à bien arrondir leurs jupes ; les vieux, qui sont philosophes et critiques, prennent du tabac ou regardent les montagnes avec des lunettes, pour vérifier si les gravures sont exactes. Ce n'est pas la peine d'avoir tant d'argent pour avoir si peu de plaisir.

Cet ennui prouve que la vie ressemble à l'Opéra ; pour y être heureux, il faut l'argent de l'entrée, mais aussi le sentiment de la musique. Si l'argent vous manque, vous restez dehors à la pluie parmi les décrotteurs ; si le sentiment vous manque, vous dormez maussadement dans votre superbe loge. Je conclus qu'il faut tâcher de gagner les quatre francs du parterre, mais surtout apprendre la musique.

Les promenades sont trop propres et rappellent le bois de Boulogne ; çà et là un balai fatigué appuie contre un arbre sa silhouette oblique. Du fond d'un fourré, les sergents de ville lancent sur vous leur regard d'aigle, et le crottin décore les allées de ses monticules poétiques.

Un malade amène toujours avec lui un ou plusieurs compagnons. Quel est l'être assez déshérité du ciel pour ne pas avoir un parent ou un ami qui s'ennuie? et quel est l'ami ou le parent assez ingrat pour refuser un service qui est une partie de plaisir? le malade boit et se baigne; l'ami chausse des guêtres ou monte à cheval : de là l'espèce des touristes.

Cette espèce comprend plusieurs variétés, qu'on distingue au ramage, au plumage et à la démarche. Voici les principales :

I.

La première a les jambes longues, le corps maigre, la tête penchée en avant, les piéds larges et forts, les mains vigoureuses, excellentes pour serrer et accrocher. Elle est munie de cannes, de bâtons ferrés, de parapluies, de manteaux, de pardessus en caoutchouc. Elle méprise la parure, se montre peu dans le monde, connaît parfaitement les guides et les hôtels. Elle arpente le terrain d'une façon admirable, monte avec selle, sans selle, de toutes les manières, toutes les bêtes possibles. Elle marche pour marcher et pour avoir le droit de répéter quelques belles phrases toutes faites.

J'ai trouvé et ramassé aux Eaux-Chaudes le journal d'un de ces touristes marcheurs. Il est intitulé : *Mes impressions.*

« 15 juillet. Ascension du Vignemale. Départ à minuit, retour à dix heures du soir. Appétit sur le sommet, excellent dîner, pâté, volailles, truites, bordeaux, kirsch. Mon cheval a bronché onze fois. Pieds écorchés. Rondo, bon guide. Total : soixante-sept francs.

« 20 juillet. Ascension du Pic du Midi de Bigorre. Quinze heures. Sanio, médiocre guide, ne sait ni chansons ni histoires. Bon sommeil d'une heure au sommet. Deux bouteilles cassées, ce qui a un peu gâté les provisions. Trente-huit francs.

« 21 juillet. Excursion au val d'Héas. Trop de pierres sur la route. Sept lieues. Il faut m'exercer tous les jours ; demain j'en ferai huit.

« 24 juillet. Excursion au val d'Aspe. Neuf lieues.

1er août. Lac d'Oo. Bonne eau, très-froide ; les bouteilles ont bien rafraîchi.

« 2 août. Vallée de l'Arboust. Rencontre de trois caravanes, deux d'ânes, une de chevaux. Dix lieues. Gosier pelé. Durillons au pied.

« 3 août. Ascension de la Maladetta. Trois jours.

Coucher à la Rencluse de la Maladetta. Mon grand manteau double à collet de poil m'empêche d'être gelé. Le matin, je fais moi-même l'omelette. Punch à la neige. Seconde nuit dans le vallon de Malibierne. Traversée du glacier. Mon soulier droit se déchire. Arrivée au sommet. Vue de trois bouteilles laissées par les précédents touristes. Pour me distraire, je lis un numéro du *Journal des chasseurs*. Au retour, je suis fêté par les guides. Cornemuses le soir à ma porte, gros bouquet avec un ruban. Total : cent soixante-huit francs.

« 15 août. Départ des Pyrénées. Trois cent quatre-vingt-onze lieues en un mois, tant à pied qu'à cheval et en voiture. Onze ascensions, dix-huit excursions. J'ai usé deux bâtons ferrés, un pardessus, trois pantalons, cinq paires de souliers. Bonne année.

« *P. S.* Pays sublime. Mon esprit plie sous ces grandes émotions. »

II.

La seconde variété comprend des êtres réfléchis, méthodiques, ordinairement portant lunettes, doués d'une confiance passionnée en la lettre imprimée. On les reconnaît au manuel-guide, qu'ils ont toujours à la main. Ce livre est pour eux la loi et les prophètes. Ils mangent des truites au lieu qu'indique le livre, font scrupuleusement toutes les stations que conseille le livre, se disputent avec l'aubergiste lorsqu'il leur demande plus que ne marque le livre. On les voit aux sites remarquables, les yeux fixés sur le livre, se pénétrant de la description et s'informant au juste du genre d'émotion qu'il convient d'éprouver. La veille d'une excursion, ils étudient le livre et apprennent d'avance l'ordre et la suite des sensations qu'ils doivent rencontrer : d'abord la surprise, un peu plus loin une impression douce, au bout d'une lieue l'horreur et le saisissement, à la fin l'attendrissement calme. Ils ne font et ne sentent rien que pièces en main et sur de bonnes autorités. En arrivant dans un hôtel, leur premier soin est de demander à leur voisin de table s'il y a un lieu de réunion, à quelle heure on s'y rassemble, comment on emploie les différentes heures du jour, sur quelle promenade on va dans l'après-midi, sur quelle autre le soir. Le lendemain, ils suivent tous ces renseignements en conscience. Ils sont vêtus à la mode des eaux, ils changent de toilette autant de fois que l'usage des eaux le juge convenable; ils font toutes les excursions qu'on doit faire, à l'heure où il faut les faire, dans l'équipage avec lequel il faut les faire. Ont-ils un goût? on n'en sait rien : le livre et l'opinion publique ont pensé et décidé pour eux. Ils ont la consolation de penser qu'ils ont marché dans la grande route et qu'ils sont les imitateurs du genre humain. Ce sont les touristes *dociles*.

III

La troisième variété marche en troupes et fait ses excursions en famille. Vous apercevez de loin une grande cavalcade tranquille : le père, la mère, deux filles, deux grands cousins, un ou deux amis, et quelquefois des ânes pour les bambins. On fouette les ânes, qui sont rétifs ; on conseille la prudence aux jeunes gens fougueux ; un coup d'œil retient les jeunes demoiselles autour du voile vert de leur mère. Les caractères distinctifs de cette variété sont le voile vert, l'esprit bourgeois, l'amour des siestes et des repas sur l'herbe ; un signe infaillible est le goût des petits jeux de société. Cette variété est rare aux Eaux-Bonnes, plus fréquente à Bagnères-de-Bigorre et à Bagnères-de-Luchon. Elle est remarquable par sa prudence, par ses instincts culinaires, par ses habitudes économiques. Les individus qui font l'excursion s'arrêtent dans un endroit choisi dès la veille ; on débarque des pâtés et des bouteilles. Si l'on n'a rien apporté, on va frapper à la cabane voisine pour avoir du lait ; on s'étonne de le payer trois sous le verre ; on trouve qu'il ressemble fort au lait de chèvre, et l'on se dit, après avoir bu, que l'écuelle de bois n'était pas trop propre. On regarde curieusement l'étable noire, demi-souterraine, où les vaches ruminent sur un lit de fougères : après quoi, les gens gros et gras s'asseyent ou se couchent. L'artiste de la famille tire son album et copie un pont, un moulin et autres paysages d'album. Les jeunes filles courent en riant et se laissent tomber essoufflées sur l'herbe; les jeunes gens courent après elles. Cette variété, originaire des grandes villes, principalement de Paris, veut retrouver aux Pyrénées les parties de plaisir de Meudon et de Montmorency.

IV.

Quatrième espèce : touristes dîneurs. A Louvie, une famille de Carcassonne, le père, la mère, un fils, une fille, une servante, descendirent de l'intérieur. Pour la première fois de leur vie, ils entreprenaient un voyage de plaisir. Le père était un de ces bourgeois fleuris, ventrus, importants, dogmatiques, bien vêtus de drap fin, conservateurs d'eux-mêmes, qui forment leurs cuisinières, arrangent leur maison en bonbonnière, et s'installent dans leur bien-être, comme une huître dans sa coquille. Ils entrèrent avec stupeur dans une salle obscure, où des bouteilles demi-vides erraient parmi des plats refroidis. La nappe était tachée, les serviettes d'un blanc douteux. Le père, saisi d'indignation, demanda une tasse de thé et se mit à marcher d'un air tragique. Les autres se regardèrent douloureusement et s'assirent. Les plats arrivaient à la débandade, tous manqués. Les Carcassonnais se servaient, tournaient la viande dans leur assiette, la contemplaient et ne mangeaient pas. Ils demandèrent une seconde fois du thé ; le thé ne parut point ; on appela les voyageurs pour monter en voiture, et l'hôtelier réclama douze francs. Sans dire un mot, avec un geste d'horreur concentrée, le chef de famille paya. Puis, s'approchant de sa femme, il lui dit : « Vous l'avez voulu, madame ! » Au bout d'un quart d'heure l'orage creva ; il épancha ses plaintes dans le sein du conducteur. Il déclara que la compagnie périrait si elle relayait chez de tels empoisonneurs ; il espérait que les maladies emporteraient bientôt des gens aussi malpropres. On lui dit que dans le pays tout le monde était ainsi, et qu'on y vivait gaiement quatre-vingts ans. Il leva les yeux au ciel, renfonça son chagrin et reporta ses pensées vers Carcassonne.

V.

Cinquième variété ; rare : touristes *savants*.

Un jour, au pied d'une roche humide, je vis venir à moi un petit homme maigre, avec un nez en bec d'aigle, un visage tout en pointe, des yeux verts, des cheveux grisonnants, des mouvement nerveux, saccadés, et quelque chose de bizarre et de passionné dans la physionomie. Il avait de grosses guêtres, une vieille casquette noire ternie par la pluie, un pantalon boueux aux genoux, sur le dos une boîte de botanique bosselée, une petite bêche à la main. Par malheur je regardais une jolie plante à longue tige droite bien verte, à corolle blanche, délicate, qui croît auprès des sources perdues. Il me prit pour un confrère novice. « Eh bien! voilà comme vous cueillez les plantes! Par la tige, malheureux? Que fera-t-elle dans votre herbier, sans racines? Où est votre boîte? votre sarcloir?

— Mais, monsieur....

— Plante ordinaire, commune aux environs de Paris, *Parnassia palustris* : tige simple, dressée, haute d'un pied, glabre, feuilles radicales pétiolées (la caulinaire engainante, sessile), cordiformes, entièrement glabres; fleur solitaire, blanche, terminale, ayant le calice à feuilles lancéolées, les pétales arrondis, marqués de lignes creuses, les nectaires ciliés et munis de globules jaunes à l'extrémité des cils, qui ressemblent à des pistils; hellébbracée. Ces nectaires sont curieux; bonne étude, plante bien choisie. Courage! vous avancerez.

— Mais je ne suis pas botaniste!

— Très-bien, vous êtes modeste. Pourtant, puisque vous êtes aux Pyrénées, il faut étudier la flore du pays ; vous n'en retrouverez plus l'occasion. Il y a ici des plantes rares qu'il faut absolument emporter. J'ai cueilli auprès d'Oleth la *Menziesra Daboeci*, trouvaille inestimable. Je vous montrerai chez moi la *Ramondia Pyrenaica*, une solanée qui a le port des primevères. J'ai gravi le Mont-Perdu pour trouver le *Ranunculus parnassifolius* indiqué par Ramond, et qui croît à 2700 mètres. Hein ! qu'est-ce que cela ! L'*Aquilegia Pyrenaica!* »

Et mon petit homme partit comme un isard, gravit une pente, creusa soigneusement le sol autour de la fleur, l'enleva sans couper une seule racine, et revint les yeux brillants, l'air triomphant, la tenant en l'air comme un drapeau.

« Plante propre aux Pyrénées. Je la désirais depuis longtemps ; l'échantillon est excellent. Voyons, mon jeune ami, un petit examen : vous ignorez l'espèce ; mais vous reconnaissez la famille ?

— Hélas ! je ne sais pas un mot de botanique. »

Il me regarda stupéfait.

« Et pourquoi cueillez-vous des plantes ?

— Pour les voir, parce qu'elles sont jolies. »

Il mit sa fleur dans sa boîte, rajusta sa casquette et s'en alla sans ajouter un seul mot.

VI.

Sixième variété ; très-nombreuse : touristes *sédentaires*. Ils regardent les montagnes de leur fenêtre ; leurs excursions consistent à passer de leur chambre au jardin anglais, du jardin anglais à la promenade. Ils font la sieste sur la bruyère et lisent le journal étendus sur une chaise : après quoi ils ont vu les Pyrénées.

I.

Il y avait un grand bal hier. Paul y présentait un jeune créole de Vénézuela en Amérique; le jeune homme n'a rien vu encore; il vient de débarquer à Bordeaux, d'où il arrive; du reste fort beau garçon, d'une figure olivâtre et fine, grand chasseur, et plus propre à courir les montagnes que les salons. Il vient en France pour se former, comme on dit; Paul prétend que c'est pour se déformer.

Nous nous sommes mis dans un coin, et le jeune homme a demandé à Paul ce que c'est qu'un bal.

« Une grande cérémonie funèbre et pénitentiaire.

— Bah!

— Sans doute, et cet usage remonte haut.

— Vraiment?

— Il remonte à Henri III, qui institua les réunions de flagellants. Les gens de la cour se décolletaient et s'assemblaient pour se donner des coups de fouet sur leurs épaules. Aujourd'hui il n'y a plus de coups de fouet, mais la tristesse est égale. Tous les gens qui sont ici viennent expier de grandes fautes ou viennent de perdre leurs parents.

— C'est pour cela qu'ils sont vêtus de noir !

— Précisément.

— Mais les dames sont en robes magnifiques.

— Elles ne s'en mortifient que mieux. Chacune s'est pendu autour des reins une sorte de cilice, cet horrible amas de jupons qui les blesse et finit par les rendre malades. C'est à l'exemple des saintes, pour mieux opérer le salut.

— Mais tous les hommes sourient.

— C'est là le plus beau, gênés comme ils sont, enfermés dans leur suaire de drap noir. Ils se contraignent, et font preuve de vertu. Avancez de six pas, vous allez voir. »

Le jeune homme avança ; n'ayant pas encore l'expérience des mouvements de salon, il marcha sur les pieds d'un danseur et défonça le chapeau d'un monsieur mélancolique. Il revint tout rouge se blottir auprès de nous.

« Qu'est-ce que vous ont dit vos deux pauvres diables ?

— Je n'y comprends rien. Le premier, après une grimace involontaire, m'a regardé gracieusement. L'autre a mis son chapeau sous son autre bras et m'a salué.

— Humilité, résignation, désir de souffrir pour gagner des mérites. Sous Henri III on remerciait celui qui vous avait le mieux sanglé. Je vais faire parler un musicien ; écoutez. Monsieur Steuben, quel quadrille jouez-vous là ?

— L'*Enfer*, quadrille fantastique. C'est la légende d'une jeune fille emportée vivante par les griffes du diable.

— Il est bien ?

— Très-expressif. La finale exprime ses cris de douleur et les hurlements des démons. La jeune fille fait le dessus et les démons la basse.

— Et vous jouez après ?

— Des contredanses sur *di tanti palpiti*.

— Rappelez-moi donc l'idée de cet air.

— C'est au retour de Tancrède. Il s'agit de peindre la tristesse la plus touchante.

— Excellent choix. Et point de mazurkas, de valses ?

— Tout à l'heure ; voici un gros cahier de Chopin ; c'est notre favori. Quel maître ! Quelle fièvre, quels cris douloureux, incertains, brisés ! Toutes ses mazurkas donnent envie de pleurer.

— C'est pourquoi on les danse ; vous voyez, cher enfant, des gens désolés pourraient seuls choisir une pareille musique. A propos, comment danse-t-on chez vous ?

— Chez nous? on saute, on se trémousse, on rit haut, on crie un peu.

— Drôles de gens! et pourquoi?

— Parce qu'ils sont joyeux et qu'ils ont besoin de remuer leurs membres.

— Ici, quatre pas en avant, autant en arrière une rotation gênée par le conflit des robes voisines, deux ou trois inclinations géométriques. Les fileurs de coton dans la prison de Poissy font précisément les mêmes mouvements.

— Mais ces gens causent.

— Avancez et écoutez ; il n'y a pas d'indiscrétion, je vous jure. »

Il revint au bout d'un instant.

« Qu'a dit l'homme?

— Le monsieur est arrivé avec entrain ; il a souri finement, et, avec un geste d'inventeur heureux, il a remarqué qu'il faisait chaud.

— Et la femme?

— Les yeux de la dame ont jeté un éclair. Avec un sourire ravissant d'approbation, elle a répondu que c'était vrai.

— Jugez comme ils ont dû se contraindre. Le monsieur a trente ans, il y a douze ans qu'il sait sa phrase. La dame en a vingt-deux, il y a sept ans qu'elle sait sa phrase. Chacun a fait et entendu trois ou quatre mille fois la demande ou la réponse. Pourtant ils ont eu l'air d'être intéressés, surpris. Quel empire sur soi ! Quelle force d'âme ! Vous voyez bien que ces Français qu'on dit légers sont stoïques à l'occasion.

— Les yeux me cuisent, j'ai les pieds enflés, j'ai avalé de la poussière ; il est une heure du matin, l'air sent mauvais, je voudrais bien m'en aller. Est-ce qu'ils resteront encore longtemps ?

— Jusqu'à cinq heures du matin. »

II.

Deux jours après, il y eut un concert. Le créole dit en sortant qu'il était fort las, qu'il n'avait rien compris à ce froufrou, et pria Paul de lui expliquer quel plaisir les gens trouvaient à tous ces bruits-là.

« Car, disait-il, ils ont eu du plaisir, puisqu'ils ont payé six francs d'entrée, et qu'ils ont applaudi passionnément.

— La musique éveille toutes sortes de rêveries agréables.

— Voyons.

— Tel air fait penser à des scènes d'amour : tel autre fait imaginer de grands paysages, des événements tragiques.

— Et si on n'a pas ces rêveries, la musique ennuie ?

— Certainement ; à moins qu'on ne soit professeur d'harmonie.

— Mais les assistants n'étaient pas professeurs d'harmonie?

— Non certes.

— En sorte qu'ils ont eu toutes ces rêveries dont vous parlez ; sinon ils se seraient ennuyés ; et, s'ils s'étaient ennuyés, ils n'auraient pas payé ni applaudi.

— Bien raisonné.

— Expliquez-moi donc les rêveries qu'ils ont eues ; par exemple cette sérénade dont parle mon programme, la sérénade de *don Pasquale*.

— Cela peint l'amour heureux, plein de volupté, d'insouciance. On voit un beau jeune homme les yeux riants, la joue en feu, dans un jardin d'Italie ; sous la lune sereine, au bourdonnement de la brise, il attend sa maîtresse, songe à son sourire, et peu à peu en notes cadencées, la joie et la tendresse sortent harmonieusement de son cœur.

— Quoi ! ils ont imaginé tout cela ! Les gens heureux que vos compatriotes ! quelle abondance d'émotions et de pensées ! mais quelle physionomie discrète ! Je n'aurais jamais soupçonné, à les voir, qu'ils faisaient un songe si doux.

— Le second morceau était un andante de Beethoven.

— Qu'est-ce que Beethoven ?

— Un pauvre grand homme, sourd, amoureux,

méconnu et philosophe, dont la musique est pleine de rêves gigantesques ou douloureux.

— Quels rêves?

— « L'éternité est une grande aire d'où tous les siècles, comme de jeunes aiglons, se sont envolés tour à tour pour traverser le ciel et disparaître. Le nôtre est arrivé à son tour au bord du nid; mais on lui a coupé les ailes, et il attend la mort en regardant l'espace, dans lequel il ne peut s'élancer. »

— Qu'est-ce que vous me récitez là?

— Une phrase de Musset qui traduit votre andante.

— Comment! en trois minutes ils ont passé de la première idée à celle-ci? Quels hommes! quelle flexibilité d'esprit! Je n'aurais jamais cru à une telle promptitude. Sans broncher, de plain-pied, ils sont entrés dans cette rêverie en sortant de la sérénade? quels cœurs! quels artistes! Vous me rendez tout honteux de moi-même; je n'oserai plus leur dire un mot.

— Le troisième morceau, un duo de Mozart, exprime des sentiments tout allemands, la candeur naïve, la tendresse mélancolique, contemplative, les vagues sourires, les timidités de l'amour.

— De sorte que leur imagination, qui était encore toute bouleversée, s'est transformée à l'instant jusqu'à représenter l'abandon, l'innocence, le trouble touchant d'une jeune fille?

— Certes.

— Et il y a sept ou huit morceaux par concert ?

— Au moins. Ajoutez que, ces morceaux étant pris dans trois ou quatre pays et dans deux ou trois siècles, il faut que les auditeurs prennent subitement les sentiments si opposés et si nuancés de tous ces siècles et de tous ces pays.

— Et ils étaient entassés sur des banquettes, sous une lumière crue.

— Et dans les entr'actes, les hommes causaient de chemins de fer, les dames, de toilette.

— Je m'y perds. Moi, quand je rêve, j'ai besoin d'être seul, à mon aise, tout au plus avec un ami. Si la musique me touche, c'est dans un petit salon sombre, quand on me joue des airs de même espèce, et qui conviennent à mon état d'esprit. Il ne faut pas qu'on me cause de choses positives. Les songes ne me viennent pas à volonté; ils s'en vont malgré moi. Je vois bien que je suis sur un autre continent, avec une race toute différente. On s'instruit à voyager. »

Un soupçon le prit : « S'ils étaient venus là aussi par pénitence ? Quand ils sortaient, je les ai vus bâiller, et la figure morne.

— N'en croyez rien. C'est qu'ils se contiennent. Sans cela, ils fondraient en larmes et vous sauteraient au cou. »

III.

Le soir, notre créole, qui avait réfléchi, dit à Paul :

« Puisque vous êtes si musiciens en France, vos jeunes filles bien élevées doivent toutes apprendre la musique ?

— Trois heures de gammes par jour, pendant treize ans, de sept à vingt ; total, quatorze mille heures.

— Elles en profitent ?

— Une sur huit. Des sept autres, trois deviennent de bonnes orgues de Barbarie, quatre de mauvaises orgues de Barbarie.

— J'imagine que par compensation on les fait lire ?

— Le Ragois, La Harpe et autres dictionnaires, toutes sortes de petits traités de piété fleurie.

— Qu'est-ce donc que votre éducation ?

— Une jolie boîte embaumée d'encens, parfumée, bien cadenassée, où l'esprit dort pendant que les doigts tournent une serinette.

— Eh bien ! c'est encourageant pour le mari. qu'est-ce qu'il fait, lui ?

— Il reçoit la clef de la boîte, l'ouvre ; un diablotin en robe blanche lui saute au nez, affamé de danser et de sortir.

— Bon, le mari sert de valet de place. Est-ce qu'il a d'autres soucis?

— Peut-être.

— Voyons.

— Un appartement au troisième coûte deux mille francs, la toilette de la femme quinze cents, l'éducation d'un enfant, mille; le mari en gagne six.

— Je comprends; en dansant, ils songent à toutes sortes de choses tristes.

— A économiser, à représenter, à flatter et à calculer.

— Qu'est-ce donc que le mariage chez vous?

— Un acte de société entre un ministre des affaires étrangères et un ministre de l'intérieur.

— Et comme préparation elles ont appris....

— A rouler des gammes, à perler des trilles, à démancher leurs poignets. La prestidigitation enseigne le ménage.

— Décidément, vous autres gens d'Europe, vous avez une belle logique. Et la huitième fille, celle qui ne devient point orgue de Barbarie?

— Le piano la forme aussi. Il sert à tout, partout. Bienfaisante machine!

— Comment cela?

— Il exalte et raffine. Mendelssohn les entoure de rêves ardents, délicats, maladifs. Rossini emplit leurs nerfs d'une joie expansive et voluptueuse. Les âpres désirs tourmentés, les cris brisés, révoltés, des passions modernes, sortent de tous les accords de Meyerbeer. Mozart éveille en elles un essaim de tendresses et de tristesses vagues. Elles vivent dans un nuage d'émotions et de sensations.

— Les autres arts en feraient autant.

— Point du tout. La littérature est une psychologie vivante, la peinture une physiologie vivante. La musique seule invente tout, ne copie rien, est un pur rêve, lâche la bride aux rêves.

— Et probablement elles s'y lancent.

— De toute la fougue de leur ignorance, de leur sexe, de leur imagination, de leur oisiveté et de leurs vingt ans.

— Eh bien! le soir elles ont pour pâture la poésie de la famille et du monde.

— Le soir, un monsieur en bonnet de nuit, leur mari, leur cause de ses reports et de sa clientèle. Les enfants dans leur berceau se gâtent ou grognent. La cuisinière apporte ses comptes. Elles saluent quinze hommes dans leur salon, et louent quinze dames sur leurs robes. Ajoutez parfois la cérémonie pénitentiaire et funèbre que vous avez vue il y a trois jours.

— Mais alors le piano semble choisi tout exprès.

— Pour les résigner du premier coup à la mesquinerie de la condition moyenne, à la nullité de la condition féminine, à la misère de la conditio[n] humaine. Il est évident que toutes se trouveront contentes, que nulle ne deviendra languissante ou aigre. Cher et salutaire instrument! saluez-le avec respect quand vous entrez dans une chambre. Il est la source de la concorde domestique, de la patience féminine et du bonheur conjugal.

— Saint Jacques, je jure que ma femme ne saura pas la musique!

— Vous faites vœu de célibat, mon cher ami. Aujourd'hui toute fille portant gants a fait trotter ses doigts sur cette machine; sans quoi elle se prendrait pour une blanchisseuse.

— J'épouserai ma blanchisseuse.

— Le lendemain de vos noces elle fera venir un piano. »

Paul s'est foulé le pied et a passé deux jours dans sa chambre, occupé à regarder une basse-cour. Là-dessus il a écrit un petit traité que voici, à l'usage du jeune créole, sorte de viatique dont l'autre se nourrira pour mieux comprendre le monde. Je trouve le traité triste et sceptique. Paul répond qu'il faut l'être d'abord pour ne plus l'être ensuite, et qu'il faut l'être un peu pour ne pas l'être trop.

VIE ET OPINIONS PHILOSOPHIQUES D'UN CHAT.

I.

Je suis né dans un tonneau au fond d'un grenier à foin; la lumière tombait sur mes paupières fermées, en sorte que, les huit premiers jours, tout me parut couleur de rose.

Le huitième, ce fut encore mieux; je regardai, et vis une grande chute de clarté sur l'ombre noire; la poussière et les insectes y dansaient. Le foin était chaud et odorant; les araignées dormaient pendues aux tuiles; les moucherons bourdonnaient; tout le monde avait l'air heureux; cela m'enhardit; je voulus aller toucher la plaque blanche où tourbillonnaient ces petits diamants et qui rejoignait le toit par une colonne d'or. Je roulai comme une boule, j'eus les yeux brûlés, les côtes meurtries, j'étranglais, et je toussai jusqu'au soir.

II.

Mes pattes étant devenues solides, je sortis et fis bientôt amitié avec une oie, bête estimable, car elle avait le ventre tiède; je me blottissais dessous, et pendant ce temps ses discours philosophiques me formaient. Elle disait que la basse-cour était une république d'alliés; que le plus industrieux, l'homme, avait été choisi pour chef, et que les chiens, quoique turbulents, étaient nos gardiens. Je pleurais d'attendrissement sous le ventre de ma bonne amie.

Un matin la cuisinière approcha d'un air bonassé, montrant dans la main une poignée d'orge. L'oie tendit le cou que la cuisinière empoigna, tirant un grand couteau. Mon oncle, philosophe alerte, accourut et commença à exhorter l'oie, qui poussait des cris inconvenants: « Chère sœur, disait-il, le fermier, ayant mangé votre chair, aura l'intelligence plus nette et veillera mieux à votre bien-être; et les chiens s'étant nourris de vos os, seront plus capables de vous défendre. » Là dessus l'oie se tut, car sa tête était coupée, et une sorte de tuyau rouge s'avança hors du cou qui saignait. Mon oncle courut à la tête et l'emporta prestement; pour moi, un peu effarouché, j'approchai de la mare de sang, et sans réfléchir j'y trempai ma langue; ce sang était bien bon, et j'allai à la cuisine pour voir si je n'en aurais pas davantage.

III.

Mon oncle, animal fort expérimenté et très-vieux, m'a enseigné l'histoire universelle.

A l'origine des choses, quand il naquit, le maître étant mort, les enfants à l'enterrement, les valets à la danse, tous les animaux se trouvèrent libres. Ce fut un tintamarre épouvantable; un dindon ayant de trop belles plumes fut mis à nu par ses confrères. Le soir, un furet, s'étant insinué, suça à la veine du cou les trois quarts des combattants, lesquels, naturellement, ne crièrent plus. Le spectacle était beau dans la basse cour; les chiens çà et là avalaient un canard; les chevaux par gaieté cassaient l'échine des chiens; mon oncle lui-même croqua un demie-douzaine de petits poulets. C'était le bon temps, dit-il.

Le soir, les gens étant rentrés, les coups de fouet commencèrent. Mon oncle en reçut un qui lui emporta une bande de poil. Les chiens, bien sanglés et à l'attache, hurlèrent de repentir et léchèrent les mains du nouveau maître. Les chevaux reprirent leur dossée avec un zèle administratif. Les volailles protégées poussèrent des gloussements de bénédiction; seulement, au bout de six mois, quand passa le coquetier, d'un coup on en saigna cinquante. Les oies, au nombre desquelles était ma bonne amie défunte, battirent des ailes, disant que tout était dans l'ordre, et louant le fermier, bienfaiteur du public.

IV.

Mon oncle, quoique morose, avoue que les choses vont mieux qu'autrefois. Il dit que d'abord notre race fut sauvage, et qu'il y a encore dans les bois des chats pareils à nos premiers ancêtres, lesquels attrapent de loin en loin un mulot ou un loir, plus souvent des coups de fusil. D'autres, secs, le poil ras, trottent sur les gouttières et trouvent que les souris sont bien rares. Pour nous, élevés au comble de la félicité terrestre, nous remuons flatteusement la queue à la cuisine, nous poussons de petits gémissements tendres, nous léchons les plats vides, et c'est tout au plus si par journée nous emboursons une douzaine de claques.

V.

La musique est un art céleste, il est certain que notre race en a le privilége ; elle sort du plus profond de nos entrailles ; les hommes le savent si bien qu'ils nous les empruntent, quand avec leurs violons ils veulent nous imiter.

Deux choses nous inspirent ces chants célestes : la vue des étoiles et l'amour. Les hommes, maladroits copistes, s'entassent ridiculement dans une salle basse, et sautillent, croyant nous égaler. C'est sur la cime des toits, dans la splendeur des nuits, quand tout le poil frissonne, que peut s'exhaler la mélodie divine. Par jalousie ils nous maudissent et nous jettent des pierres. Qu'ils crèvent de rage ; jamais leur voix fade n'atteindra ces graves grondements, ces perçantes notes, ces folles arabesques, ces fantaisies inspirées et imprévues qui amollissent l'âme de la chatte la plus rebelle, et nous la livrent frémissante, pendant que là-haut les voluptueuses étoiles tremblent et que la lune pâlit d'amour.

Que la jeunesse est heureuse, et qu'il est dur de perdre les illusions saintes ! Et moi aussi j'ai aimé et j'ai couru sur les toits en modulant des roulements de basse. Une de mes cousines en fut touchée, et deux mois après mit au monde six petits chats blancs et roses. J'accourus, et voulus les manger : c'était bien mon droit, puisque j'étais leur père. Qui le croirait? ma cousine, mon épouse, à qui je voulais faire sa part du festin, me sauta aux yeux. Cette brutalité m'indigna, et je l'étranglai sur la place; après quoi j'engloutis la portée tout entière. Mais les malheureux petits drôles n'étaient bons à rien, pas même à nourrir leur père; leur chair flasque me pesa trois jours sur l'estomac. Dégoûté des grandes passions, je renonçai à la musique, et m'en retournai à la cuisine.

VI.

J'ai beaucoup pensé au bonheur idéal, et je pense avoir fait là-dessus des découvertes notables.

Évidemment il consiste, lorsqu'il fait chaud, à sommeiller près de la mare. Une odeur délicieuse sort du fumier qui fermente; les brins de paille lustrés luisent au soleil. Les dindons tournent l'œil amoureusement, et laissent tomber sur leur bec leur panache de chair rouge. Les poules creusent la paille et enfoncent leur large ventre pour aspirer la chaleur qui monte. Le mare scintille, fourmillante d'insectes qui grouillent et font lever des bulles à sa surface. L'âpre blancheur des murs rend plus profonds les enfoncements bleuâtres où les moucherons bruissent. Les yeux demi-fermés, on rêve, et comme on ne pense plus guère, on ne souhaite plus rien.

L'hiver, la félicité est d'être assis au coin du feu à la cuisine. Les petites langues de la flamme lèchent la bûche, et se dardent parmi des petillements; les sarments craquent et se tordent, et la fumée enroulée monte dans le conduit noir jusqu'au ciel. Cependant la broche tourne, d'un tic tac harmonieux et caressant. La volaille embrochée roussit, brunit, devient splendide; la graisse qui l'humecte adoucit ses teintes; une odeur réjouissante vient picoter l'odorat; on passe involontairement sa langue sur ses lèvres; on respire les divines émanations du lard; les yeux au ciel, dans une grave extase, on attend que la cuisinière débroche la bête et vous en offre ce qui vous revient.

Celui qui mange est heureux; celui qui digère est plus heureux; celui qui sommeille en digérant est plus heureux encore. Tout le reste n'est que vanité et impatience d'esprit. Le mortel fortuné est celui qui, chaudement roulé en boule et le ventre plein, sent son estomac qui opère et sa peau qui s'épanouit. Un chatouillement exquis pénètre et remue doucement les fibres. Le dehors et le dedans jouissent par tous leurs nerfs. Certainement si le monde est un grand Dieu bienheureux, comme nos sages le disent, la terre doit être un ventre immense occupé de toute éternité à digérer les créatures et à chauffer sa peau ronde au soleil.

VII.

Mon esprit s'est fort agrandi par la réflexion. Par une méthode sûre, des conjectures solides et une attention soutenue, j'ai pénétré plusieurs secrets de la nature.

Le chien est un animal si difforme, d'un caractère si désordonné, que de tout temps il a été considéré comme un monstre, né et formé en dépit de toutes les lois. En effet, lorsque le repos est l'état naturel, comment expliquer qu'un animal soit toujours remuant, affairé, et cela sans but ni besoin, lors même qu'il est repu et n'a point peur? Lorsque la beauté consiste universellement dans la souplesse, la grâce et la prudence, comment admettre qu'un animal soit toujours brutal, hurlant, fou, se jetant au nez des gens, courant après les coups de pieds et les rebuffades? Lorsque le favori et le chef-d'œuvre de la création est le chat, comment comprendre qu'un animal le haïsse, courre sur lui sans en avoir reçu la moindre égratignure, et lui casse les reins sans avoir envie de manger sa chair?

Ces contrariétés prouvent que les chiens sont des damnés; très-certainement les âmes coupables et punies passent dans leurs corps. Elles y souffrent: c'est pourquoi ils se tracassent et s'agitent sans cesse. Elles ont perdu la raison : c'est pourquoi ils gâtent tout, se font battre, et sont enchaînés les trois quarts du jour. Elles haïssent le beau et le bien : c'est pourquoi ils tâchent de nous étrangler.

VIII.

Peu à peu l'esprit se dégage des préjugés dans lesquels on l'a nourri ; la lumière se fait ; il pense par lui-même : c'est ainsi que j'ai atteint la véritable explication des choses.

Nos premiers ancêtres (et les chats de gouttière ont gardé cette croyance) disaient que le ciel est un grenier extrêmement élevé, bien couvert, où le soleil ne fait jamais mal aux yeux. Dans ce grenier, disait ma grand'tante, il y a des troupeaux de rats si gras qu'ils marchent à peine, et plus on en mange, plus il en revient.

Mais il est évident que ceci est une opinion de pauvre hères, lesquels, n'ayant jamais mangé que du rat, n'imaginaient pas une meilleure cuisine. Puis les greniers sont couleur de bois ou gris, et le ciel est bleu, ce qui achève de les confondre.

A la vérité ils appuyaient leur opinion d'une remarque assez fine : « Il est visible, disaient-ils, que le ciel est un grenier à paille ou farine, car il en sort très-souvent des nuages blonds, comme lorsqu'on vanne le blé, ou blancs, comme lorsqu'on saupoudre le pain dans la huche. »

Mais je leur réponds que les nuages ne sont point formés par des écailles de grain ou par la poussière de farine; car lorsqu'ils tombent, c'est de l'eau qu'on reçoit

D'autres, plus policés, ont prétendu que la rôtissoire était Dieu, disant qu'elle est la source de toutes les bonnes choses, qu'elle tourne toujours, qu'elle va au feu sans se brûler, et qu'il suffit de la regarder pour tomber en extase.

A mon avis, ils n'ont erré ici que parce qu'ils la voyaient à travers la fenêtre, de loin, dans une fumée poétique, colorée, étincelante, aussi belle que le soleil du soir. Mais moi qui me suis assis près d'elle pendant des heures entières, je sais qu'on l'éponge, qu'on la raccommode, qu'on la torchonne, et j'ai perdu en acquérant la science les naïves illusions de l'estomac et du cœur.

Il faut ouvrir son esprit à des conceptions plus vastes, et raisonner par des voies plus certaines. La nature se ressemble partout à elle-même, et offre dans les petites choses l'image des grandes. De quoi sortent tous les animaux? d'un œuf; la terre est donc un très-grand œuf; j'ajoute même que c'est un œuf cassé.

On s'en convaincra si on examine la forme et les limites de cette vallée qui est le monde visible. Elle est concave comme un œuf, et les bords aigus par lesquels elle rejoint le ciel sont dentelés, tranchants et blancs comme ceux d'une coquille cassée.

Le blanc et le jaune s'étant resserrés en grumeaux ont fait ces blocs de pierre, ces maisons et toute la terre solide. Plusieurs parties sont restées molles, et font la couche que les hommes labourent; le reste coule en eau, et forme les mares, les rivières; chaque printemps il en coule un peu de nouvelle.

Quant au soleil, personne ne peut douter de son emploi; c'est un grand brandon rouge qu'on promène au-dessus de l'œuf pour le cuire doucement; on a cassé l'œuf exprès, pour qu'il s'imprègne mieux de la chaleur; la cuisinière fait toujours ainsi. Le monde est un grand œuf brouillé.

Arrivé à ce degré de sagesse, je n'ai plus rien à demander à la nature, ni aux hommes, ni à personne, excepté peut-être quelques petits gueuletons à la rôtissoire. Je n'ai plus qu'à m'endormir dans ma sagesse; car ma perfection est sublime, et nul chat pensant n'a pénétré dans le secret des choses aussi avant que moi.

ROUTE DE BAGNÈRES-DE-LUCHON

I

Tout homme ayant l'usage de ses yeux et de ses oreilles doit, pour voyager, monter sur l'impériale. Les plus hautes places sont les plus belles; interrogez ceux qui les occupent. On se casse le cou quand on en tombe; interrogez là-dessus les mêmes personnes. Mais on prend du plaisir quand on y est.

En premier lieu, on voit le paysage, ce qui produit des descriptions qu'on offre au public. Dans le coupé, on n'a pour spectacle que les harnais des chevaux; dans l'intérieur, on voit par une lucarne les arbres défiler comme des soldats au port d'armes; dans la rotonde, on est dans un nuage de poussière qui salit le paysage et qui étrangle le voyageur.

En second lieu, vous aurez là-haut la comédie. Dans les places du bas, les gens gardent le décorum et se taisent. Ici les paysans haut perchés qui sont vos compagnons, le postillon et le conducteur, se font des confidences à cœur ouvert : ils parlent de leurs femmes, de leurs enfants, de leur bien, de leur commerce, de leurs voisins, et surtout d'eux-mêmes; si bien qu'au bout d'une heure vous imaginez leur ménage et leur vie aussi nettement que si vous étiez chez eux. C'est un roman de mœurs que vous feuilletez sur la route. Il n'en est point qui donne d'idées si vives ni si vraies. On ne connaît le peuple qu'en vivant avec lui, et le peuple fait les trois quarts de la nation. Ces conversations brisées vous enseignent le nombre de ses idées et la couleur de ses passions; or, de ces idées et de ces passions dépendent tous les grands événements. D'ailleurs leurs mœurs rudes, leurs gros éclats de rire, leur franche estime de la force corporelle, leur penchant avoué pour le plaisir de manger et de boire, font contraste avec les grimaces de notre politesse et notre affectation de raffinement. Le conducteur racontait au postillon comment la veille ils avaient mangé à trois une moitié de mouton. C'était du mouton bon et gras; on n'en servait pas de meilleur à l'hôtel du Grand-Soleil : il y avait des aloyaux, des côtelettes, un gigot fin. Ils avaient bu six bouteilles. L'autre faisait répéter et semblait manger en imagination, par contre-coup. Après le festin, il avait mis les chevaux au galop; il avait dépassé Ribettes. Ribettes avait mangé de la poussière pendant une heure; Ribettes avait voulu reprendre l'avance, et ne l'avait pas pu. Ribettes enrageait. On avait fait la nargue à Ribettes. L'histoire de Ribettes et du mouton fut racontée huit fois en une heure, et parut la dernière fois aussi plaisante et aussi nouvelle que la première. Ils riaient comme des bienheureux.

En troisième lieu, on ne respire que là. Les autres places sont des étuves dont les parois et les coussins noirs conservent et concentrent la chaleur. Or, il n'est pas d'homme, si amateur qu'il soit des couleurs et des lignes, qui puisse jouir du paysage dans une boîte sans air. Quand la bête est gênée, elle gêne l'âme. L'admiration a besoin de bien-être, et l'on maudit le soleil lorsqu'on est grillé par le soleil.

II.

La voiture part de grand matin et gravit une longue montée sous la clarté grise de l'aube. Les paysans arrivent par troupes ; les femmes ont cinq ou six bouteilles de lait sur la tête, dans un panier. Des bœufs, le front baissé, traînent des chariots aussi primitifs et aussi gaulois qu'à Pau. Les enfants, en bérets bruns, courent dans la poussière à côté de leurs mères. Le village vient nourrir la ville.

Escaladieu montre au bord de la route les restes d'une ancienne abbaye. La chapelle subsiste et garde des fragments de sculpture gothique. Un pont est à côté, ombragé de grands arbres. La jolie rivière de l'Arros coule, avec des reflets moirés et des guipures d'argent, sur un fond de cailloux sombres. Personne ne savait choisir un emplacement mieux que les moines : c'étaient les artistes du temps.

Mauvoisin, ancienne forteresse de chevaliers brigands, lève sa tour ruinée au-dessus de la vallée. Froissard conte comment on assiégea ces honnêtes gens ; certes, en ce temps, ils valaient les autres, et le duc d'Anjou, leur ennemi, avait fait pis qu'eux.

« Le capitaine était pour lors un écuyer gascon, qui s'appelait Raimonnet de l'Espée, appert homme d'armes durement. Tous les matins, y avait aux barrières du chastel escarmouches et faits d'armes, et appertises grandes, et beaux lancis de lances, et poussis, et faites courses et envahies des compagnons qui désiraient avancer.

« Environ six semaines dura le siége devant le château de Mauvoisin. Et vous dis que ceux de Mauvoisin se fussent assez tenus, car le chastel n'est pas prenable, si ce n'est par long siége. Mais il leur avint que on leur tollit d'une part l'eau d'un puits qui sied au dehors du chastel, et les citernes qu'ils avaient là dedans séchèrent ; car oncques goutte d'eau du ciel durant six semaines n'y chéy, tant fit chaud et sec. Et ceux de l'ost avaient bien leur aise de la belle rivière de Lèse, qui leur coulait claire et roide et dont ils étaient servis, eux et leurs chevaux.

« Quand les compagnons de la garnison de Mauvoisin se trouvèrent en ce parti, si se commencèrent à esbahir, car ils ne pouvaient longuement durer; des vins avaient-ils assez, mais la douce eau leur manquait. Si eurent conseil ensemble entre eux, que ils traiteraient devers le duc, ainsi qu'ils firent, et impétra Raimonnet de l'Espée, leur capitaine, un sauf-conduit pour venir en l'ost parler au duc. Il l'ot assez légèrement, et vint parler au duc et dit : « Monseigneur, si vous nous voulez faire bonne « compagnie à mes compagnons et à moi, je vous « rendrai le chastel de Mauvoisin. — Quelle compa- « gnie, répondit le duc, voulez-vous que je vous « fasse? Partez-vous-en, et allez votre chemin cha- « cun en son pays, sans vous bouter en fort qui « nous soit contraire. Car, si vous vous y boutez et « je vous tienne, je vous délivrerai à Jausselin (le « bourreau), qui vous fera vos barbes sans rasouer. « — Monseigneur, dit Raimonnet, si il en est ainsi « que nous nous partions et retraions en nos lieux, « il nous en faut porter ce qui est nôtre, *car nous « l'avons gagné par armes* en peine et en grand aven- « ture. » Le duc pensa un petit, puis répondit et dit: « Je veuil bien que vous emportiez que porter en pou- « vez devant vous en malles et en sommiers, et non « autrement; car si tenez nuls prisonniers, ils nous « seront rendus. — Je le veuil bien, » dit Raimonnet.

« Ainsi se porta leur traité ; et se départirent tous ceux qui dedans étaient, et rendirent le chastel au duc d'Anjou, et emportèrent ce que devant eux porter en peurent; et s'en alla chacun en son lieu, ou autre part, querre son mieux. »

Ces bonnes gens, qui voulaient garder le fruit de leur travail, avaient passé leur temps « à rançonner les marchands » de Catalogne, aussi bien que de France, « et à guerroyer et harrier ceux de Bagnères et Bigorre. » Bagnères était alors « une bonne grosse ville fermée. » On se fortifiait partout, parce qu'on se battait partout. On ne sortait qu'avec un sauf-conduit et une escorte; au lieu de gendarmes, on rencontrait des pillards; au lieu de parasols, on emportait des lances. Une maison sûre était une belle maison; quand on s'était claquemuré dans une grosse tour faite comme un puits, on respirait, on se trouvait à l'aise. C'était là le bon temps, comme chacun sait.

III.

Encausse est tout près d'ici, au tournant de la route. Chapelle et Bachaumont y vinrent pour rétablir leur estomac qui en avait besoin et qui le méritait bien, car ils en usaient mieux que personne. Ils ont écrit leur voyage, et leur style coule aussi aisément que leur vie. Ils vont à petites journées, boivent, causent et font festin chez les amis qu'ils ont partout, courtisent les dames, se moquent fort joliment des provinciales. Ils boivent les santés des absents, goûtent du muscat autant qu'ils peuvent, et badinent en prose et en vers. Ce sont les épicuriens du temps, poëtes faciles qui n'ont souci de rien, pas même de la gloire, effleurant tout ce qu'ils touchent et n'écrivant que pour s'amuser.

« Encausse, disent-ils, est éloigné de tout commerce, et l'on n'y peut avoir autre divertissement que celui de voir revenir sa santé. Un petit ruisseau qui serpente à vingt pas du village, entre des saules et les prés les plus verts qu'on puisse imaginer, était toute notre consolation. Nous allions tous les matins prendre nos eaux en ce bel endroit, et les après-dîners nous promener. Un jour que nous étions sur les bords, assis sur l'herbe, sortit tout d'un coup d'entre les roseaux les plus proches un homme qui nous avait apparemment écoutés; c'était

Un vieillard tout blanc, pâle et sec,
Dont la barbe et la chevelure
Pendaient plus bas que la ceinture,
Ainsi qu'on peint Melchisédech;
Ou plutôt telle est la figure
D'un certain vieux évêque grec
Qui, faisant la salamalec,
Dit à tous la bonne aventure;
Car il portait un chapiteau
Comme un couvercle de lessive,

Mais d'une grandeur excessive,
Qui lui tenait lieu de chapeau.
Et ce chapeau, dont les grands bords
Allaient tombants sur ses épaules,
Était fait de branches de saules,
Et couvrait presque tout son corps.
Son habit de couleur verdâtre
Était d'un tissu de roseaux,
Le tout couvert de gros morceaux
D'un cristal épais et bleuâtre.

« A cette apparition, la peur nous fit faire deux signes de croix et trois pas en arrière. Mais la curiosité prévalut sur la crainte, et nous résolûmes, bien qu'avec quelques petits battements de cœur, d'attendre le vieillard extraordinaire, dont l'abord fut tout à fait gracieux, et qui nous parla fort civilement de la sorte :

Messieurs, je ne suis pas surpris
Que de ma rencontre imprévue
Vous ayez un peu l'âme émue:
Mais lorsque vous aurez appris
En quel rang les destins ont mis
Ma naissance à vous inconnue,
Et le sujet de ma venue,
Vous rassurerez vos esprits.
Je suis le dieu de ce ruisseau,
Qui d'une urne jamais tarie,
Penchée au pied de ce coteau,
Prends le soin dans cette prairie
De verser incessamment l'eau
Qui la rend si verte et fleurie.
Depuis huit jours, matin et soir,
Vous me venez réglément voir

Sans croire me rendre visite.
Ce n'est pas que je ne mérite
Que l'on me rende ce devoir;
Car enfin j'ai cet avantage,
Qu'un canal si clair et si net
Est le lieu de mon apanage.
Dans la Gascogne, un tel partage
Est bien joli pour un cadet. »

Les deux voyageurs causaient des marées de la Garonne, et des raisons qu'en donnaient Gassendi et Descartes. Ce Dieu fort obligeant leur conte que Neptune punit par là une ancienne rébellion des fleuves. « Puis l'honnête fleuve s'enfuit, et, au bout de vingt pas, le bonhomme s'est fondu tout en eau. »

Aujourd'hui cette mythologie paraît vide, et cette pensée, plate. Regardez aux environs, les alentours la sauvent. L'insouciance, l'ivresse, sont à côté. Elle est née entre deux verres de bon vin bien savourés, au milieu d'une lettre improvisée. Est-on si difficile à table? C'est un refrain qu'on chantonne; plat ou non, il n'importe. L'important est la bonne humeur et l'envie de rire. Je m'imagine de braves bourgeois, bien vêtus, ayant un peu de ventre, les yeux encore brillants du long dîner d'hier, des rubis sur la joue, très-disposés à s'attabler à la première auberge et à lutiner la servante. La Fontaine faisait ainsi, surtout en voyage. On s'arrêtait, on s'oubliait, les gaudrioles trottaient. On ne traversait pas la France comme aujourd'hui, à la façon d'un boulet de canon ou d'un avoué; on mettait cinq jours pour aller à Poitiers, et le soir, au coucher, on sustentait le corps. C'était le dernier âge de la bonne vie corporelle, et de cette grosse bourgeoisie qui eut sa fleur et son portrait dans la peinture flamande. Elle s'en allait déjà; la décence aristocratique et les saluts nobiliaires occupaient la littérature; Boileau imposait les vers sérieux, tous utiles et solides, comme des paires de pincettes. Aujourd'hui que le bourgeois est philosophe, ambitieux, homme d'affaires, c'est bien pis. Ne disons pas de mal des gens heureux : le bonheur est une poésie; nous avons beau nous vanter, nous n'avons plus celle-là.

IV.

La route est bordée de vignes, dont chaque pied monte à son arbre, orme ou frêne, le couronne d'une fraîche verdure, et laisse retomber ses feuilles et ses vrilles en panache. La vallée est un jardin étroit et long, entre deux chaînes de montagnes. Sur les basses pentes sont de belles prairies où les eaux vives courent aménagées dans des rigoles, arroseuses lestes et babillardes; les villages sont posés sur la petite rivière; des ceps montent le long des murs poudreux. Des mauves, droites comme des cierges, lèvent au-dessus des haies leurs fleurs rondes, brillantes comme des roses de rubis. Des vergers de pommiers passent à chaque instant des deux côtés de la voiture. Des cascades tombent dans chaque anfractuosité de la chaîne, entourées de maisons qui cherchent un abri. La chaleur et la poussière sont si grandes, que l'on est obligé, à toutes les sources qu'on rencontre, de laver avec une éponge les narines des chevaux. Mais, au fond de la vallée, s'élève un amas de montagnes noires, âpres, dont les têtes sont blanches de neige, qui nourrissent la rivière et ferment l'horizon. Enfin, nous passons sous une allée de beaux platanes, entre deux rangées de villas, de jardins, d'hôtels et de boutiques. C'est Luchon, petite ville aussi parisienne que Bigorre.

LUCHON

I

La rue est une large allée plantée de grands arbres et bordée d'assez beaux hôtels. Elle fut ouverte par l'intendant d'Étigny, qui, pour ce méfait, manqua d'être lapidé. Il fallut faire venir une compagnie de dragons pour forcer les Luchonnais à souffrir la prospérité de leur pays.

Au bout de l'allée, un joli chalet, semblable à ceux du Jardin des Plantes, abrite la source du Pré. Ses murs sont un treillis bizarre de branches tortueuses garnies de leur écorce; son toit est en chaume; son plafond est une tapisserie de mousses. Une jeune fille assise auprès des robinets distribue aux baigneurs des verres d'eau sulfureuse. Les toilettes élégantes arrivent vers quatre heures. En attendant, on s'assied à l'ombre sur des bancs de bois tressés, et l'on regarde les enfants qui jouent sur le gazon, les rangées d'arbres qui descendent vers la rivière, et la large plaine verte, semée de villages.

Au-dessous de la source sont les Thermes, qu'on achève, et qui seront les plus beaux des Pyrénées. Aujourd'hui le champ voisin est encore chargé de matériaux ; la chaux fume tout le jour et fait flamboyer et frissonner l'air.

La cour des bains renferme un grand autel votif, portant une amphore sur l'une de ses faces et cette inscription :

NYMPHIS.
AUG.
SACRUM.

On a conservé encore ces deux autres :

NYMPHIS
T. CLAUDIUS
RUFUS
V. S. L. M.

LIXONI DEO
FABIA FESTA
V. S. L. M.

Ce dieu Lixon, dit-on, était du temps des Celtes le dieu protecteur du pays. De là le nom de Luchon. Il est estropié et non détruit. Les dieux sont vivaces.

II.

Le soir, on entend beaucoup trop de pianos. Il y a plusieurs bals, et, dans certains cafés, des orchestres. Ces orchestres sont des familles ambulantes, louées à tant par semaine, pour rendre la maison inhabitable. L'un d'eux, composé d'une flûte mâle et de quatre violons femelles, jouait intrépidement tous les soirs la même ouverture. Les privilégiés payants étaient dans la salle parmi les pupitres. Un peuple de paysans se pressait à la porte, bouche béante; on faisait cercle et l'on montait sur les bancs pour regarder.

Les marchands de toute espèce mettent leur boutique en loterie : loterie de vaisselle, loterie de livres, loterie de petits objets d'ornement, etc. Le marchand et sa femme distribuent des cartons, moyennant un sou, aux servantes, aux soldats, aux enfants qui font foule. Quelqu'un tire; la galerie et les intéressés avancent le cou avec anxiété. L'homme lit le numéro; un cri part, signe irréfléchi d'une joie expansive : « C'est moi qui gagne. A moi, monsieur le marchand. » Et l'on voit une petite servante toute rouge se dresser sur la pointe des pieds et tendre les mains. Le marchand prend un pot avec dextérité, le promène au-dessus de sa tête, le fait contempler à toute l'assistance : « Un beau moutardier; un moutardier de trois francs, à filets d'or. Qui veut des numéros? » La séance dure quatre heures. Tous les jours elle recommence; les chalands ne manquent pas un instant.

Ces gens ont le génie de l'étalage. Un jour, on

entend rouler deux tambours, suivis de quatre hommes qui marchent solennellement, emmaillottes de châles et de pièces d'étoffe. Les enfants et les chiens font procession en criant; c'est l'ouverture d'une nouvelle boutique. Le lendemain je copiai l'affiche suivante imprimée sur papier jaune :

« Fête orphéonique dans la grotte dite de Gargas.

« La Société orphéonique de la ville de Montrejean exécutera :

« La polka;

« Plusieurs marches militaires;

« Plusieurs valses;

« Divers autres morceaux des œuvres des grands maîtres.

« Entre autres amateurs qui se feront entendre, l'un d'eux chantera des strophes sur l'éternité.

« Enfin une voix ravissante, qui veut garder l'anonyme pour se dérober à ces éloges mérités qu'on aime à prodiguer à son sexe, chantera aussi divers morceaux analogues à la circonstance.

« Ce sera délicieux et même séraphique que de prêter l'oreille à l'écho des sonores congélations des stalactites, qui s'unira à l'écho vibrant de la voûte pour répéter les notes harmonieuses; et, lorsque la voix divine s'y fera entendre, le charme enivrant du prestige surpassera toutes les impressions qu'ont pu laisser dans l'âme les souvenirs des plus aimables réunions chantantes.

« Prix d'entrée : 1 franc. »

Ces gens descendent de Clémence Isaure. Leurs affiches sont des odes. Par compensation beaucoup d'odes sont des affiches.

En effet, on est ici voisin de Toulouse; comme le caractère, le type est nouveau. Les jeunes filles ont des figures fines, régulières, d'une coupe nette, d'une expression vive et gaie. Elles sont petites, elles ont la démarche légère, des yeux brillants, la prestesse d'un oiseau. Le soir, autour d'une boutique de loterie, ces jolis visages se dessinent animés et passionnés sous la lumière vacillante bordée d'ombre noire. Les yeux petillent, les lèvres rouges tremblent, le col s'agite avec de petits mouvements brusques d'hirondelle; aucun tableau n'est plus vivant.

Si vous sortez de l'allée éclairée et tumultueuse, au bout de cent pas, vous trouvez le silence, la solitude et l'obscurité. La nuit, la vallée est d'une grande beauté; elle s'encadre et s'allonge entre deux chaînes de montagnes parallèles, piliers énormes qui s'alignent sur deux files et soutiennent la voûte sombre du ciel. Leurs arceaux la découpent comme un plafond de cathédrale, et la nef immense s'enfonce à plusieurs lieues, rayonnante d'étoiles; ces étoiles jettent des flammes. En ce moment, il n'y a qu'elles de vivantes; la vallée est noire, l'air immobile; on distingue seulement les cimes effilées des peupliers debout dans la nuit sereine, enveloppés de leur manteau de feuillage. Les derniers rameaux s'agitent, et leur bruissement ressemble au murmure d'une prière que répète le bourdonnement lointain du torrent.

III.

Au jour, la campagne est riche et riante; la vallée n'est pas une gorge, mais une belle prairie plate coupée d'arbres et de champs de maïs, parmi lesquels la rivière court sans bondir. Luchon est entouré d'allées de platanes, de peupliers et de tilleuls. On quitte ces allées pour un sentier qui suit les flots de la Pique et tournoie dans l'herbe haute. Les frênes et les chênes forment un rideau sur les deux bords; de gros ruisseaux arrivent des montagnes; on les passe sur des troncs posés en travers ou sur de larges plaques d'ardoise. Toutes ces eaux coulent à l'ombre, entre des racines tortueuses qu'elles baignent, et qui font treillis des deux côtés. La berge est couverte d'herbes penchées; on ne voit que la verdure fraîche et les flots sombres. C'est là qu'à midi se réfugient les promeneurs; sur les flancs de la vallée serpentent des routes poudreuses où courent des voitures et des cavalcades. Plus haut les montagnes grises, ou brunies par les mousses, développent à perte de vue leurs lignes douces et leurs formes grandioses. Elles ne sont point sauvages comme à Saint-Sauveur, ni écorchées comme aux Eaux-Bonnes; chacune de ces chaînes s'avance noblement vers la ville et laisse onduler derrière elle sa vaste croupe jusqu'au bout de l'horizon.

IV.

Au-dessus de Luchon est une montagne nommée Super-Bagnères. Je rencontre d'abord la Fontaine d'Amour : c'est une baraque de planches où l'on vend de la bière.

Un escalier tortueux, traversé par des sources, puis des sentiers escarpés dans une noire forêt de sapins, conduisent en deux heures aux pâturages du sommet. La montagne est haute d'environ cinq mille pieds. Ces pâturages sont de grandes collines onduleuses, rangées en étages, tapissées d'un gazon court, de thym dru et odorant; çà et là en foule les larges touffes d'une sorte d'iris sauvage, dont la fleur passe au mois d'août. On arrive fatigué, et sur l'herbe de la plus haute pointe on peut dormir au soleil le plus voluptueusement du monde. Des nuées de fourmis ailées tourbillonnaient dans les rayons tièdes. Dans un creux au-dessous de nous, on entendait les bêlements des brebis et des chèvres. A un quart de lieue, sur le dos de la montagne, une mare d'eau étincelait comme de l'acier bruni. Ici, comme sur le Bergonz et sur le pic du

Midi, on aperçoit un amphithéâtre de montagnes. Celles-ci n'ont pas l'âpreté héroïque des premiers granits, noirs rochers vêtus d'air lumineux et de neige blanche. D'un seul côté, vers les monts Crabioules, les rocs nus et déchiquetés s'argentaient d'une ceinture de glaciers. Partout ailleurs, les pentes étaient sans escarpements, les formes adoucies, les angles émoussés et arrondis. Mais, quoique moins sauvage, le cirque des montagnes était imposant. L'idée du simple et de l'impérissable entrait avec une domination entière dans l'esprit subjugué. Des sensations pacifiques berçaient l'âme dans leurs ondulations puissantes. Elle se mettait à l'unisson de ces êtres inébranlables et énormes. C'était comme un concert de trois ou quatre notes indéfiniment prolongées et chantées par des voix profondes.

Le jour baissait, les nuages ternissaient le ciel refroidi. Les bois, les prés, les landes de mousses, les roches des versants, se coloraient diversement sous la lumière décroissante. Mais cette opposition des teintes, effacée par la distance et par la grandeur des masses, se fondait dans une nuance verdâtre et grise, d'un effet triste et doux, comme celui d'un vaste désert à demi peuplé de verdure. Les ombres des nuages cheminaient lentement, en brunissant les sommets fauves. Tout était d'accord, le bruit monotone du vent, la marche calme des nuages, l'affaiblissement du jour, les couleurs tempérées, les lignes amollies. C'est ici le second âge de la nature. La terre dissimule les rocs, les mousses revêtent la terre; les ondulations arrondies du sol soulevé ressemblent aux flots fatigués une heure après la tourmente. Luchon n'est pas loin de la plaine; ses montagnes sont les dernières vagues de la tempête souterraine qui dressa les Pyrénées; la distance a diminué leur violence, tempéré leur grandiose et adouci leurs escarpements.

Vers le soir, nous descendîmes dans le creux où paissaient les chèvres. Une source y coulait, recueillie dans les troncs d'arbres creusés qui servaient d'abreuvoirs aux troupeaux. C'est un plaisir délicieux, après une journée de marche, de tremper ses mains et ses lèvres dans une fontaine froide. Ce bruit sur ce plateau solitaire était charmant. L'eau filtrait à travers le bois, entre les pierres, et, chaque fois qu'elle glissait sur la terre noircie, le soleil la couvrait d'éclairs. Des lignes de joncs marquaient sa traînée jusqu'à la mare. Pâtres et bêtes étaient descendus; elle était le seul habitant de ce pré abandonné. N'était-il pas singulier de rencontrer un marécage a cinq mille pieds de hauteur?

V.

Au midi, la rivière devient torrent. A une demi lieue de Luchon elle s'engouffre dans un profond défilé de rochers rouges, dont plusieurs ont croulé; le lit est obstrué de blocs; les deux murailles de roches se serrent au nord, et l'eau amoncelée rugit pour sortir de sa prison; mais les arbres poussent dans les fissures, et le long des parois les fleurs blanches des ronces pendent en chevelures.

Tout près de là, sur une éminence ronde de roc pelé, s'élève une tour mauresque ruinée, qu'on nomme Castel-Vieil. Son flanc est bordé d'une affreuse montagne noire et brune, toute nue, qui ressemble à un amphithéâtre écroulé. Les assises pendent les unes sur les autres, ébréchées, disloquées, saignantes; les arêtes tranchantes et les cassures sont jaunies de misérables mousses, ulcères végétaux qui salissent de leurs plaques lépreuses la nudité de la pierre. Les pièces de ce monstrueux squelette ne tiennent ensemble que par leur masse; il est lézardé de fissures profondes, hérissé de blocs croulants, cassé jusqu'à la base; ce n'est plus qu'une ruine morne et colossale, assise à l'entrée d'une vallée, comme un géant foudroyé.

Il y avait là une vieille mendiante, pieds et bras nus, qui était digne de la montagne. Elle avait pour robe un paquet de lambeaux de toutes couleurs, cousus ensemble, et restait tout le jour accroupie dans la poussière. On aurait pu compter les muscles et les tendons de ses membres; le soleil avait desséché sa chair et roussi sa peau; elle ressemblait au roc contre lequel elle était assise; elle avait la taille haute, de grands traits réguliers, un front plissé de rides comme l'écorce d'un chêne, sous ses sourcils gris un œil noir farouche, une filasse de cheveux blancs pendants dans la poussière. Si un sculpteur eût voulu faire la statue de la Sécheresse, le modèle était là.

La vallée se rétrécit et monte; le Gave coule entre deux versants de grandes forêts, et tombe à chaque pas en cascades. Les yeux sont rassasiés de fraîcheur et de verdure; les arbres montent jusqu'au ciel, serrés, splendides; la magnifique lumière s'abat comme une pluie sur la pente immense; ses myriades de plantes la respirent, et la puissante séve qui les gorge déborde en luxe et en vigueur. De toutes parts la chaleur et l'eau les vivifient et les propagent; elles s'entassent; des hêtres énormes se penchent au-dessus du torrent; les fougères peuplent ses bords; la mousse pend en guirlandes vertes sur les arcades des racines; des fleurs sauvages poussent par familles dans les crevasses des hêtres; les longues branches vont d'un jet jusqu'à l'autre bord, l'eau glisse, bouillonne, saute d'une berge à l'autre avec une violence infatigable, et perce sa voie par une suite de tempêtes.

Plus loin, de nobles hêtres montent sur le versant et font une plaine inclinée de feuillage. Le soleil lustre leurs cimes qui bruissent. L'ombre fraîche étend sa moiteur entre leurs colonnes, sur les rubans des herbes éparses, et sur des fraises rouges comme du corail. De temps en temps la lumière s'abat par une percée, et ruisselle en cascades sur leurs flancs qu'elle illumine; des îles de clarté découpent alors la profondeur vague; les plus hautes feuilles remuent doucement leur ombre diaphane; cette ombre disparaît presque, tant la splendeur est universelle et forte. Cependant une petite source perdue égrène entre les racines son collier de cristal, et les grands papillons de velours roulent dans l'air par soubresauts brisés, comme des feuilles de châtaignier qui tombent.

Au fond d'un creux plein d'herbes, paraît l'hospice de Bagnères, lourde maison de pierres, qui sert de refuge. Les montagnes ouvrent en face leur cirque de roche, fondrière énorme et désolée; pour comble les nuages se sont amassés, et ternissent l'enceinte crevassée qui ferme l'horizon; elle tourne d'un air morne, toute nue, avec l'armée grimaçante de ses aiguilles, de ses tranchées saignantes, de ses escarpements meurtriers; sous le dôme des nuages, tournoie une bande de corbeaux qui crient. Ce puits semble leur aire; il faut des ailes pour échapper à l'inimitié de toutes ces pointes hérissées, et de tant de gouffres béants qui attirent le passant pour le briser.

Bientôt le chemin semble arrêté; mur après mur, les rocs serrés obstruent toute issue; on avance pourtant, en zigzag, parmi les blocs roulés, sur un escalier croulant; le vent s'y engouffre et hurle. Nul signe de vie, nulle herbe; partout la nudité horrible et le froid de l'hiver. Des roches trapues se penchent en surplombant sur le précipice; d'autres avancent leur tête à la rencontre; entre elles, le regard plonge dans des gouffres noirs dont on n'aperçoit pas le fond. Les violentes saillies de toutes parts s'avancent et montent perçant l'air; là-bas, au fond, elles s'élancent en étages, escaladant les unes par-dessus les autres, amoncelées, hérissant sur le ciel leur haie de piques. Tout d'un coup, dans ce terrible bataillon, une fente s'ouvre; la Maladetta lève d'un élan son grand spectre; des forêts de pins brisés tournent autour de son pied; une ceinture de rocs noirs bosselle sa poitrine aride, et les glaciers lui font une couronne.

Rien n'est mort, et là-dessus nos organes impuissants nous trompent; ces squelettes de montagnes nous semblent inertes parce que nos yeux sont habitués à la mobile végétation des plaines; mais la nature est éternellement vivante, et ses forces combattent dans ces sépulcres de granit et de neige, autant que dans les fourmilières humaines ou dans les plus florissantes forêts. Chaque parcelle du roc presse ou supporte ses voisines; leur immobilité apparente est un équilibre d'efforts; tout lutte e travaille; rien n'est calme et rien n'est uniforme. Ces blocs que l'œil juge massifs sont des réseaux d'atomes immensément éloignés, sollicités d'attractions innombrables et contraires, labyrinthes invisibles où s'élaborent des transformations incessantes, où des fluides foudroyants circulent, où fermente la vie minérale, aussi active et plus grandiose que les autres. Qu'est-ce que la nôtre, enfermée dans l'expérience de quelques années et dans le souvenir de quelques siècles? Que sommes-nous, sinon une excroissance passagère, formée d'un peu d'air épaissi, poussée au hasard dans une fente de la roche éternelle? Qu'est-ce que notre pensée, si haute en dignité, si petite en puissance? La substance minérale et ses forces sont les vrais possesseurs et les seuls maîtres du monde. Percez au-dessous de cette croûte qui nous soutient, jusqu'à ce creuset de lave qui nous tolère. C'est là que se débattent et se développent les grandes puissances, la chaleur et les affinités qui ont formé le sol, qui ont composé les roches, qui alimentent notre vie, qui lui ont fourni son berceau, qui lui préparent sa tombe. Tout s'y transforme et s'y meut comme au sein d'un arbre;

et notre espèce, nichée sur un point de l'écorce, n'aperçoit pas la végétation silencieuse qui a soulevé le tronc, tendu les branches, et dont le progrès invincible amène tour à tour les fleurs, les fruits et la mort. Cependant un mouvement plus vaste emporte la planète avec ses compagnons autour du soleil, emporté lui-même vers un terme inconnu, dans l'espace infini où tourbillonne le peuple infini des mondes. Qui dira qu'ils ne sont là que pour le décorer et l'emplir? Ces grands blocs roulants sont la première pensée et le plus large développement de la nature; ils vivent au même titre que nous, ils sont les fils de la même mère, et nous reconnaissons en eux nos parents et nos aînés.

Mais dans cette famille il y a des rangs. Je le sais, je ne suis qu'un atome; pour m'anéantir, il suffit de la moindre de ces pierres; un os épais d'un demi-pouce est la misérable cuirasse qui défend ma pensée du délire et de la mort; toute mon action, et l'action des machines inventées depuis soixante siècles, n'irait pas jusqu'à gratter un des feuillets de la croûte minérale qui me supporte et me nourrit. Et cependant, dans cette toute-puissante nature je suis quelque chose. Si, entre ses œuvres, je suis la plus fragile, je suis la dernière; si elle me confine dans un coin de son étendue, c'est à moi qu'elle aboutit. C'est en moi qu'elle atteint le point indivisible où elle se concentre et s'achève; et cet esprit par qui elle se connaît lui ouvre une nouvelle carrière en reproduisant ses œuvres, en imitant son ordre, en pénétrant son œuvre, en sentant sa magnificence et son éternité. En lui s'ouvre un second monde qui réfléchit l'autre, qui se réfléchit lui-même, et qui, au delà de lui-même et de l'autre, saisit l'éternelle loi qui les engendre tous les deux. Je mourrai demain et je ne suis pas capable de remuer un pan de cette roche. Mais pendant un instant j'ai pensé, et dans l'enceinte de cette pensée la nature et le monde ont été compris.

TOULOUSE

I

Quand, après deux mois de séjour dans les Pyrénées, on quitte Luchon, et qu'on trouve le pays plat près de Martres, on est charmé et l'on respire à l'aise : on était las, sans le savoir, de ces barrières éternelles qui fermaient l'horizon; on avait besoin d'espace. On sentait que l'air et la lumière étaient usurpés par ces protubérances monstrueuses, et qu'on était non en pays d'hommes, mais en pays de montagnes. On souhaitait à son insu une vraie campagne, libre et large. Celle de Martres est aussi unie qu'une nappe d'eau, populeuse, fertile, peuplée de bonnes plantes, bien cultivée, commode pour la vie, patrie de l'abondance et de la sécurité. Il est certain qu'un champ de terre brune, largement labouré de profonds sillons, est un noble spectacle, et que le travail et le bonheur de l'homme civilisé font autant de plaisir à voir que l'âpreté des rocs sauvages. Une route blanche et plate allait en droite ligne jusqu'au bout de l'horizon et finissait par un amas de maisons rouges; le clocher pointu dressait son aiguille dans le ciel; sauf le soleil, on eût dit un paysage flamand. Il y avait dans les rues des intérieurs de Van Ostade. De vieilles maisons, des toits de chaume bosselés, appuyés les uns sur les autres, des machines à chanvre étalées aux portes, de petites cours pleines de baquets, de brouettes, de paille, d'enfants, d'animaux, un air de gaieté et de bien-être; par-dessus tout le grand illuminateur du pays, le décorateur universel, l'éternel donneur de joie, le soleil versait à profusion sa belle lumière chaude sur les murs de briques rougeâtres, et découpait des ombres puissantes dans des crépis blancs.

II.

Toulouse apparaît, toute rouge de briques, dans la poudre rouge du soir.

Triste ville, aux rues caillouteuses et étranglées. L'hôtel de ville, nommé Capitole, n'a qu'une entrée étroite, des salles médiocres, une façade emphatique et élégante dans le goût des décors de fêtes publiques. Pour que personne ne doute de son antiquité, on y a inscrit le mot : *Capitolium.* La cathédrale, dédiée à saint Étienne, n'est remarquable que par un joli souvenir :

« Vers l'an 1027, dit Pierre de Marca, la pratique était à Toulouse de souffleter publiquement un Juif le jour de Pâques, dans l'église Saint-Étienne. Hugues, chapelain d'Aimery, vicomte de Rochechouart, étant à Toulouse à la suite de son maître, bailla e soufflet au Juif avec une telle force qu'il lui écrasa la tête et lui fit tomber la cervelle et les yeux, ainsi qu'a observé Adhémar dans sa chronique. »

Le chœur où Adhémar fit cette observation ne manque pas de beauté ni de grandeur; mais ce qui frappe le plus au sortir des montagnes, c'est le musée. On retrouve enfin la pensée, la passion, le génie, l'art, toutes les plus belles fleurs de la civilisation humaine.

C'est une large salle éclairée, bordée de deux petites galeries plus hautes, qui font demi-cercle, remplie de tableaux de toutes les écoles, dont plusieurs sont excellents : Un Murillo, représentant *Saint Diègo et ses religieux;* on y reconnaît l'âpreté monastique, le sentiment du réel, l'expression originale et la vigueur passionnée du maître. — Un *Martyre de saint André*, par le Caravage, noir et horrible. — Plusieurs tableaux des Carrache, du Guerchin, du Guide. — Une *Cérémonie de l'ordre du Saint-Esprit en* 1635, par Philippe Champagne. Ces figures très-vraies, très-fines, très-nobles, sont des portraits du temps; on voit vivre des contemporains de Louis XIII. C'est le dessin correct, la couleur modérée, l'exactitude consciencieuse et point littérale d'un Flamand devenu Français. — Une charmante *Marquise de Largillière*, un corsage de guêpe en velours bleu, élégante et fière. — Un *Christ crucifié* de Rubens, les yeux vitreux, la chair livide, puissante ébauche, où la froide blancheur des teintes pâlies répand l'affreuse poésie de la mort.

Je ne nomme que les plus frappants; mais la sensation la plus vive vient des tableaux modernes. Ils transportent l'esprit tout d'un coup à Paris, au milieu de nos discussions, dans le monde inventif et agité des arts modernes, laboratoire immense où tant d'efforts féconds et contraires tissent l'œuvre d'un siècle rénovateur : Un tableau célèbre de Glaize, la *Mort de saint Jean-Baptiste;* le bourreau demi-nu, qui tient la tête, est une superbe brute, machine de mort indifférente, qui vient de bien faire son métier. — Une peinture élégante et affectée de Schoppin, *Jacob devant Laban et ses deux filles.* Les filles de Laban sont de jolies demoiselles de salon qui viennent de se déguiser en Arabes. — *Muley Abd-el-Rhaman*, par Eugène Delacroix. Il est immobile sur un cheval bleuâtre et triste. Des files de soldats présentent les armes, serrés par masses dans une atmosphère étouffante, têtes lourdes, stupides et vivantes, encapuchonnées dans des burnous blancs; des tours écrasées s'entassent derrière eux sous un soleil de plomb. Ces couleurs crues, ces vêtements pesants, ces membres bronzés, ces parasols massifs, cette expression inerte et animale, sont la révélation d'un pays où la pensée sommeille accablée et ensevelie sous le poids de la barbarie, de la religion et du climat. — Dans un coin de la petite galerie est le premier coup d'éclat de Couture, *La soif de l'or*. Toutes les misères et toutes les tentations viennent solliciter l'avare : une mère et son enfant affamés, un artiste à l'aumône, deux courtisanes demi-nues. Il les regarde avec une ardeur douloureuse, mais ses doigts crochus ne peuvent lâcher l'or. Ses lèvres se crispent, ses joues s'enflamment, ses yeux ardents s'attachent sur leurs gorges lascives. C'est la torture du cœur déchiré par la rébellion des sens, le désespoir concentré du désir vaincu, la sanglante domination de la passion maîtresse. Jamais visage n'a mieux exprimé l'âme. Le dessin est fier, la couleur superbe, plus hardie que dans les *Romains de la décadence*, si vivante qu'on oublie d'apercevoir quelques tons crus, hasardés dans l'emportement de l'invention.

C'est trop de louanges peut-être. Tous ces modernes sont des poëtes qui ont voulu être peintres. L'un a cherché des drames dans l'histoire, l'autre les scènes de mœurs, celui-ci traduit des religions, celui-là une philosophie. Tel imite Raphaël, un autre les premiers maîtres italiens; les paysagistes emploient les arbres et les nuages pour faire des odes ou des élégies. Nul n'est simplement peintre; tous sont archéologues, psychologues, metteurs en œuvre de quelque souvenir ou de quelque théorie. Ils plaisent à notre érudition, à notre philosophie. Ils sont, comme nous, pleins et comblés d'idées générales, Parisiens inquiets et chercheurs. Ils vivent trop par le cerveau et point assez par les sens; ils ont trop d'esprit et pas assez de naïveté. Ils n'aiment point une forme pour elle-même, mais pour ce qu'elle exprime; et si par hasard ils l'aiment, c'est par volonté, avec un goût acquis, par une superstition d'antiquaires. Ils sont les fils d'une génération savante, tourmentée et réfléchie, où les hommes ayant acquis l'égalité et le droit de penser, et se faisant chacun leur religion, leur rang et leur fortune, veulent trouver dans les arts l'expression de leurs anxiétés et de leurs méditations. Ils sont à mille lieues des premiers maîtres, ouvriers ou cavaliers, qui vivaient au dehors, qui ne lisaient guère, et ne songeaient qu'à donner une fête à leurs yeux. C'est pour cela que je les aime; je sens comme eux parce que je suis de leur siècle. La sympathie est la meilleure source de l'admiration et du plaisir.

III.

Au-dessous du musée est une cour carrée, fermée par une galerie de minces colonnettes qui vers le haut se courbent et se découpent en trèfles, et font une bordure d'arcades. On a réuni sous cette galerie toutes les antiquités du pays : fragments de statues romaines, bustes sévères d'empereurs, vierges ascétiques du moyen âge, bas-reliefs d'églises et de temples, chevaliers de pierre couchés tout armés sur leur cercueil. La cour était déserte et silencieuse; de grands arbres élancés, des arbrisseaux touffus, brillaient du plus beau vert. Un soleil éclatant tombait sur les tuiles rouges de la galerie; une vieille fontaine, chargée de colonnettes et de têtes d'animaux, murmurait près d'un banc de marbre veiné de rose. On voyait une statue de jeune homme entre les branches; des tiges de houblon vert montaient autour des colonnes brisées. Ce mélange d'objets champêtres et d'objets d'art, ces débris de deux civilisations mortes et cette jeunesse des plantes fleuries, ces rayons joyeux sur les vieilles tuiles, rassemblaient dans leurs contrastes tout ce que j'avais vu depuis deux mois.

BIBLIOTHÈQUE NATIONALE R.F. IMPRIMÉS

FIN.

TABLE DES MATIÈRES

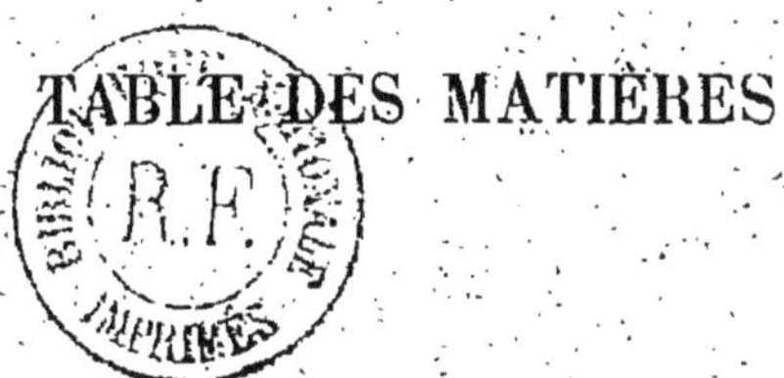

Dédicace.. Page 1

I. LA COTE.

Royan. — Le fleuve. — Bordeaux........................ 3
Les Landes.— Bayonne. — Histoire de Pé de Puyane...... 9
Biarritz. — La mer. — Saint-Jean-de-Luz. — Cérémonies au xviie siècle.. 28

II. LA VALLÉE D'OSSAU.

Dax. — Le peuple. — Orthez. — Froissard. — Histoire de Gaston de Foix.. 45
Paysages. — Pau. — Mœurs du xvie siècle. — Route des Eaux-Bonnes.. 62
Eaux-Bonnes. — Vie des baigneurs........................ 83
Paysages. — Du point de vue en pays de montagnes...... 96
Eaux-Chaudes. — Naissance des dieux païens.............. 114
Les habitants. — Gens d'aujourd'hui, gens d'autrefois...... 124

III. LA VALLÉE DE LUZ.

La route de Luz. — Légende d'Orton. — Défilé de Pierrefitte.. 153
Luz. — Mœurs. — Paysages........................ 169
Saint-Sauveur. — Baréges. — Le paysage au xviie siècle.... 179

Cauterets. — Le lac de Gaube. — Marguerite de Navarre. — La pudeur au XVIe siècle. — Un orage........... Page 194
Saint-Savin. — La vie monastique au moyen âge.......... 205
Gavarnie.. 213
Le Bergonz. — Origine et formation des Pyrénées. — Le Pic du Midi.. 226
Plantes et Bêtes.. 235

IV. BAGNÈRES ET LUCHON.

De Luz à Bagnères. — Histoire de Bos de Bénac. — Tarbes. Siége de Rabastens.. 249
Bagnères-de-Bigorre....................................... 265
Le monde. — Salons et promenades. — Touristes. — Bals, concerts. — De la musique dans l'éducation. — Vie et opinions philosophiques d'un chat.................... 273
Route de Luchon. — Monvoisin. — Encausse. — Du bonheur bourgeois au XVIIe siècle................................ 314
Luchon. — Super-Bagnères. — Le port de Vénasque et la Maladetta.. 325
Toulouse. — Le Musée...................................... 341

FIN DE LA TABLE DES MATIÈRES.

4431 — Imp. Kapp, Paris.

www.ingramcontent.com/pod-product-compliance
Ingram Content Group UK Ltd.
Pitfield, Milton Keynes, MK11 3LW, UK
UKHW021101220726
13924UKWH00005B/2184

9 782019 921125